숏폼 시대의 콘텐츠와 광고

짧고 강렬한 15초가 세상을 흔들고 있다!

유승철·이형민·전민희·박세진·박한나
권예지·성윤택·문장호·백태현·엄남현
공저

학지사비즈

머리말

숏폼, 디지털 세상을 이끄는 속도의 콘텐츠

우리는 지금껏 경험하지 못한 속도와 리듬의 시대에 살고 있습니다. 아침에 눈을 떠 잠자리에 들기까지, 우리의 손가락은 쉴 새 없이 스마트폰 화면을 스크롤하며 15초에서 60초 사이의 짧은 영상들을 소비합니다. 지하철의 소음 속에서도, 한적한 오후의 카페에서도, 심지어 잠시 짬을 낸 화장실에서도 우리는 이 짧은 영상들이 펼쳐 보이는 세상에 빠져듭니다. 유튜브 쇼츠, 인스타그램 릴스, 틱톡으로 대표되는 '숏폼(Short-form)' 콘텐츠는 이제 특정 세대의 전유물을 넘어, 우리 시대의 가장 보편적인 소통 방식이자 미디어 소비의 새로운 문법으로 자리 잡았습니다.

불과 몇 년 전만 해도 낯설었던 이 현상은 이제 거대한 산업 생태계를 형성하며 폭발적인 성장을 거듭하고 있습니다. 글로벌 시장조사기관 스태티스타에 따르면, 2024년 현재 글로벌 숏폼 시장 규모는 약 400억 달러(한화 약 55조 원)에 달하며, 앞으로 5년간 연평균 60%라는 경이로운 성장률을 기록할 것으로 전망됩니다. 국내 상황도 예외는 아닙니다. 오픈서베이의 2024년 소셜미디어 트렌드 리포트에 따르면, 우리나라 국민의 82.7%가 숏폼 콘텐츠를 시청한 경험이 있으며, 이는 불과 2년 만에 26.2%포인트나 급증한 수치입니다.

이 압도적인 숫자들이 증명하는 것은 단순한 유행을 넘어선, 거대한 패러다임의 전환입니다.

하지만 이 눈부신 성장의 이면에는 우리가 반드시 직시해야 할 복잡한 현실이 존재합니다. 싱가포르와 호주에서 13~25세의 583명을 대상으로 한 연구에 따르면, 68%가 집중력 저하를 경험한다고 보고했으며, 1분 이상의 콘텐츠 이해에 어려움을 겪는다고 응답했습니다. 이는 단순한 미디어 소비 패턴의 변화를 넘어, 숏폼이 우리의 인지 능력과 뇌 구조 자체에 영향을 미치는 근본적인 변화를 의미합니다. '팝콘 브레인(popcorn brain)' 현상, 즉 빠르고 강한 자극에만 뇌가 반응하고 일상적인 자극에는 무감각해지는 현상은 더 이상 낯선 개념이 아닙니다.

이 책, 『숏폼 시대의 콘텐츠와 광고』는 바로 이 거대한 변화의 한복판에서 시작되었습니다. 숏폼이라는 새로운 미디어 현상이 우리의 일상과 사회, 나아가 비즈니스와 커뮤니케이션 방식에 어떤 의미를 던지고 있는지, 그리고 우리는 이 변화의 물결을 어떻게 이해하고 탐색해야 하는지에 대한 깊은 고민과 학문적 탐구의 결과물입니다. 우리 필진들은 숏폼이 단지 짧은 길이의 영상을 의미하는 것을 넘어, 디지털 시대의 새로운 영상 문법이자 소통의 질서임을 밝히고자 했습니다.

제1장 '숏폼이란 무엇인가'에서는 이 근본적인 질문에서 출발하여, 숏폼 콘텐츠의 정의와 특성을 명확히 규정합니다. 디지털 시대의 새로운 영상 문법으로서 숏폼이 어떻게 등장했는지, 그 발전의 역사를 추적하며 숏폼이 가져온 광고 커뮤니케이션의 변화를 조망합니다. 짧지만 강렬하고, 찰나의 미학을 통해 어떻게 우리의 시선

을 사로잡는지, 그 본질적 특성을 파헤칩니다. 또한 숏폼이 기존의 롱폼 콘텐츠와 어떻게 차별화되는지, 그리고 이것이 단순한 길이의 차이를 넘어 어떤 새로운 소통 패러다임을 제시하는지를 분석합니다.

숏폼의 등장은 미디어 시장의 경쟁 구도를 근본적으로 바꾸어 놓았습니다. 무한한 정보의 홍수 속에서 가장 희소한 자원은 바로 사용자의 '주의(attention)'가 되었습니다. 제2장 '숏폼 콘텐츠와 주의경제'에서는 어떻게 숏폼 콘텐츠가 수용자의 한정된 주의를 끌고 유지하는지, 그 경제학적 원리를 분석합니다. 주의경제학의 이론적 배경을 바탕으로, 숏폼이 어떻게 '주의를 끄는 기술'을 완성했으며, 그 이면에는 어떤 함정이 존재하는지를 탐구합니다. 짧아지는 주의력의 시대에, 콘텐츠 제작자들이 어떤 전략으로 사용자의 관심을 사로잡고 있는지, 그리고 이것이 우리의 인지 능력에 미치는 장기적 영향은 무엇인지를 심도 있게 다룹니다.

이러한 주의경제의 원리는 플랫폼별로 다양한 방식으로 구현되고 있습니다. 제3장 '플랫폼별 숏폼 콘텐츠 트렌드 분석'에서는 현재 숏폼 시장을 지배하는 유튜브 쇼츠, 인스타그램 릴스, 틱톡의 3강 구도를 심층적으로 분석합니다. 각 플랫폼이 어떤 차별화된 전략으로 사용자를 유인하고 그들의 심리를 파고드는지, 플랫폼별 알고리즘의 특성과 콘텐츠 추천 방식의 차이점을 살펴봅니다. 또한 각 플랫폼에서 인기를 끄는 콘텐츠 유형의 변화와 크리에이터들의 적응 전략을 분석하며, 이들 플랫폼이 단순한 콘텐츠 유통 채널을 넘어 디지털 미디어의 새로운 권력으로 부상하고 있음을 보여 줍니다.

숏폼 시대의 도래는 광고와 브랜드 커뮤니케이션 분야에 가장 극적인 변화를 가져왔습니다. **제4장 '숏폼 광고의 특성과 성공 사례'**에서는 더 이상 긴 서사와 논리적인 설명이 통하지 않는 시대에, 브랜드가 15초라는 짧은 시간 안에 소비자의 마음을 사로잡아야 하는 과제에 어떻게 대응하고 있는지를 분석합니다. 압축과 반복, 플랫폼 최적화를 통해 디지털 소비자를 움직이는 메시지를 만드는 전략을 다양한 성공 사례를 통해 살펴보며, 숏폼 광고의 정성적·전략적 특성을 체계적으로 정리합니다. 또한 숏폼 광고가 기존 광고 패러다임에 미치는 변화의 중심축 역할을 하고 있음을 전망합니다.

숏폼 광고 전략의 핵심에는 브랜드 메시지의 새로운 설계 방식이 있습니다. **제5장 '숏폼 광고에서의 브랜드 메시지 전략'**에서는 숏폼 콘텐츠의 확산이 광고 패러다임에 가져온 변화를 분석하고, 숏폼 광고 메시지의 전략적 특성을 규명합니다. 감성적 연결의 중요성은 **제6장 '감정과 숏폼 광고, 그 얽힘의 기술'**에서 더욱 깊이 있게 다뤄집니다. 왜 숏폼 광고는 이성적 설득보다 감정을 겨냥하는지, 감정 중심 숏폼 커뮤니케이션의 전략적 진화 과정을 추적합니다. 감정에서 행동으로의 전환을 이끄는 메커니즘과 공감의 과학적 원리를 분석하며, 감정을 설계하는 숏폼 기획법을 제시합니다. 동시에 감정을 설계하는 행위가 던지는 윤리적 질문들도 함께 고민하며, 책임감 있는 감정 마케팅의 방향을 모색합니다.

이러한 감성적 연결은 단순히 스토리텔링에만 의존하지 않습니다. **제7장 '숏폼의 비주얼 및 청각 요소의 광고효과'**에서는 숏폼의 광고 효과가 정교하게 계산된 시청각 요소들의 통합을 통해 극대화되는 과정을 분석합니다. 짧은 시간 안에 시선을 사로잡는 비주얼과 귀를 자극하는 사운드가 어떻게 소비자의 기억에 각인되고 브랜드 태도에 영향을 미치는지, 그 효과를 과학적으로 규명합니다. 시청각 통합이 만들어 내는 시너지 효과와 이를 활용한 효과적인 광고 제작 방법론을 제시합니다.

이 모든 과정의 배후에는 정교하게 설계된 알고리즘이 있습니다. 제8장 '숏폼 광고의 상호작용과 경험 설계 알고리즘'에서는 '내 피드에 왜 이 숏폼이 보일까?'라는 단순한 질문에서 출발하여, 알고리즘의 작동 원리와 그 힘의 한계를 파헤칩니다. 알고리즘의 설명 가능성과 통제 가능성의 문제를 제기하며, 생성형 AI와 초개인화 시대의 복잡성을 논의합니다. 알고리즘 시대를 살아가는 우리가 갖추어야 할 리터러시의 중요성을 강조하며, 숏폼 광고의 새로운 균형점을 찾기 위한 방향을 제시합니다.

이러한 복잡한 생태계에서 광고의 성과를 측정하는 것은 새로운 도전이 되었습니다. 제9장 '숏폼 광고의 성과 측정 및 주요 지표'에서는 전통적인 광고효과 측정 방식이 더 이상 유효하지 않은 숏폼 시대의 새로운 성과 측정 패러다임을 제시합니다. 숏폼 시대의 광고 성과 측정 패러다임 변화를 분석하고, 플랫폼별 알고리즘에 대한 소비자 반응 메커니즘을 규명합니다. 유튜브 쇼츠, 인스타그램 릴스, 틱톡 각각의 성과 측정 지표를 체계화하며, 조회수나 '좋아요'를 넘어 실제 비즈니스 성과로 이어지는 전략적 함의를 읽어 내는 방법을 제공합니다.

하지만 이 눈부신 성장과 혁신의 이면에는 우리가 반드시 직시해야 할 그림자가 존재합니다. 제10장 '숏폼의 윤리적 과제 및 지속가능성'에서는 숏폼 콘텐츠의 중독적 사용과 그 사회적 파급효과를 심도 있게 분석합니다. MZ세대의 미디어 소비 특성과 숏폼 콘텐츠 수용 패턴을 조사하고, 중독적 사용이 개인과 사회에 미치는 영향을 다각도로 검토합니다. 이용자의 자기 조절 및 통제 전략을 제시하며, 중독 현상에 대응하기 위한 사회적·정책적 논의의 필요성을 제기합니다. 궁극적으로 숏폼 생태계가 윤리적으로 지속가능하기 위해 나아가야 할 방향을 제언하며, 기술의 발전이 인간의 삶을 풍요롭게 만들어야 한다는 대전제 아래 현명한 균형점을 찾기 위한 방안을 모색합니다.

숏폼의 즉각적이고 자극적인 특성은 우리의 뇌를 변화시키고 있습니다. 미국심리학회 연구에 따르면, 스마트폰의 과도한 사용은 주의력 저하, 불안 증가, 수면 질 저하와 관련이 있다고 발표했습니다. '도파민 루프(dopamine loop)'라는 뇌 과학적 메커니즘과 결합하여 강력한 중독성을 만들어 내는 숏폼의 특성은, 예측 불가능한 보상을 통해 뇌의 보상회로를 자극하고, 사용자는 더 강한 자극을 찾아 무한 스크롤의 굴레에 빠져들게 만듭니다. 이는 학업 및 업무 성과 저하로 이어질 뿐만 아니라, 수면 장애, 시각 건강 문제, 나아가 우울감과 불안 증대 등 정신 건강 전반에 복합적인 영향을 미치고 있습니다.

대학생용 숏폼 동영상 콘텐츠 중독 척도 연구에 따르면, '현저성과 금단' '기분조절추구' '일상생활장애'라는 3개 요인으로 구성된 23문항의 척도가 개발되었으며, 이는 우울증, 소셜미디어 중독, 자기통제력과 유의한 상관관계를 보였습니다. 이러한 과학적 근거들은 숏폼 중독이 단순한 개인의 의지력 문제가 아니라, 체계적인 접근이 필요한 사회적 현상임을 보여 줍니다.

동시에 숏폼은 새로운 경제적 기회와 창작 생태계를 만들어 내고 있습니다. 캐럿의 분석에 따르면, 유튜브 쇼츠의 경우 1,000회당 약 70~120원의 수익을 올릴 수 있으며, 이는 기존 롱폼 콘텐츠 대비 현저히 낮은 수준이지만, 새로운 형태의 '숏폼 크리에이터 경제'를 형성하고 있습니다. 크리에이터들은 직접적인 광고 수익뿐만 아니라 브랜드 협업, 라이브 방송, 굿즈 판매, 유료 콘텐츠 등 다양한 수익 모델을 개발하며 적응하고 있습니다.

숏폼 커머스 분야에서도 새로운 가능성이 열리고 있습니다. 오픈서베이의 조사에 따르면, 소비자들이 소셜미디어에서 구매 의향을 보이는 주요 카테고리는 의류 및 패션 잡화(49.3%), 뷰티 및 자기관리(42.0%), 취미 및 여가(38.0%) 순으로 나타났습니다. 하지만 실제 구매율은 여전히 낮은 편으로, 인스타그램 내 쇼핑 경험률은 21.6%, 유튜브는 9.0%에 그치고 있어, 앞으로 개선의 여지가 큰 분야입니다.

이 책은 숏폼이라는 거대한 현상을 이론적 탐구와 실무적 적용 그리고 사회적 성찰이라는 세 가지 축을 중심으로 입체적으로 조망하고자 한 노력의 산물입니다. 각 분야의 전문성을 가진 여러 저자들이 함께 머리를 맞대고 치열하게 토론하며, 학문적 깊이와 실용적 가치를 동시에 담아내기 위해 애썼습니다. 우리는 숏폼이 단순한 기술적 혁신이나 일시적 유행이 아니라, 인간의 소통 방식과 사회 구조 자체를 변화시키는 거대한 전환점임을 인식하고, 이에 대한 균형 잡힌 시각을 제시하고자 했습니다.

부디 이 책이 숏폼 시대를 살아가는 모든 이에게 깊은 통찰과 실천적 지혜를 제공하는 충실한 안내서가 되기를 바랍니다. 미디어와 콘텐츠를 연구하는 학생과 연구자들에게는 새로운 학문적 탐구의 지평을 열어 주고, 급변하는 시장 환경에 대응해야 하는 마케터와 광고인들에게는 창의적인 영감과 전략적 해법을 제시하며, 나아가 우리 아이들의 미래를 고민하는 부모와 교육자들에게는 디지털 시대의 미디어 리터러시 교육을 위한 의미 있는 길잡이가 되기를 소망합니다.

새로운 시대는 언제나 우리에게 새로운 질문을 던집니다. 숏폼이라는 스피드의 미학이 열어 보인 세상 속에서, 우리는 무엇을 보고 무엇을 배우며 어떻게 소통하고 관계를 맺어야 할까요? 기술의 발전이 인간의 삶을 더욱 풍요롭게 만들기 위해서는 어떤 조건들이 필요할까요? 알고리즘이 설계하는 개인화된 경험과 인간의 자율성 사이에서 어떻게 균형을 찾을 수 있을까요? 이러한 질문들에 대한 답은 기술 개발자나 플랫폼 기업뿐만 아니라, 콘텐츠를 창작하고 소비하는 우리 모두가 함께 찾아가야 할 것입니다. 이 책이 독자 여러분과 함께 그 질문에 대한 답을 찾아가는 의미 있는 여정의 첫걸음이 되기를 기대합니다. 숏폼 시대의 빛과 그림자를 모두 직시하며, 현명한 선택을 통해 더 나은 미래를 만들어 가는 데 이 책이 작은 보탬이 되기를 진심으로 바랍니다.

이 책이 세상에 나올 수 있도록 도움을 주신 모든 분께 깊은 감사의 마음을 전합니다. 무엇보다 각자의 전문 분야에서 탁월한 연구 성과를 바탕으로 이 책의 완성에 기여해 주신 공저자 여러분께 진심으로 감사드립니다. 이형민, 전민희, 박세진, 박한나, 권예지, 성윤태, 문장호, 백태현, 엄남현 박사님들의 헌신적인 노력과 깊이 있는 통찰이 없었다면 이 책은 결코 완성될 수 없었을 것입니다.

또한 연구 과정에서 귀중한 조언과 격려를 아끼지 않으신 한국광고학회 유승엽 회장님을 비롯한 동료 여러분들과, 바쁜 일정 중에도 출판 편집 과정에 꼼꼼한 도움을 주신 유은정 과장님 그리고 출판을 추진해 주신 학지사 김진환 대표님, 최임배 부사장님, 손준호 과장님께도 깊은 고마움을 표합니다. 숏폼 생태계의 최전선에서 활동하며 생생한 현장의 목소리를 들려 주신 SMC그룹의 김용태 대표님을 비롯한 여러 마케터들의 도움이 이 책의 실무적 가치를 높이는 데 큰 역할을 했습니다.

연구 활동을 지원해 주신 이화여자대학교와 각 저자들의 소속 기관, 그리고 이 책의 출간을 위해 애써 주신 학지사 임직원 여러분께도 감사의 마음을 전합니다. 마지막으로, 항상 변함없는 사랑과 격려로 연구 활동을 뒷받침해 주는 가족들에게 이 책을 바칩니다.

2025년 10월
저자들을 대표하여
이화-포스코관에서 유승철

차례

머리말 _ 3

 제1장

숏폼이란 무엇인가 / 19

1. 숏폼: 순간을 지배하는 새로운 영상문법 _ 21
2. 숏폼 콘텐츠의 정의와 특성: 짧지만 강렬한 찰나의 미학 _ 23
3. 숏폼 콘텐츠의 발전사 _ 26
4. 숏폼의 광고 마케팅적 가치 _ 29
5. 숏폼이 가져온 광고 커뮤니케이션의 변화: 짧게, 강렬하게, 함께! _ 34
6. 숏폼, 유행을 넘어 디지털 소통의 새로운 질서로 _ 37

 제2장

숏폼 콘텐츠와 주의경제 / 47

1. 콘텐츠 수용자의 '주의'를 끌라! _ 49
2. 주의의 경제학 _ 51
3. 숏폼 콘텐츠는 어떻게 수용자의 주의를 끄는가? _ 53
4. 주의경제의 실천: 숏폼 콘텐츠로 광고하기 _ 57
5. 짧아지는 주의의 함정 _ 61
6. 숏폼 콘텐츠와 주의경제의 미래 _ 63

제3장

플랫폼별 숏폼 콘텐츠 트렌드 분석 / 67

1. 디지털 미디어의 새로운 권력, 숏폼 _ 69
2. 숏폼의 핵심 특성과 소비자 심리 _ 71
3. 숏폼 플랫폼 3강 구도 분석: 유튜브 쇼츠, 인스타그램 릴스, 틱톡 _ 75

제4장

숏폼 광고의 특성과 성공 사례 / 93

1. 숏폼 광고: 디지털 소비자를 움직이는 메시지 _ 95
2. 숏폼 광고의 이론적 토대: 주목, 기억 그리고 확산 _ 97
3. 숏폼 광고의 형식적 특성: 압축, 자극, 반복 그리고 플랫폼 최적화 _ 100
4. 숏폼 광고의 전략적 특성: 참여, 타깃팅, 협업 _ 103
5. 숏폼 광고 사례: 유형 구분과 대표 사례 분석 _ 106
6. 숏폼 광고 전망: 광고 패러다임 변화의 중심 _ 115

제5장

숏폼 광고에서의 브랜드 메시지 전략 / 121

1. 숏폼 콘텐츠의 확산과 광고 패러다임의 변화 _ 123
2. 숏폼 광고 메시지의 전략적 특징 _ 125
3. 숏폼 광고 메시지의 유형별 전략 및 표현 방식 _ 129
4. 임플로이언서를 활용한 숏폼 광고 메시지 전략 _ 140
5. 결론: 숏폼 시대, 브랜드 메시지 전략의 재구성 _ 143

감정과 숏폼 광고, 그 얽힘의 기술 / 149

1. 왜 숏폼 광고는 감정을 겨냥하는가 _151
2. 감정 중심 숏폼 커뮤니케이션의 전략적 진화 _153
3. 감정에서 행동으로: 전환을 이끄는 감정 메커니즘 _156
4. 공감의 과학: 감정 전이와 확산 _163
5. 감정을 설계하는 숏폼 기획법 _168
6. 감정을 설계한다는 것의 윤리적 질문 _173

숏폼의 비주얼 및 청각 요소의 광고효과 / 183

1. 숏폼의 비주얼 요소와 광고효과 _185
2. 숏폼의 청각 요소와 광고효과 _191
3. 숏폼의 시청각 통합과 광고효과 _197

숏폼 광고의 상호작용과 경험 설계 알고리즘 / 209

1. 들어가며: 내 피드에 뜬 이 숏폼, 대체 왜 보이는 걸까? _211
2. '왜 이 광고가 보이나요?': 알고리즘 설명 가능성의 힘과 한계 _213
3. '이런 숏폼 광고는 그만 볼게요': 알고리즘 통제 가능성의 환상과 현실 _218
4. 아는 만큼 보인다: 알고리즘을 이해하는 리터러시의 중요성 _224
5. 미래의 광고 알고리즘: 생성형 AI와 초개인화 시대의 빛과 그림자 _227
6. 알고리즘 시대, 숏폼 광고의 새로운 균형점을 찾아서 _230

숏폼 광고의 성과 측정 및 주요 지표 / 239

1. 숏폼 시대의 광고 성과 측정 패러다임의 변화 _ 241
2. 숏폼 광고 플랫폼의 알고리즘에 대한 소비자 반응 메커니즘 _ 243
3. 유튜브 쇼츠 광고의 성과 측정 지표 _ 246
4. 인스타그램 릴스 광고의 성과 측정 지표 _ 251
5. 틱톡 광고의 성과 측정 지표 _ 255
6. 숏폼 광고 성과 해석의 전략적 함의 _ 259

숏폼의 윤리적 과제 및 지속가능성 / 263

1. 숏폼 콘텐츠의 개념과 디지털 미디어 환경의 변화 _ 265
2. MZ세대의 미디어 소비 특성과 숏폼 콘텐츠의 수용 _ 268
3. 숏폼 콘텐츠의 중독적 사용과 그 영향 _ 271
4. 숏폼 콘텐츠 중독의 사회적 파급효과 _ 274
5. 숏폼 콘텐츠 이용자의 자기 조절 및 통제 전략 _ 277
6. 중독 대응을 위한 사회적·정책적 논의 _ 279
7. 결론 및 제언: 숏폼 콘텐츠 생태계의 윤리적 지속가능성을 위하여 _ 284

찾아보기 _ 291

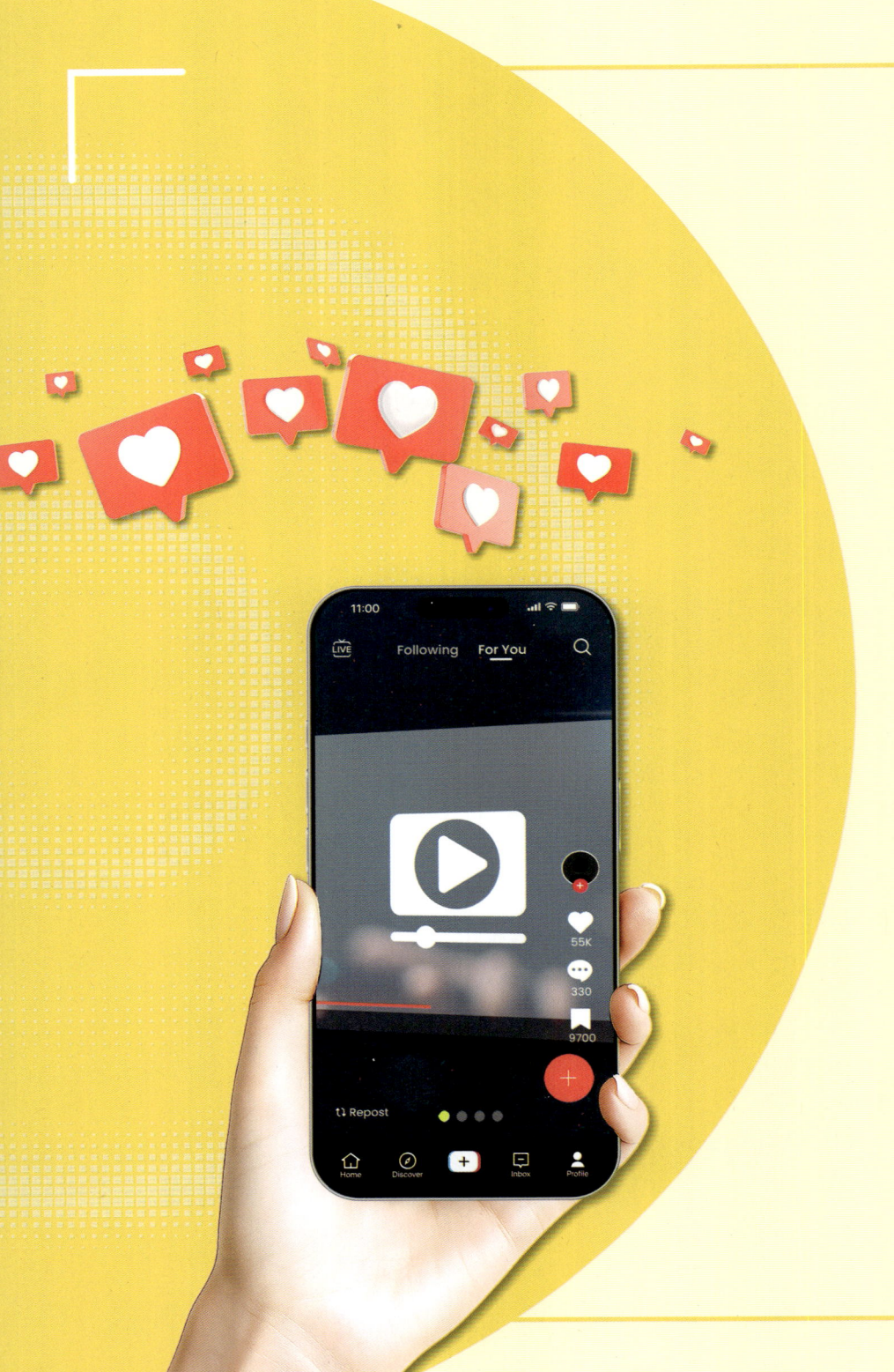

제1장

숏폼이란 무엇인가

유승철 교수 | 이화여자대학교 커뮤니케이션·미디어학부

　이 장에서는 디지털 미디어 생태계의 급변 속에서 부상한 '숏폼 콘텐츠(short-form content)'의 개념을 이론적·광고산업적 관점에서 재정의하고자 한다. 숏폼은 단순히 영상 길이의 문제가 아니라 감각 중심의 자극적 메시지, 즉시적 소비, 반복적인 시청을 특징으로 하는 새로운 커뮤니케이션 형식으로 자리 잡고 있으며, 이는 광고 메시지의 전달 방식과 설계에도 결정적인 영향을 미치고 있다. 이 장에서는 이러한 숏폼 콘텐츠의 개념을 정리하고, 텔레비전 시대의 짧은 광고 클립에서부터 유튜브 쇼츠(Shorts), 틱톡(TikTok), 인스타그램 릴스(Reels) 등 디지털 플랫폼 기반의 콘텐츠까지 그 역사적 전개 과정을 살펴본다. 특히 숏폼 콘텐츠가 광고 커뮤니케이션 전략의 전환점이자 소비자의 주의(attention)를 두고 경쟁하는 '주의경제(attention economy)' 속 핵심 자산으로 어떻게 부상했는지를 분석의 출발점으로 삼는다. 아울러 숏폼이 전통 광고와는 다른 리듬, 서사 구조, 시청자 참여 방식 등을 통해 광고산업의 제작 및 유통 패러다임에 구조적 변화를 가져왔음을 조망한다. 이러한 분석을 통해 숏폼 콘텐츠가 단지 하나의 유행이 아닌 광고학적 재해석이 필요한 새로운 커뮤니케이션 질서임을 밝히는 데 이 장의 목적이 있다.

1. 숏폼: 순간을 지배하는 새로운 영상문법

"정보의 풍요는 곧 주의력의 빈곤을 의미한다." 반세기 전, 허버트 사이먼(Herbert A. Simon, 1916~2001)이 던진 이 화두는 2025년 오늘날 스마트폰 액정 위에서 벌어지는 치열한 전쟁의 본질을 꿰뚫는다. 우리는 더 이상 깊은 사색의 숲을 거닐지 않는다. 대신에 손가락 하나로 세상을 훑어 내리는 '스치는 시대의 손가락 유목민'이 되었다. 1분 남짓, 아니 단 몇 초 만에 우리의 마음을 사로잡지 못하면 가차 없이 다음 콘텐츠로 밀려나는 세상. 이것이 바로 '숏폼이 지배하는 새로운 디지털 질서'이다.

숏폼의 등장은 단순한 유행이 아니다. 여성가족부(2024)가 전국 초등학교(4~6학년) 및 중·고등학교 재학생 15,053명을 대상으로 실시한 조사에 따르면, 최근 1년간 청소년들이 가장 많이 이용한 매체는 짧은 영상(숏폼) 콘텐츠로, 94.2%의 이용률을 기록하면서 전체 1위를 차지했다. 학교급별로는 초등학생의 경우 숏폼 콘텐츠(short-form content)가 1순위를 차지했으며, 중·고등학생은 인터넷·모바일 메신저가 1순위, 숏폼이 2순위를 기록했다.

청소년뿐만 아니라 일반 성인층에서도 숏폼 콘텐츠의 인기가 급상승하고 있다. 오픈서베이(2025)의 '소셜미디어·숏폼 트렌드 리포트 2024'에 따르면, 숏폼의 시청 경험률은 82.7%로 전년(68.9%) 대비 13.8%p 증가했으며, 2022년 56.5%에서 불과 2년 만에 26.2%p 급증했다. 숏폼 콘텐츠 시청자는 이미 국민 4명 중 3명

(75%)에 달하며, 60세 이상의 고연령층도 59%가 시청 경험이 있을 정도로 전 연령층에 확산되어 있다. 주목할 점은 60대의 틱톡 이용률이 40.4%로 다른 연령대보다 높게 나타난 것인데, 이는 미국이나 유럽과 비교해 한국 시청자만의 특이한 현상으로 분석된다.

숏폼 콘텐츠를 시청한 이용자들이 가장 많이 이용한 플랫폼은 유튜브 쇼츠(87.4%)가 압도적 1위를 차지했으며, 인스타그램 릴스(58.3%), 틱톡(31.6%)의 순으로 나타났다. 콘텐츠의 소재도 다양화되어 인스타그램에서는 맛집/음식 콘텐츠(44.1%)가, 유튜브 쇼츠에서는 맛집/음식, 반려동물, 뉴스/시사 정보 등이 인기를 끌고 있다. 숏폼 이용자가 크게 성장하면서 숏폼의 소재 다양성도 더 커지고 있다.

왜 우리는 이토록 짧은 순간에 열광할까? 숏폼의 성장 이유는 바로 '기술과 욕망의 절묘한 만남' 때문이다. 틱톡, 릴스, 쇼츠가 펼쳐 놓은 무한 스크롤의 세계는 즉각적 쾌락을 갈망하는 인간 본성에 정확히 조응한다. 하지만 더 깊이 들여다보면, 이는 우리의 '주의력'이라는 한정된 자원을 둘러싼 거대한 전쟁이라고 볼 수 있다(Beck & Davenport, 2001). 기업과 브랜드, 크리에이터들은 이제 단 몇 초 안에 소비자의 시선을 붙잡고 마음을 움직여야 하는 절체절명의 과제 앞에 선 것이다.

숏폼은 단순한 영상 형식을 넘어 디지털 시대에서 소통의 문법이자 마케팅 전략의 핵심이다. 숏폼은 어떻게 우리의 시간 감각을 바꾸고, 주의력 시장을 재편하며, 광고의 패러다임을 뒤흔들고 있을까? 그 현상 너머의 본질과 실용적 함의를 파헤쳐 보자.

2. 숏폼 콘텐츠의 정의와 특성: 짧지만 강렬한 찰나의 미학

숏폼을 단순히 '짧은 영상'으로 정의하는 것은 코끼리의 다리만 만지는 격이다. 숏폼의 진짜 힘은 인간의 제한된 인지 능력에 최적화된 정보 전달 방식에 있다. 애니 랭(Annie Lang) 교수의 '제한된 인지 용량 모델(Limited Capacity Model of Attention: LCM)'에 따르면(Lang, 2000), 인간은 한 번에 처리할 수 있는 정보의 양이 제한되어 있다. 숏폼은 시청자의 인지적 한계를 역이용한다. 짧고 강렬한 시청각 자극, 명확한 메시지, 감정적 임팩트를 통해 우리의 뇌에 빠르게 각인되는 것이다. 기존의 연구에 따르면, 짧고 강렬한 자극을 주는 광고가 사용자의 주의를 끄는 데 훨씬 효과적이라는 사실이 밝혀졌다(Belanche et al., 2017). 즉, 숏폼은 단순한 트렌드가 아니라 인간의 뇌가 정보를 처리하는 방식에 대한 깊은 이해를 바탕으로 설계된 고도로 계산된 커뮤니케이션 전략이다.

• **숏폼의 세 가지 전략** 숏폼 콘텐츠는 세 가지 전략으로 우리를 사로잡는다. 첫째, 감각 중심의 자극이다. 화려한 비주얼, 귀에 꽂히는 사운드, 예상치 못한 반전 등 오감을 자극하는 요소로 즉각적인 반응을 유도한다. 둘째, 즉시성이다. 긴 서사나 복잡한 맥락 없이 바로 본론으로 들어가 핵심을 전달한다. 셋째, 반복적인 소비 가능성이다. 짧아서 부담 없이 여러 번 볼 수 있고, 이는 메시지 각인 효과를 높인다. 스냅챗 미디어에 대한 한 연구(Bayer et al., 2016)에서

밝혀졌듯, '사라지는(ephemeral) 콘텐츠'는 오히려 사용자의 몰입도를 높이고 소소한 순간의 공유를 촉진한다. 숏폼은 이러한 '일시성의 매력'을 극대화한다.

더 나아가 숏폼은 디지털 시대의 새로운 문화 현상인 '밈(meme)'[01]과 깊은 관련이 있다(Shifman, 2013). 밈은 인터넷을 통해 빠르게 퍼져 나가는 문화적 유전자와 같다. 숏폼 콘텐츠는 밈처럼 쉽게 복제되고, 변형되며, 확산되는 특징을 지닌다. 누구나 쉽게 따라 할 수 있는 챌린지, 유행하는 BGM, 특정 편집 스타일 등은 숏폼이 단순히 콘텐츠 소비를 넘어 '문화적 참여와 놀이'로 확장되는 방식을 보여 준다.

• 숏폼 vs 롱폼 숏폼(short-form)과 롱폼(long-form) 콘텐츠는 단순히 영상의 길이만 다른 것이 아니라 정보를 전달하고 설득하는 방식 자체가 크게 다르다는 점에 주목해야 한다. 광고 연구의 고전인 '정교화 가능성 모델'(Petty & Cacioppo, 1986)에 따르면, 우리는 정보를 깊이 생각하며 처리하는 '중심 경로'와 감정이나 분위기 등 주변 단서에 의존하는 '주변 경로'를 통해 설득된다. 숏폼 콘텐츠는 음악, 효과음, 텍스트, 유머 등 시각적·청각적 자극을 통해 주변 경로로 빠르게 감정적 반응을 유도하며, 인지도 향상과 바이럴 확산에 최적화되어 있다. 반면에 롱폼 콘텐츠는 논리적 설명과 체계적인 정보 제공을 통해 중심 경로로의 깊이 있는 이해와 신뢰를 구축함으로써, 감정적 몰입과 구체적 행동 유도(call to action)에 효과적

---

01 **밈(meme)**: 한 사회 내에서 모방을 통해 전파되는 아이디어, 행동, 스타일 등을 의미하며, 디지털 환경에서 특정 이미지, 영상, 텍스트 등이 반복적으로 재창작되거나 확산되는 것(Shifman, 2013)을 말한다.

표 1-1 숏폼과 롱폼의 차이점

구분	숏폼	롱폼
길이	1초~10분(주로 1분 내외)	10분 이상
포맷	세로형, 모바일 최적화	가로형, 다양한 디바이스
설득 방식	주변 경로(감정, 이미지)	중심 경로(논리, 설명)
강점	빠른 주목, 인지도, 바이럴	깊이, 신뢰, 행동 유도
주요 플랫폼	틱톡, 릴스, 쇼츠	유튜브, 팟캐스트 등

이다.

디지털 미디어 환경에서는 '확산성(spreadability)'이 중요해졌다 (Jenkins et al., 2013). 아무리 좋은 콘텐츠라도 퍼져 나가지 않으면 의미가 없다. 숏폼은 짧고, 재미있고, 공유하기 쉽다는 특징 덕분에 확산에 유리하다. 이런 강점은 브랜드나 크리에이터에게 엄청난 기회를 제공한다. 잘 만든 숏폼 하나가 수백만, 수천만 명에게 도달하는 시대이다. 2024년 CU 편의점의 '편의점 고인물' 시리즈[02]가 단일 에피소드로 천만 뷰를 넘긴 것이 대표적인 예시이다. 숏폼 콘텐츠가 높은 확산성을 보이는 이유는 짧은 시청 시간으로 인한 높은 완주율, 모바일에 최적화된 세로형 화면, 즉시성과 트렌드 반영이 빠르기 때문이다. 젠킨스 등(Jenkins et al., 2013)이 제시한 확산성 개념은 단순한 바이럴을 넘어 참여 문화(participatory culture)를 강조하며, 숏폼은 이용자들이 리믹스, 패러디, 반응 영상 등으로 재창작하면서 확산에 참여하게 만든다.

02 https://www.youtube.com/@cu.official

숏폼의 확산성은 크리에이터 경제(creator economy)[03]에 혁신을 가져왔다. 진입 장벽이 낮고 제작 비용이 적어 더 많은 크리에이터가 참여할 수 있게 되었다. 실제로 유튜브 쇼츠는 2023년 기준 월 20억 명 이상의 로그인 사용자를 보유하며 새로운 수익 창출 기회를 제공하고 있다. 하지만 가짜 정보나 유해 콘텐츠의 확산 위험과 과도한 자극적인 콘텐츠 경쟁으로 인한 품질 저하 우려도 제기되면서 플랫폼들은 인공지능(AI) 기반의 콘텐츠 필터링과 커뮤니티 가이드라인 강화를 통해 건전한 확산 생태계 구축에 노력하고 있다.

3. 숏폼 콘텐츠의 발전사

짧은 콘텐츠에 대한 갈망은 사실 디지털 시대 이전부터 존재했다. TV 광고가 그 대표적인 예이다. 소비자 주의력 획득 비용이 점점 높아지면서(Teixeira, 2014) 1950년대에 60초에 달했던 광고 길이는 2010년대에 무려 15초까지 45초나 줄어들었다. 짧은 시간 안에 시청자의 눈길을 사로잡아야 하는 광고의 숙명은 바로 숏폼의 원형이라고 할 수 있다.

---

[03] 크리에이터 경제는 개인이 디지털 콘텐츠 창작을 통해 경제적 가치를 창출하는 혁신적인 경제 생태계이다. 유튜브, 틱톡, 인스타그램과 같은 소셜미디어 플랫폼에서 활동하는 개인 콘텐츠 제작자가 중심이 되어 성장하고 있는 새로운 경제 모델을 말한다.

인터넷과 모바일의 등장은 '스낵 컬처(snack culture)[04]' 시대를 열었다. 자투리 시간에 가볍게 즐길 수 있는 짧은 콘텐츠에 대한 수요가 폭발적으로 증가했다. 유튜브의 프리롤 광고, 웹툰, 짧은 클립 영상 등이 인기를 끌면서 '짧음'은 디지털 콘텐츠의 중요한 트렌드로 자리 잡았다. 유튜브의 추천 알고리즘 역시 사용자 체류 시간을 늘리기 위해 점차 짧고 자극적인 콘텐츠를 선호하는 방향으로 진화하는 중이다(Gillespie, 2014).

숏폼 플랫폼의 역사는 2013년 바인(Vine)의 등장으로 시작되었다. 바인의 성공에 영감을 받아 다른 플랫폼들도 숏폼 비디오 기능을 도입하기 시작했다. 2012년 스냅챗(Snapchat)은 10초 비디오 공유 기능을 도입했고, 2013년에는 24시간 후 사라지는 스토리(Stories) 기능을 추가했다. 진정한 숏폼의 혁명은 틱톡(TikTok)[05]의 등장과 함께 시작되었다. 틱톡은 2016년에 중국에서 도우인(Douyin)이라는 이름으로 시작되어 2017년에 국제적으로 출시되었다. 틱톡은 단순히 짧은 영상을 제공하는 것을 넘어 미디어 사용자의 경험 자체를 재정의했다. 끊임없이 이어지는 추천 영상('For You' 페이지), 누구나 쉽게 영상을 만들고 편집할 수 있는 도구, 챌린지와 듀엣 등 참여를 유도하는 기능은 숏폼을 단순히 시청 대상에서 참

---

[04] 스낵 컬처는 과자를 먹듯 짧은 시간에 간편하게 즐길 수 있는 문화 콘텐츠를 소비하는 현대적 트렌드를 의미한다. 스낵(snack)과 컬처(culture)의 합성어로, 시간과 장소에 구애받지 않고 5~15분의 짧은 시간 동안에 문화생활을 즐기는 새로운 소비 패턴을 말한다.

[05] 틱톡은 중국 IT 기업 바이트댄스(ByteDance)가 소유한 전 세계적으로 인기 있는 숏폼 동영상 플랫폼으로, 사용자가 3초에서 10분까지의 짧은 영상을 제작하여 공유할 수 있는 소셜네트워크 서비스이다.

여와 창작의 대상으로 바꿔 놓았다.

틱톡의 성공은 2020년 인스타그램 릴스(Instagram Reels)와 유튜브 쇼츠(YouTube Shorts)의 참전을 불러왔다. 이제 숏폼은 특정 플랫폼의 전유물이 아닌 모든 소셜미디어의 표준 기능이 되었다. 이들 플랫폼은 각기 다른 방식으로 숏폼의 생태계를 구축하고 있다. 틱톡이 밈과 트렌드 중심이라면, 릴스는 인스타그램 특유의 감성적이고 시각적인 콘텐츠가 강세이며, 쇼츠는 기존의 유튜브 크리에이터들의 영향력을 바탕으로 성장하고 있다. 이러한 플랫폼별 특성은 사용자의 시간 경험과 일상 리듬까지 바꾸고 있다. 우리는 이제 '플랫폼이 설계한 시간' 속에서 살아가고 있는지도 모른다. 플랫폼들은 크리에이터의 후원, 광고, AI 기반의 콘텐츠 추천 등을 통해 확장과 수익화에 집중하고 있으며, 틱톡과 릴스는 합쳐서 20억 명 이상의 월간 활성 사용자를 보유하고 있을 정도로 주요 디지털 미디어가 되었다.

한편, 숏폼 플랫폼은 새로운 형태의 디지털 노동인 '가시성 노동(visibility labour)'을 창출했다(Abidin, 2021). 이는 끊임없이 자신을 노출하고, 콘텐츠를 생산하며, 대중의 관심을 얻으려는 전략적 노력을 의미한다. 각 플랫폼의 알고리즘은 어떤 콘텐츠가 더 많이 노출될지를 결정하며(김영욱, 2025b), 이는 보이지 않는 권력으로 작용한다(김영욱, 2025a; Bucher, 2018). 플랫폼 사회(van Dijck et al., 2018)에서 우리는 알고리즘이 짜 놓은 규칙 안에서 춤추고 있는지도 모른다. 숏폼 플랫폼에서의 가시성 노동은 감정 노동과 큐레이션 노동을 포함한다. 인플루언서들은 팔로워들과 진정성 있는 관계를 구축하면서도 상업적 보상을 추구해야 하는 딜레마에 직면했다. 특히 한국의 '뒷광고' 스캔들에서 볼 수 있듯이, 이들은 진정성에 대한 팔로워들의 기대와 광고주들의 상업화 압력 사이에서 균형을 맞춰야 한다.

4. 숏폼의 광고 마케팅적 가치

● **주의력은 21세기 최고의 화폐** 정보가 넘쳐 날수록 희소해지는 것은 바로 '주의력'이다. 인터넷의 등장은 이 현상을 극대화하고 있다. 이제 주의력은 단순히 인지 자원을 넘어 디지털 비즈니스 세계의 새로운 화폐가 되었다. 고객의 주의를 끌고 유지하는 능력이 기업의 성패를 좌우하는 시대이다.

숏폼 콘텐츠는 이 주의력 전쟁에서 가장 강력한 무기 중 하나이다. 왜일까? 인간의 뇌는 강렬하고 새로운 자극에 즉각적으로 반응하도록 설계되었기 때문이다(Lang, 2000). 숏폼은 바로 이 점을 파고든다. 짧은 시간 안에 시청각적 자극을 극대화하고, 감정을 건드리며, 예상치 못한 재미나 정보를 제공함으로써 우리의 주의를 단숨에 낚아챈다.

브랜드가 숏폼에 열광하는 이유는 무엇일까? 광고주와 브랜드에게 숏폼은 매력적인 기회의 땅이다. 전통적인 광고효과는 점점 떨어지고, 소비자의 주의를 끌기는 하늘의 별 따기만큼 어려워졌다. 이런 상황에서 숏폼은 비교적 적은 비용으로 엄청난 도달과 참여를 이끌어 낼 수 있는 마케팅 돌파구이다.

전통적인 TV 광고나 디스플레이 광고와 비교했을 때, 숏폼 콘텐츠는 제작비용 대비 높은 투자수익률(ROI)을 제공한다. 30초의 TV 광고 제작에 수억 원이 소요되는 반면, 숏폼은 스마트폰과 간단한 편집 도구만으로도 수백만의 조회수를 기록할 수 있다. 특히 사용자 생성 콘텐츠(User Generated Content: UGC) 방식을 활용하면 브랜드는 최소한의 투자로 최대한의 확산 효과를 얻을 수 있다. 숏폼의 가장 큰 특징은 일방향 광고에서 양방향 참여로의 전환으로, 브랜드는 챌린지, 해시태그 캠페인, 듀엣 기능 등을 통해 소비자를 수동적 수용자에서 능동적 참여자로 변화시킨다.

2023년부터 진행되고 있는 네스카페 돌체구스토의 '커피해야지' 챌린지는 숏폼 마케팅의 대표적인 성공 사례이다. 간단한 10초 영상과 #커피해야지 해시태그만으로 시작된 이 캠페인은 MZ세대의 일상적 표현을 브랜드 메시지와 자연스럽게 연결시켰다. 숏폼 플랫폼의 AI 기반 알고리즘은 사용자의 관심사, 행동 패턴, 인구통계학적 정보를 실시간으로 분석하여 정확한 타깃 오디언스에게 콘텐츠를 노출시킨다. 또한 실시간 데이터 분석을 통해 조회수, 좋아요, 댓글, 공유 등의 지표로 캠페인의 효과를 실시간으로 모니터링하고 즉각적인 최적화가 가능하게 됨으로써 애자일 마케팅(Agile Marketing)[06]을 실현한다.

또한 숏폼은 브랜드와 소비자 간의 거리를 좁히는 역할을 한다. 딱딱하고 일방적인 광고 대신, 진솔하고 재미있는 콘텐츠를 통해 친근하게 다가갈 수 있다. 디올(Dior)이 TV 광고 같은 영상보다 친

---

[06] 애자일 마케팅은 소프트웨어 개발에서 시작된 애자일 방법론의 원칙과 관행을 마케팅 분야에 적용한 전략적 접근 방식으로, 변화하는 시장 환경과 고객의 요구에 신속하고 유연하게 대응할 수 있도록 설계된 마케팅 방법론이다.

구에게 말하듯 제품을 소개하는 숏폼 영상으로 더 큰 호응을 얻은 사례는 이를 잘 보여 준다. 숏폼 플랫폼은 브랜드와 인플루언서 간의 협업 방식에도 변화를 가져왔다. 이제 브랜드는 인플루언서의 '진정성'과 '영향력'을 빌려 소비자와 소통한다(Abidin, 2021).

최근 글로벌 브랜드들은 숏폼 콘텐츠를 통해 혁신적인 마케팅 성과를 거두고 있다. 2024년 마케터의 44%가 이커머스 마케팅 전략에 숏폼 비디오를 활용할 예정이며, 이는 빠르고 매력적인 콘텐츠로의 중대한 전환을 보여 준다(Firework, 2025). 숏폼 비디오는 롱폼 콘텐츠보다 2.5배 더 높은 참여도를 기록하고 있으며, 현재 기업에서 제작하는 비디오의 56%가 2분 미만이다(Firework, 2025). 특히 90초 미만의 비디오는 50%의 시청자 유지율을 보이는데, 짧은 비디오일수록 완전 시청될 가능성이 높아 메시지 전달 효과가 뛰어나다. 마케터의 47%는 숏폼 비디오가 바이럴될 가능성이 더 높다고 평가하였으며, 30%의 숏폼 비디오가 81% 이상의 평균 시청률을 기록함으로써 높은 완주율을 보이고 있다. 2024년 비디오 광고의 66%가 30초 미만으로 제작될 예정이며, 페이스북(Facebook)의 숏폼 비디오 광고 수익은 전체 광고 수익의 50% 이상을 차지하고 있다(Firework, 2025).

치폴레(Chipotle)의 #GuacDance 챌린지는 단 6일 만에 25만 개 이상의 비디오 제출과 4억 3천만 회의 비디오 시작을 기록하면서 매출 중대로 이어졌다(Bondarenko, 2024). 브랜드 챌린지는 틱톡에서 평균 34%의 참여율을 보이는데, 이는 플랫폼의 다른 콘텐츠 유형보다 현저히 높은 수치이다. 코카콜라는 쉐어코크(Share a Coke) 캠페인을 통해 사람들이 가까운 사람들과 코카콜라를 공유하도록

[그림 1-1] 아디다스(Adidas)의 #HomeTeam 캠페인

출처: 아디다스 홈팀 캠페인 보고서.

영감을 주었으며, 이 접근법은 매우 강력하여 수천 명의 사람이 소셜네트워크에서 자신의 비디오와 게시물을 공유하도록 만들었다. 또한 인도에서는 Diljit Dosanjh, MS Dhoni, Rohit Sharma 등의 인기 있는 인물들과 협업하여 지역적 존재감을 확립하면서도 글로벌 브

랜드 관점을 유지했다. 아디다스(Adidas)의 #HomeTeam 캠페인은 최고의 틱톡 인플루언서들과의 협업을 통해 20억 회 이상의 조회수를 생성하였으며, 캠페인 기간 동안 제품 판매가 15% 증가했다(Kingsnorth, 2024). 인플루언서가 주도한 광고는 기존의 브랜드 광고보다 2.4배 높은 참여율을 보이며, 마케터의 89%는 틱톡 인플루언서 캠페인이 진정성과 참여 수준으로 인해 다른 소셜미디어 플랫폼보다 더 효과적이라고 보고하고 있다.

숏폼은 브랜드 커뮤니케이션의 패러다임을 근본적으로 변화시켰다. 기존의 푸시(Push) 마케팅에서 풀(Pull) 마케팅으로의 전환을 통해 소비자들이 자발적으로 브랜드 콘텐츠를 찾고 참여하게 만든다. 이는 브랜드에 대한 몰입도와 충성도를 크게 높이며, 관심 있는 소비자에게만 선별적으로 도달할 수 있게 해 주어 광고의 효율성을 극대화한다. 전통적인 광고매체에서는 불가능했던 이러한 혁신적인 접근법이 브랜드들이

4. 숏폼의 광고 마케팅적 가치

숏폼에 열광하는 핵심 이유이다.

숏폼 시대의 성공은 단순히 조회수나 '좋아요'의 개수만으로 측정할 수 없다. 중요한 것은 콘텐츠가 얼마나 '확산'되었는가이다(Jenkins et al., 2013). 사용자들이 자발적으로 공유하고, 패러디하고, 재생산하는 과정에서 콘텐츠의 생명력은 더욱 강하게 된다. 따라서 도달률, 참여율(댓글, 공유, 저장), 재시청률뿐만 아니라 챌린지 참여 수, USC 발생량 등을 종합적으로 고려해야 한다. 밈 연구의 관점(Shifman, 2013)에서는 콘텐츠의 '모방 가능성'과 '변형 가능성'이 중요한 지표가 된다. 얼마나 많은 사람이 쉽게 따라 하고, 자신만의 방식으로 변형하여 즐기는지가 숏폼 콘텐츠의 성공을 가늠하는 척도가 될 수 있다.

5. 숏폼이 가져온 광고 커뮤니케이션의 변화: 짧게, 강렬하게, 함께!

숏폼 광고는 어떤 특성을 가지고 있을까? 오혜라와 정윤재(2022)는 숏폼 광고의 특성을 체계적으로 분석하기 위해 잠재 디리클레 할당(Latent Dirichlet Allocation: LDA) 토픽 모델링[07]을 활용한 탐색

---

[07] 잠재 디리클레 할당은 토픽 모델링의 가장 대표적인 알고리즘으로, 대량의 문서 집합에 숨어 있는 주제(토픽)를 확률적으로 추출하는 비지도 학습 기법이다. LDA는 문서들이 여러 토픽의 혼합으로 구성되어 있고, 각 토픽은 특정 단어들의 분포로 표현된다는 가정하에 작동한다.

적 연구를 수행했다. 연구진은 총 6,762개의 응답에서 1,449개의 숏폼 광고 특성에 관한 키워드를 추출하여 분석한 결과, 5개의 숏폼 광고 특성 토픽을 도출했다. 가장 높은 비중을 차지한 참여성(22.3%)은 소비자의 능동적 참여를 유도하는 상호작용적 특성을 강조하며, 댓글, 좋아요, 공유, 챌린지 참여 등을 통해 소비자가 광고 콘텐츠에 직접 관여하게 만드는 특성을 의미한다. 두 번째로 높은 비중을 차지한 독창성(22.1%)은 기존의 광고와 차별화되는 창의적이고 혁신적인 접근법을 사용한다는 점을 나타내며, 예측 불가능한 스토리텔링, 독특한 시각적 표현, 새로운 형식의 콘텐츠 등을 포함한다. 나머지 특성들로는 다양한 형태와 주제, 표현 방식을 활용하는 다양성(19.2%), 짧은 시간 내에 핵심 정보를 효과적으로 전달하는 정보성(19.2%), 그리고 재미와 즐거움을 제공하는 엔터테인먼트적 특성인 오락성(18.2%)이 도출되었다.

숏폼 광고는 곧 시간과의 싸움이다. 사용자는 단 몇 초 만에 흥미를 느끼지 못하면 바로 다음 영상으로 넘어가 버린다. 따라서 광고 메시지는 극도로 압축되고 강렬해야 한다. 복잡한 설명이나 긴 서사보다는 즉각적인 감정 반응이나 호기심을 자극하는 '훅(hook)'이 필수적이다. 온라인 광고 연구(Belanche et al., 2017)에 따르면, 스킵 가능한 광고의 경우에는 첫 5초가 성패를 가른다. 이는 숏폼 광고가 왜 그토록 초반 임팩트에 집중하는지를 설명해 준다.

• **내러티브에서 밈 스토리로**   짧은 시간 제약은 스토리텔링 방식에도 변화를 가져왔다. 기승전결 구조의 전통적인 내러티브 대신, 짧고 인상적인 '밈적 요소'를 활용하는 방식이 주목받고 있다. 유행

하는 밈을 패러디하거나, 특정 사운드나 편집 스타일을 활용하여 사용자의 즉각적인 공감과 재미를 유발하는 것이다. 이는 복잡한 스토리를 이해할 필요 없이 직관적으로 메시지를 받아들이게 한다. 감정적 자극을 통해 제한된 인지 자원을 효율적으로 활용하려는 전략이기도 하다.

숏폼 시대의 광고는 더 이상 일방적인 메시지 전달이 아니다. 사용자의 참여를 통해 함께 만들고 확산시키는 '참여형 광고'로 진화하고 있다. 틱톡의 챌린지나 듀엣 기능은 사용자를 단순히 시청자에서 콘텐츠의 공동 생산자로 끌어들인다(Abidin, 2021). 브랜드는 사용자들이 자발적으로 참여하고, 공유하고 싶은 '놀이판'을 제공함으로써 자연스럽게 메시지를 확산시킨다. 이는 광고 노출을 넘어 브랜드와 사용자 간의 유대감을 형성하고 팬덤을 구축하는 효과적인 방법이다.

• **브랜드-크리에이터의 진정성 있는 협업** 소비자들은 더 이상 노골적인 광고에 반응하지 않는다. 대신에 신뢰하는 크리에이터의 진솔한 추천에 귀를 기울인다. 숏폼 플랫폼은 이러한 트렌드를 가속화하면서 브랜드와 크리에이터 간의 협업을 필수적인 마케팅 전략으로 만들었다. 중요한 것은 '진정성'이다. 크리에이터는 자신의 개성과 스타일을 유지하면서 자연스럽게 브랜드를 소개하고, 브랜드는 크리에이터의 영향력을 통해 타깃이 되는 고객에게 효과적으로 다가간다. 이는 주의력 획득 비용이 높아지는 시대에 브랜드가 소비자의 신뢰를 얻고 관계를 구축하는 새로운 방식이다.

6. 숏폼, 유행을 넘어 디지털 소통의 새로운 질서로

숏폼, 계속될 것인가? 숏폼은 반짝 유행일까, 아니면 거스를 수 없는 대세일까? 주의력 경제 이론(Davenport & Beck, 2001; Simon, 1971)에 비추어 보면 답은 명확하다. 정보는 계속 넘쳐 나고, 우리의 주의력은 점점 더 희소하게 될 것이다. 이런 환경에서 짧은 시간 안에 핵심을 전달하고 주의를 사로잡는 숏폼의 가치는 더욱 커질 수밖에 없다. 2024년 전 세계 숏폼 시장의 규모는 400억 달러에 이를 것으로 전망되며, 이는 숏폼이 이미 거대한 산업으로 자리 잡았음을 보여 준다. 5G 네트워크의 확산과 AI 기반의 개인화 알고리즘의 발전은 숏폼의 기술적 기반을 더욱 견고하게 만들고 있다. 특히 에지 컴퓨팅(edge computing)[08] 기술의 발전으로 실시간 영상 처리와 즉시 업로드가 가능하게 되면서 숏폼 제작과 소비의 진입 장벽이 지속적으로 낮아지고 있다. 증강현실(AR)과 가상현실(VR) 기술의 통합도 숏폼의 몰입도를 한층 높이면서 새로운 가능성을 열어 가고 있다. 숏폼은 일시적 유행이 아닌 디지털 시대의 핵심 커뮤니케이션 도구로 자리매김할 것이다.

숏폼의 지속가능성은 단순히 기술적 우위에만 의존하지 않는다.

---

[08] 에지 컴퓨팅은 클라우드 컴퓨팅과 반대되는 개념으로, 데이터를 중앙 데이터 센터나 클라우드가 아닌 데이터 생성 소스 근처(엣지)에서 처리하는 분산형 컴퓨팅 기술이다.

Z세대와 알파세대의 미디어 소비 패턴이 숏폼에 최적화되어 있으며, 이들이 주요 소비층으로 성장하면서 숏폼의 영향력은 더욱 확대될 것이다. 또한 교육, 의료, 정치 등 다양한 분야에서 숏폼을 활용한 정보 전달과 소통이 증가하고 있어 엔터테인먼트를 넘어선 사회 인프라로서의 역할을 수행하고 있다. 라이브 커머스와 숏폼의 결합, AI 생성 콘텐츠의 발전 등은 숏폼 생태계의 지속적 혁신을 이끌고 있다.

물론 숏폼에도 한계는 있다. 강렬한 자극과 감성에 의존하는 특성상, 깊이 있는 정보 전달이나 복잡한 논의에는 적합하지 않을 수 있다. 김창숙(2024. 10. 29.)에 따르면, 숏폼 이용자의 87% 이상이 중독성을 느끼고 있으며, 이는 심각한 사회 문제로 대두되고 있다. 도파민 분비를 자극하는 짧고 강렬한 콘텐츠는 사용자로 하여금 지속적인 자극을 추구하게 만든다. 특히 청소년층에서는 집중력 저하, 학습 능력 감소, 수면 패턴 교란 등의 부작용이 보고되고 있다. 무한 스크롤 방식과 개인화된 추천 알고리즘은 사용자가 의도했던 시간보다 훨씬 오래 플랫폼에 머물게 만드는 시간 왜곡 효과를 발생시킨다. 이에 따라 일부 국가에서는 청소년 이용 시간 제한, 알고리즘의 투명성 강화 등의 규제 방안을 논의하고 있다. 하지만 이러한 한계에도 불구하고 숏폼이 현대인의 정보 소비 방식과 커뮤니케이션 행태에 근본적인 변화를 가져왔다는 사실은 부인하기 어렵다.

한편, 숏폼의 한계에 대한 인식이 확산되면서 '딥폼(Deep Form)'으로의 전환 움직임이 나타나고 있다. MZ세대를 중심으로 '소셜미디어에서 얻은 정보를 더 깊이 이해하고 싶다'는 욕구가 커지고 있으며, 한때 15초 쇼츠로 유명했던 크리에이터들이 롱폼 콘텐츠를 제작하는 사례가 증가하고 있다.

• **광고의 미래, 숏폼에서 길을 찾으라** 숏폼의 부상은 광고산업에 거대한 지각변동을 일으키고 있다. 더 이상 일방적인 메시지 주입은 통하지 않는다. 소비자들은 광고를 '피해야 할 대상'이 아닌 '즐길 수 있는 콘텐츠'로 인식하기 시작했다. 미래의 광고는 소비자의 시간을 빼앗는 것이 아니라 그들에게 재미와 가치를 제공함으로써 자발적인 주의를 얻는 방향으로 나아가야 한다(Teixeira, 2014). 숏폼은 이러한 변화를 이끄는 핵심 동력이다.

전통적인 광고 모델은 중단형 광고(interruption advertising)에 기반했다. TV 프로그램 중간에 삽입되는 광고, 웹사이트를 덮는 팝업 광고 등이 대표적이다. 하지만 숏폼 시대의 광고는 네이티브 광고(native advertising)09와 콘텐츠 마케팅의 특성을 결합하여 엔터테인먼트와 광고의 경계를 허문다. 테세이라(Teixeira, 2014)가 강조한 바와 같이, 성공적인 디지털 광고는 소비자의 자발적 주의(voluntary attention)를 얻어야 하며, 이는 콘텐츠 자체가 가치를 제공할 때에만 가능하다. 숏폼 광고는 스토리텔링, 유머, 감동, 정보 제공 등을 통해 소비자가 능동적으로 참여하고, 공유하고 싶어 하는 콘텐츠로 진화하고 있다.

숏폼 광고는 브랜드 인지도 제고와 즉각적인 반응 유도에는 탁월한 효과를 보이지만, 장기적인 브랜드 구축을 위해서는 한계가 있

---

09 네이티브 광고는 광고가 게재되는 플랫폼의 콘텐츠와 자연스럽게 어우러져서 광고임을 직접적으로 드러내지 않으면서도 사용자의 경험을 해치지 않는 광고 방식이다.

다. 깊이 있는 브랜드 스토리, 복잡한 제품 설명, 기업의 가치와 철학 등은 짧은 시간 내에 충분히 전달하기가 어렵다. 따라서 숏폼과 롱폼 콘텐츠의 전략적 조합이 필수적이다. 숏폼으로 어텐션을 확보하고 관심을 유발한 후, 롱폼 콘텐츠로 깊이 있는 브랜드 경험을 제공하는 퍼널 마케팅(funnel marketing)[10] 접근법이 효과적이다. 애플(Apple)의 제품 런칭 전략이나 테슬라(Tesla)의 브랜드 커뮤니케이션이 이러한 통합적 접근의 좋은 예시이다. 미래의 성공적인 브랜드는 숏폼의 즉시성과 롱폼의 깊이를 조화롭게 결합하여 다층적 브랜드 경험을 제공할 것이다.

● **새로운 질서에 적응하기 위한 제언**   숏폼 시대에 성공하기 위한 콘텐츠 전략은 다음과 같은 패러다임의 전환을 요구한다.

1. 확산성을 최우선으로 고려하라

어떻게 하면 사용자들이 자발적으로 공유하고 싶게 만들 것인가?

2. 플랫폼의 문법을 이해하라

각 플랫폼의 특성과 사용자의 문화를 파악하여 맞춤형 콘텐츠를 제작하라.

---

[10] 퍼널 마케팅은 잠재고객이 브랜드를 처음 인지하는 순간부터 실제 구매에 이르기까지의 고객 여정을 깔때기(funnel) 모양으로 시각화하여 각 단계별로 최적화된 마케팅 전략을 수행하는 체계적인 접근 방식을 말한다.

3. 밈처럼 생각하라

쉽게 이해되고, 공감이 가며, 변형이 가능한 '밈적 요소'를 활용하라.

4. 진정성으로 소통하라

꾸며 낸 모습보다는 솔직하고 인간적인 매력을 보여 주라.

5. 참여의 장을 열라

사용자가 직접 참여하고 즐길 수 있는 챌린지나 이벤트를 기획하라.

숏폼은 단순한 영상 형식이 아니다. 숏폼은 디지털 시대의 새로운 커뮤니케이션 질서이자 비즈니스 성공의 열쇠이다. 이 변화의 흐름을 읽고 새로운 문법에 적응하는 자만이 찰나의 순간을 지배하고 미래를 선점할 수 있을 것이다. ▶

참고문헌

김영욱(2025a). 주목 권력으로서 언론의 성격 변화와 문제 해결 방안. 커뮤니케이션 이론, 21(1), 106-155.
김영욱(2025b). 주목 불복종: 디지털 미디어 주목 통제권 회복(이화학술총서). 이화여자대학교출판문화원.
김창숙(2024. 10. 29.). 누가 숏폼을 어떻게 이용하는가. 미디어이슈, 10(5). 한국언론진흥재단. 한국기자협회. https://www.journalist.or.kr/news/article.html?no=56994
브런치스토리(2025. 3. 10.). 브랜드 숏폼 콘텐츠 4가지 최신 트렌드 2025. https://brunch.co.kr/@@dyVh/66
맘스커리어(2025). 청소년이 가장 많이 이용하는 매체 1위는 '숏폼 콘텐츠'. https://momscareer.co.kr/news/view/1065573342854416
머니S(2025). 청소년 매체 이용률 1위 '숏폼'… 성인용 영상물 이용률 감소. https://www.moneys.co.kr/article/2025040117125489053
세계일보(2025). 청소년들이 가장 많이 보는 매체는 '숏폼'. https://www.segye.com/newsView/20250401517756
아디다스 홈팀 캠페인 보고서. https://report.adidas-group.com/2020/en/at-a-glance/2020-stories/the-hometeam-movement.html
여성가족부(2025). 2024년 청소년 매체 이용 및 유해환경 실태조사. https://www.gwysc.or.kr/policypr54?mcode=430
오픈서베이(2025). 소셜미디어·숏폼 트렌드 리포트 2024. https://blog.opensurvey.co.kr/article/socialmedia-2024-2/
오혜라, 정윤재(2022). LDA(Latent Dirichlet Allocation) 토픽 모델링을 활용한 숏폼(Short-Form) 광고 특성에 관한 탐색적 연구. 광고연구, (135), 51-86.
정보제공(2024). 2024년 숏폼 콘텐츠, 유튜브와 인스타그램의 경쟁. https://rinfo.tistory.com/entry/2024%EB%85%84-%EC%88%8F%ED%8F%BC-%EC%BD%98%ED%85%90%EC%B8%A0-%EC%9C%A0%ED%8A%9C%EB%B8%8C%EC%99%80-%EC%9D%B8%EC%8A%A4%ED%83%80%EA%B7%B8%EB%9E%A8%EC%9D%98-%EA%B2%BD%EC%9F%81
한겨레(2025. 4. 5.). 숏폼에서 딥폼으로… 소비 트렌드 재편. https://www.hani.co.kr/arti/economy/economy_general/1190857.html
한국언론진흥재단(2024. 11. 11.). 숏폼 이용자 87.1% "영상 중독성 있다". 미디어뉴스. https://akj.or.kr/article/?cate=22&id=2310

Abidin, C. (2021). Mapping Internet celebrity on TikTok: Exploring attention economies and visibility labours. *Cultural Science Journal, 12*(1), 77-103.
Bayer, J. B., Ellison, N. B., Schoenebeck, S. Y., & Falk, E. B. (2016). Sharing the small moments: Ephemeral social interaction on Snapchat. *Information, Communication & Society, 19*(7), 956-977.
Beck, J. C., & Davenport, T. H. (2001). *The attention economy: Understanding the new currency of business*. Harvard Business School Press.
Belanche, D., Flavián, C., & Pérez-Rueda, A. (2017). Understanding interactive online advertising: Congruence and product involvement in highly and lowly arousing, skippable video ads. *Journal of Interactive Marketing, 37*(1), 75-88.
Bondarenko, M. (2024, December 10). The rise of short-form video marketing: How brands are winning. Digital Agency Network. https://digitalagencynetwork.com/the-rise-of-short-form-video-marketing/
Bucher, T. (2018). *If… Then: Algorithmic power and politics*. Oxford University Press.
Davenport, T. H., & Beck, J. C. (2001). *The attention economy: Understanding the new currency of business*. Harvard Business Review Press.
Firework. (2025, March 6). 40+ short form video statistics: The jaw-dropping numbers you need to know. https://www.firework.com/blog/short-form-video-statistics
Gillespie, T. (2014). The relevance of algorithms. In T. Gillespie, P. J. Boczkowski, & K. A. Foot (Eds.), *Media technologies: Essays on communication, materiality, and society* (pp. 167-194).
Goover. (2025). *Global short-form video market report 2024*. Goover Research.
Kingsnorth, S. (2024). TikTok marketing trends to watch in 2024. https://simonkingsnorth.com/tiktok-marketing-trends-to-watch-in-2024/
Jenkins, H., Ford, S., & Green, J. (2013). *Spreadable media: Creating value and meaning in a networked culture*. New York University Press.
Lang, A. (2000). The limited capacity model of mediated message processing. *Journal of Communication, 50*(1), 46-70.
Petty, R. E., & Cacioppo, J. T. (1986). The elaboration likelihood model of persuasion. In L. Berkowitz (Ed.), *Advances in experimental social psychology* (Vol. 19, pp. 123-205). Academic Press.
Shifman, L. (2013). *Memes in digital culture*. MIT Press.
Simon, H. A. (1971). Designing organizations for an information-rich world.

In M. Greenberger (Ed.), *Computers, communication, and the public interest* (pp. 37-72). Johns Hopkins Press.
Teixeira, T. S. (2014). The rising cost of consumer attention: Why you should care, and what you can do about it. *Harvard Business School Working Paper*, 14-055.
van Dijck, J., Poell, T., & de Waal, M. (2018). *The platform society: Public values in a connective world*. Oxford University Press.

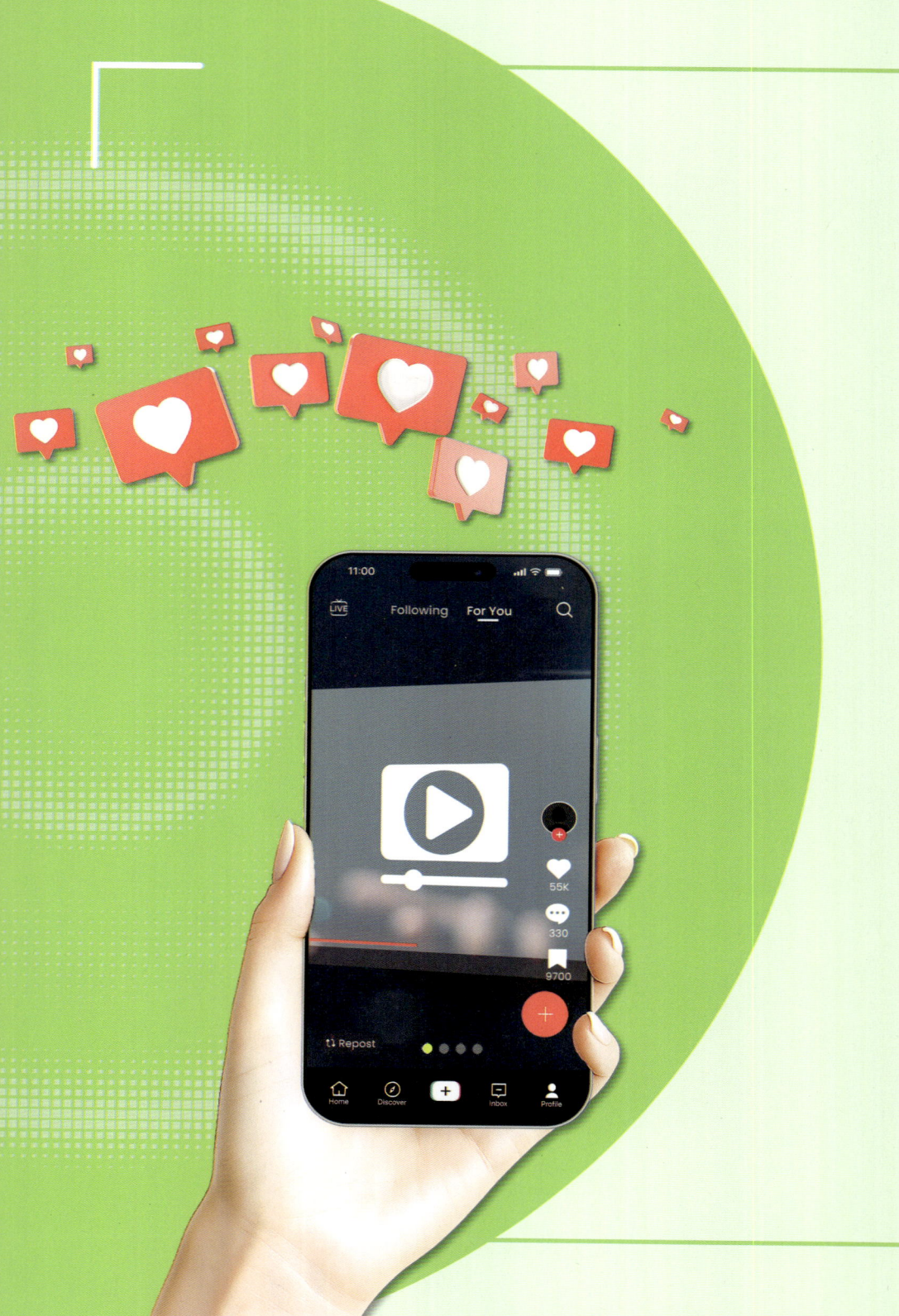

제2장

숏폼 콘텐츠와 주의경제

이형민 교수 | 성신여자대학교 미디어커뮤니케이션학과

 이 장은 최근 숏폼 콘텐츠가 인기와 각광을 받게 된 원인과 맥락을 주의경제(Attention economy)라는 거시적인 개념과 함께 이해하는 것에 초점을 맞추고 있다. 특정 콘텐츠에 대한 수용자의 관심과 주목이 화폐적 가치를 지닌 상품 또는 재화가 될 수 있다고 주장하는 주의경제의 개념을 이론적 토대로 숏폼 콘텐츠의 경제적·산업적 의미와 함의를 고찰해 보고자 한다. 다양한 플랫폼에서 수없이 많은 정보가 범람하고 있는 현재 수용자의 시간과 주의는 매우 제한적이고 희소 가치가 높은 재화로 인식되고 있다. 결국 더 많은 수용자로부터 더 많은 주의를 이끌어 내는 것이 경제적 이익 실현으로 연결된다는 것이다. 잠재적 소비자인 수용자들에게 핵심적인 정보를 전달하고 그들과 의미 있는 소통을 가능하게 하는 장치로서 숏폼 콘텐츠가 주목을 받고 있는 현 시점에서 주의경제의 이론적 토대 위에서 숏폼 콘텐츠의 본질과 특징을 논의하는 것은 학문적·실무적 관점에서 많은 시사점을 줄 수 있을 것이라고 판단된다.

1. 콘텐츠 수용자의 '주의'를 끌라!

　디지털 플랫폼의 확장과 모바일 기술의 진화로 인해 우리는 끊임없이 새로운 환경과 경험에 노출되고 있다. 최근 미디어 환경에서 새로운 변화를 추동하는 요인 중 하나는 단연 숏폼 콘텐츠라고 할 수 있다. 숏폼 콘텐츠는 1분 내외의 짧은 영상물을 의미한다. 근래 몇 년 사이에 숏폼 콘텐츠에 대한 대중적 관심과 소비가 급속도로 높아지고 있으며, 틱톡, 인스타그램 릴스, 유튜브 쇼츠 등 그러한 콘텐츠에 특화된 플랫폼들 또한 지속적으로 등장하고 있다. 모바일 기술에 기반한 숏폼 콘텐츠 플랫폼에 방문하는 사용자의 수가 늘어나고, 그들이 숏폼 콘텐츠 소비에 할애하는 시간이 증가하면서 전체적인 미디어와 콘텐츠 산업에 지각변동이 일어날 정도로 큰 파급효과가 나타나고 있다. 뿐만 아니라 디지털 콘텐츠 소비자들의 정보 수용 및 소비 방식을 근본적이고 혁명적인 차원에서 바꾸고 있다.

　숏폼 콘텐츠의 등장과 확산은 미디어 수용자들의 개별 콘텐츠 소비 시간을 단축시키고 있다. 또한 개별 콘텐츠에 대한 평균 소비 시간이 단축되면서 보다 다양한 콘텐츠로 분산되는 수용자들의 '주의'를 끌기 위한 경쟁은 극단적으로 가속화되고 있다. 수 초 안에 수용자들의 주의를 끌지 못하면 즉시 밀려나고 소외되는 미디어 환경 속에서 숏폼 콘텐츠는 더욱 강렬하고 자극적이며 말초적인 내용으로 제작되고 있다. 따라서 요즘 콘텐츠 시장에서는 '좋은' 콘텐츠를 만드는 것이 아니라 '주의'를 끌 수 있는 콘텐츠를 만드는 것에 더욱 많은 관심이 쏠리고 있다.

콘텐츠 범람의 시대에 수용자들의 '관심'과 '주의'는 높은 희소성을 가진 자원으로 인식되고 있다. 따라서 어떠한 콘텐츠가 많은 사람의 주의를 끌고, 해당 콘텐츠가 유통되는 플랫폼에서 수용자들의 체류를 연장시킬 수 있다면 그 자체로 경제적인 이득을 도모할 수 있다. 예를 들어, 많은 사람의 주의를 끌 수 있는 숏폼 콘텐츠를 광고나 브랜딩에 활용한다면 더욱 큰 마케팅 효과를 기대할 수 있다. 결국 미디어 공간 속에서 수용자들의 주의는 현실 세계에서 소비자들의 욕구를 자극하는 가장 강력하고 확실한 동인이 될 수 있기 때문이다.

이러한 현상은 주의경제라는 이론적 틀을 통해 보다 구조적으로 이해될 수 있다. 주의경제는 콘텐츠가 과잉 공급되는 사회에서 개별 콘텐츠에 대한 수용자의 주의가 매우 희소한 자원이자 경제적·사회적 가치 창출의 핵심으로 작용할 수 있다는 전제에서 출발한다. 콘텐츠 기획자, 광고주, 플랫폼은 모두 주의라는 희소한 자원을 확보하기 위해 수용자의 시선과 체류 시간을 놓고 끊임없는 경쟁을 벌이고 있다. 숏폼 콘텐츠는 바로 주의경제의 최전선에서 관찰되는 경쟁의 산물이라고 할 수 있다.

이 장에서는 주의경제의 이론적 배경을 개괄적으로 살펴보고, 숏폼 콘텐츠가 어떻게 주의경제 논리와 결합하여 작동하는지 분석하고자 한다. 특히 플랫폼의 구조와 알고리즘, 수용자의 인지와 행동 변화, 광고 및 브랜드 커뮤니케이션 전략 차원에서 숏폼 콘텐츠의 의의와 특성을 다층적으로 살펴보고자 한다. 나아가 숏폼 콘텐츠와 관련하여 점차 심화되고 있는 주의경제의 한계와 역효과, 그리고 지속가능성의 문제 역시 비판적인 차원에서 논의해 보고자 한다.

2. 주의의 경제학

지금 이 순간에도 수없이 많은 콘텐츠가 제작되어 다양한 유통 경로를 통해 소비되고 있다. 주지하다시피 모바일 인터넷 및 디바이스의 등장, 그리고 디지털 플랫폼의 확산은 수용자 개개인이 일상적으로 접할 수 있는 콘텐츠의 양을 기하급수적으로 증가시켰다. 이러한 미디어 환경 속에서 수용자들이 접하고 소화할 수 있는 정보의 양은 구조적으로 과잉 공급될 수밖에 없다. 이제는 정보의 소비 방식보다는 정보의 선택 방식이 더욱 중요해졌다고 할 수 있다. 반면, 개별 수용자들의 콘텐츠에 대한 관심과 주의력은 매우 희소성이 높은 자원으로 변모하고 있다.

일찍이 경제학자이자 인지심리학자인 허버트 사이먼은 정보의 과잉이 필연적으로 주의의 희소성을 일으킬 것이라고 예측한 바 있다(Simon, 1971). 지금 우리는 그의 통찰력 있는 예측이 현실로 펼쳐지는 세상 속에서 살고 있다. 인간은 기본적으로 인지적·경험적·행동적 한계를 갖고 있는 존재이기 때문에 입수하는 정보의 양이 늘어날수록 이를 처리하는 시간과 에너지가 분산되면서 개별 정보처리에 할애할 수 있는 주의력은 줄어들 수밖에 없다. 사이먼은 이러한 맥락에서 앞으로 미디어 수용자의 주의는 희소하고 가치 있는 자원이 될 것임을 꿰뚫어 보았고, 이는 주의경제라는 개념의 이론적 단초를 제공하였다(Bruineberg, 2025).

한편, 마이클 골드해버(Michael H. Goldhabor)는 디지털 미디어 환경에서 '누가 얼마나 많은 주의를 끌 수 있는가'에 따라 정치적·사회적·경제적 영향력이 결정될 수 있다고 주장하였다(Goldhaber, 1997). 그는 처음으로 주의경제라는 용어를 제안하면서 특정 정보 또는 콘텐츠에 대한 수용자의 주의가 일종의 통화(currency)적인 가치를 갖게 될 수 있다고 역설했다. 정보가 과잉 생산 및 공급되는 현대 사회에서 개인의 영향력은 그가 생산한 정보의 질이나 양보다 얼마나 많은 사람의 관심과 주목을 끌 수 있는가에 달려 있다는 것이다. 따라서 골드해버는 정보 과잉 시대에서 희소한 자원으로 간주되는 주의는 획득을 위한 시장 내의 경쟁을 과열시킬 것이며, 미디어 플랫폼을 통해 유통되는 콘텐츠는 결국 수용자의 주의를 획득하기 위한 수단으로 기능하게 된다고 보았다. 또한 이러한 환경 속에서 수용자의 주의를 더욱 많이 획득하는 주체는 사회적·경제적 자본 축적에 있어서 상대적 우위를 점할 수 있다고 보았다(Goldhaber, 1997).

특히 숏폼 콘텐츠에 특성화된 디지털 플랫폼은 수용자의 개인적 선호, 시청 이력, 기타 상호작용 등에 관한 데이터를 수집 및 분석함으로써 확률적으로 가장 높은 주의를 끌어낼 수 있는 추천 시스템에 기반하고 있다. 소위 알고리즘 기반 시스템을 통해 사용자의 주의와 취향을 자동으로 분석하고, 맞춤형 콘텐츠를 지속해서 추천하는 이러한 디지털 플랫폼에서 주의경제는 더욱 심화하고 구조화된다(Kang & Lou, 2022). 또한 이러한 구조는 콘텐츠의 전반적인 기획 및 제작 방식을 통제한다. 초반 1~3초 안에 수용자의 주의를 끌어내고 지속시킬 수 있는 콘텐츠만이 플랫폼 내에서 가시성과 파급력을 획득하게 되기 때문이다. 알고리즘 기반 추천 시스템은 주의를 단순히 개인의 선택 문제가 아닌 기술적으로 관리될 수 있는 자원으로 전환함으로써 주의경제를 심화시키고 있다(Liang, 2022). 결국 숏폼 콘텐츠를 유통시키는 디지털 플랫폼은 수용자들의 플랫폼 사용 및 체류 시간을 연장함으로써 광고 노출과 상업적 수익을 극대화하는 방향으로 설계된다.

숏폼 콘텐츠는 상대적으로 짧은 재생 시간 속에서 시각적·청각적·감정적 자극을 극대화함으로써 수용자의 주의를 최대한 이끌어 낼 수 있다는 점에서 주의경제를 선도하고 심화시키는 콘텐츠 형식이라고 할 수 있다. 숏폼 콘텐츠의 제작, 유통, 그리고 소비의 전 과정은 수용자의 주의를 중심으로 설계되며, 콘텐츠 제작자, 광고주, 플랫폼 사업자는 이러한 경쟁 구조 속에서 더욱 많은 주의를 유도하고자 노력하고 있다. 따라서 숏폼 콘텐츠를 단순히 유행 또는 사조로 받아들이는 것을 넘어 보다 거시적인 사회적·경제적·문화적 차원에서 조망하기 위해서는 주의경제라는 개념에 대한 이해가 선행되어야 한다.

3. 숏폼 콘텐츠는 어떻게 수용자의 주의를 끄는가

앞서 언급했듯이, 숏폼 콘텐츠는 짧은 시간 내에 수용자들로부터 강한 인상과 즉각적인 반응을 도출해야만 사회적·문화적·경제적 가치를 높일 수 있다. 따라서 숏폼 콘텐츠는 다음과 같은 세 가지의 구조적 특성을 갖추었을 때 효과적으로 작용할 수 있다.

첫 번째 구조적 특성은 주의의 포착이다. 숏폼 콘텐츠는 영상 시작 후 수 초 내로 주의와 관심을 확보하지 못하면 바로 수용자들에게 외면당하는 플랫폼 환경 속에서 소비된다. 따라서 콘텐츠 제목, 썸네일, 오프닝 장면 등 수용자들에게 최초로 노출되는 부분에 집중적으로 유인 요소들이 배치된다.

두 번째 구조적 특성은 주의의 유지다. 당연한 얘기이지만 단순히 주의를 포착하는 것만으로는 충분하지 않다. 포착된 수용자의 주의는 최대한 유지되어야 한다. 따라서 숏폼 콘텐츠 제작자는 빠른 컷 전환, 반복 구조, 내러티브의 반전, 시청자의 상호작용 유도(댓글, 투표, 챌린지 등) 등을 활용하여 수용자의 주의를 해당 콘텐츠에 최대한 묶어 두기 위해 노력한다. 또한 유지된 주의는 플랫폼 내 콘텐츠의 경쟁력을 강화함으로써 결과적으로 콘텐츠의 가치를 제고시킬 수 있다. 예를 들어, 틱톡 알고리즘은 콘텐츠 전체 시청률(watch-through rate)을 핵심 지표 중 하나로 측정하기 때문에 어떠한 콘텐츠가 수용자의 주의를 유지하고 끝까지 시청하도록 유도할수록 플랫폼 내 영향력이 강해지고 더 널리 확산될 수 있다.

세 번째 구조적 특성은 주의의 확산이다. 콘텐츠에 대한 수용자의 주의가 보다 장기적으로 지속되고, 그로 인한 경제적 가치가 상승하기 위해서는 콘텐츠의 재생산이나 확산이 필수적이다. 따라서 숏폼 콘텐츠는 챌린지, 밈 등 UGC 기반의 확산 기제를 전략적으로 포함한다. 물론 숏폼 콘텐츠가 누구나 손쉽게 참여 또는 변형 가능한 스토리와 형식 차원에서의 틀(template)을 제공할 때 더욱 성공적인 확산을 유도할 수 있다.

이러한 주의의 포착, 유지, 확산을 위해 숏폼 콘텐츠는 수용자의 감각과 감정을 말초적으로 자극하는 데 최적화되어 있다. 시각적으

[그림 2-1] 챌린지 확산에 성공한 치폴레(Chipotle)의 틱톡 브랜드 캠페인

출처: The Shorty Awards.

로는 빠른 편집, 클로즈업, 화려한 색채 구성 등 수용자의 몰입을 유도할 수 있는 요소들이 많이 사용된다. 청각적으로는 반복적이고 중독성 있는 배경음악의 사용 등을 활용한다. 또한 유머, 선정적인 주제 및 표현, 놀라운 장면 등을 통해 수용자의 감정을 최대한 자극하고자 한다. 이렇게 여러 가지 요소를 통해 중독성을 갖춘 숏폼 콘텐츠는 수용자의 무의식적인 반복 시청을 이끌어 냄으로써 소위 도파민 루프(dopamine loop)를 형성하기도 한다.

3. 숏폼 콘텐츠는 어떻게 수용자의 주의를 끄는가

주지하다시피 알고리즘 기반의 추천 시스템 또한 숏폼 콘텐츠의 유통과 소비를 촉진시키는 데 핵심적인 역할을 한다. 틱톡은 사용자의 시청 시간, 좋아요, 댓글, 반복 재생 등의 데이터를 종합적으로 분석하여 'For You' 페이지를 구성하고, 해당 사용자로부터 주목받을 가능성이 높은 콘텐츠를 우선적으로 노출시킨다. 이러한 구조는 수용자의 주의의 흐름을 특정 콘텐츠로 집중시키는 큐레이션 또는 필터링의 기능을 수행함으로써 앞서 언급한 주의의 포착, 유지, 확산을 더욱 효과적으로 촉진한다.

숏폼 콘텐츠는 단지 재생 시간이 짧은 콘텐츠가 아니라 디지털 주의경제의 논리와 문법에 맞게 전략적으로 구성된 산물이라고 할 수 있다. 숏폼 콘텐츠의 특징인 초단기 몰입 유도, 감각적 자극의 극대화, 알고리즘을 통한 선택과 배치, 사용자의 참여 확산 전략 등은 모두 수용자의 주의를 끌고, 최대한 유지하며, 다른 사람들에게 전파 및 확산되도록 치밀하게 기획되고 설계된 장치들이다.

따라서 숏폼 콘텐츠는 단순히 최근 유행하는 미디어 장르 또는 콘텐츠 유형이 아니라 디지털 미디어 환경에서 수용자의 주의를 자본화하는 방식의 결정체로 이해될 수도 있다. 이러한 맥락에서 숏폼 콘텐츠가 광고 전략 및 브랜드 커뮤니케이션과 어떻게 결합되고 주의경제를 실현하는 매개체로 활용되는지 보다 구체적으로 살펴보도록 하자.

4. 주의경제의 실천: 숏폼 콘텐츠로 광고하기

디지털 광고 환경은 본질적으로 소비자의 주의를 거래하는 방식을 기반으로 진화해 왔다. 디지털 미디어 사업자와 광고 기획자는 잠재적 소비자들인 미디어 수용자들의 주의를 끌고 그들을 광고주의 마케팅 커뮤니케이션에 노출시키는 대가로 광고 비용을 청구하여 이윤을 창출한다. 최근 전통적인 미디어 환경에서 광고 회피 현상이 심화되고, 미디어 수용자의 콘텐츠 소비 시간이 급격히 짧아지면서 빠르고 강한 인상을 주는 숏폼 콘텐츠 기반 광고 전략은 브랜드와 소비자 간의 접점을 효과적으로 넓힐 수 있는 수단으로 인식되고 있다(Yin, Li, Si, & Wu, 2024).

숏폼 콘텐츠 광고는 3초 이내에 핵심 메시지를 전달함으로써 브랜드 인지와 구매를 유도하는 것을 목표로 한다. 따라서 브랜드 로고, 슬로건, 메인 카피를 초반부에 배치하는 방식으로 제작되는 경우가 대부분이며, 광고 콘텐츠 노출 후 즉각적인 반응(댓글, 챌린지, 밈 등)을 유도하는 전략 또한 빈번하게 활용된다. 국내의 대표적인 편의점 브랜드인 GS25의 경우 브랜드가 연상되도록 유튜브 채널명을 '2리5너라'로 변경하고, MZ세대 공략을 위한 숏폼 예능 콘텐츠를 중심으로 채널을 리뉴얼하면서 업계 최초로 구독자 100만 명을 달성하는 데 성공하였다.

또한 기승전결 또는 도입-전개-결말의 구조를 취하는 기존의 광고와는 달리 숏폼 콘텐츠 광고는 단일 장면, 단일 감정, 단일 메시지를 중심으로 한 극단적인 축소 구조를 지향한다. 이러한 구조적

[그림 2-2] GS25 유튜브 채널 '2리5너라'의 숏폼 콘텐츠
출처: GS25 공식 유튜브 채널.

[그림 2-3] 무신사 '숏TV'의 숏폼 콘텐츠

출처: 무신사 숏TV.

인 형식 속에서 브랜드 메시지는 상징화되어 자막, 음성, 장면 전환 등을 통해 즉각적이고 감각적으로 전달된다. 최근 급성장하고 있는 패션 브랜드인 무신사는 2022년부터 자체 숏폼 콘텐츠 플랫폼인 '숏TV'를 운영하면서 MZ세대를 적극적으로 공략하고 있다. 감각적인 편집과 트렌디한 음악으로 대변되는 무신사의 숏폼 콘텐츠는 앞서 언급한 극단적인 축소 구조의 대표적인 예라고 할 수 있다.

한편, 기존의 전통적인 광고의 효과 지표는 클릭률, 도달률 등 메시지 노출이 중심이었으나, 숏폼 콘텐츠 광고는 시청 시간, 반복 시청률, 댓글 및 공유 수 등 주의의 양과 질을 중심으로 측정된다. 이러한 측정 지표는 주의를 데이터화된 자본으로 전환시킴으로써 광고 기획과 제작 방식에도 근본적인 변화를 불러오고 있다. 주의경제를 실천하는 숏폼 콘텐츠 기반 광고는 얼마나 오래, 그리고 깊게 소비자들의 주의를 끌어서 그들과 의미 있는 차원에서 연결되었는지를 광고의 가장 핵심적인 효과로 간주한다.

최근 숏폼 콘텐츠가 광고 및 브랜드 메시지의 효과적인 도구로 각광받으면서 브랜드 커뮤니케이션의 방식 자체에 많은 변화의 바람이 불고 있다. 광고주는 그들이 하고 싶은 이야기에 수용자가 자연스럽게 주목할 수 있도록 콘텐츠를 연출하고 설계하여야 한다. 그렇기 때문에 브랜드 커뮤니케이션은 그 자체로 재미있고 즐길 만한 콘텐츠가 되어야 하며, 공감과 재미를 통해 거부감 없이 수용되어야 한다. 많은 사례를 통해 확인할 수 있듯이, 숏폼 콘텐츠는 미디어 수용자 또는 잠재적 소비자의 콘텐츠에 대한 주의를 마케팅 촉진의 도구로 활용하고 자본화함으로써 주의경제를 형성하고 실천한다.

5. 짧아지는 주의의 함정

주의경제의 작동 원리 속에서 또는 주의경제를 선도하면서 숏폼 콘텐츠의 소비와 영향력은 날로 커져 가고 있다. 그러나 그 이면에는 수용자의 콘텐츠에 대한 주의가 점차 짧아지는 현상이 관찰되고 있다. 많은 전문가는 알고리즘을 기반으로 한 숏폼 콘텐츠의 반복적인 시청과 소위 도파민 중독으로 인해 미디어 수용자들이 점차 더 짧고 강한 자극을 추구하는 경향을 보인다고 지적하고 있다(이정기, 최진호, 2025).

특히 숏폼 콘텐츠를 가장 열성적으로 소비하는 젊은 층의 경우, 콘텐츠가 수 초 내로 흥미를 유발하지 못하면 즉시 다른 콘텐츠로 넘어가는 경향이 두드러지게 나타나고 있다(홍정은, 박승미, 빈영주, 유정희, 한재희, 2024). 이러한 주의의 단기화 경향은 거시적인 차원에서 수용자의 콘텐츠 소비 습관과 인지 처리 방식 전반에 영향을 미칠 가능성이 높다. 주의의 단기화는 플랫폼의 구조, 알고리즘의 보상 체계, 경쟁적인 콘텐츠 환경 등이 복합적으로 작용한 결과이며, 디지털 커뮤니케이션의 새로운 규범으로 자리매김하고 있다.

지속적으로 강한 자극을 전달하는 숏폼 콘텐츠의 경우에는 수용자에게 인지적 피로를 유발할 수 있다. 반복되는 자막, 과장된 감정 표현, 빠른 편집 등은 일시적인 몰입에는 효과적일 수 있으나, 논리적인 정보 처리와 깊이 있는 성찰에는 적합하지 않을 수 있다. 특히 브랜드 커뮤니케이션에서 이러한 현상이 발생할 경우에는 오히려 브랜드에 대한 인지가 저하할 수도 있고, 소비자의 충성도가 떨어질 수도 있다.

　무엇보다 콘텐츠의 초단기 소비 구조는 지속가능한 브랜드 전략에 있어서 심각한 장애 요인이 될 수 있다. 휘발성 높은 단발적인 콘텐츠 소비는 일시적인 주의의 획득에는 용이할 수 있으나 차별적이고 지속가능한 브랜드 전략과는 부합하지 않을 수 있다. 특히 보상 기반의 반복 소비 패턴을 구축하는 플랫폼 알고리즘은 수용자들로 하여금 도파민 중독과 주의 중독을 유도한다는 비판을 받고 있다. 이러한 미디어 소비 환경 속에서 수용자들은 피상적이고 무비판적인 콘텐츠 소비 습관을 갖게 되고, 이는 브랜드 커뮤니케이션의 맥락에서 장기적인 신뢰 구축 또는 상호호혜적인 브랜드 관계 성립을 어렵게 하는 장애 요인으로 작용할 수 있다.

　주의경제는 디지털 커뮤니케이션 환경 속에서 필연적인 기제로 등장하였지만, 그 작동 방식이 숏폼 콘텐츠를 통해 극단화될 경우에는 커뮤니케이션의 본질을 훼손할 수 있는 위험성을 내포하고 있다. 효과적인 광고와 브랜드 커뮤니케이션을 설계하기 위해서는 주의경제의 작동 방식을 정확히 이해하면서도 그것의 문제점과 부작용 또한 고려할 수 있는 균형 있는 사고가 필요하다. 숏폼 콘텐츠의 기획과 제작 전반에 있어서 진정성, 지속가능성, 윤리 등에 대한 고민이 중요한 시점이다.

6. 숏폼 콘텐츠와 주의경제의 미래

이 장에서는 급변하는 디지털 커뮤니케이션 환경 속에서 수용자의 콘텐츠에 대한 주의가 어떻게 핵심 자원으로 전환되었는지, 그리고 이러한 변화가 숏폼 콘텐츠라는 새로운 형식을 통해 어떻게 구체적으로 실현되고 있는지 살펴보았다. 주의경제는 단순히 이론을 넘어 콘텐츠 기획, 광고 전략, 플랫폼 설계 전반을 관통하는 핵심 원리로 작동하고 있다. 한편, 숏폼 콘텐츠는 주의경제의 기제를 가장 집약적이고 직관적으로 반영한 콘텐츠 형식이라고 할 수 있다. 숏폼 콘텐츠는 극단적으로 압축된 시간 내에 수용자의 주의를 포착하고, 유지하며, 확산시키기 위한 전략으로 무장하고 있다.

주의경제는 특히 숏폼 콘텐츠 기반 광고와 브랜드 커뮤니케이션에서 더욱 극명하게 드러난다. 더 이상 전통적인 광고를 신뢰하지 않고 적극적인 회피 경향을 보이는 소비자들의 주의를 자연스럽게 모으기 위해 빠르고 재미있으며 중독성 있는 숏폼 콘텐츠에 대한 의존이 높아져 가고 있다. 많은 사례를 통해 확인할 수 있듯이, 숏폼 콘텐츠는 잠재적 소비자들의 자발적인 주목을 유도하고, 즉각적인 반응을 이끌어 내며, 긍정적인 소비자 반응을 확산시키는 데 매우 효과적인 것으로 나타나고 있다.

그러나 지나친 숏폼 콘텐츠의 소비는 주의의 단기화로 이어지면서 인지의 피로, 충성도 저하 등의 부작용을 불러일으키기도 한다. 뿐만 아니라 커뮤니케이션의 본질적 가치가 훼손되면서 지속가능한 브랜드 커뮤니케이션 전략 수행에 차질을 가져올 수도 있다. 결국 콘텐츠 수용자의 주의를 효과적으로 포착, 유지, 확산시키면서도 브랜드가 전하고자 하는 정체성, 사회적 메시지, 문화적 맥락을 균형 있게 녹여 낼 수 있을 때 가장 이상적인 숏폼 콘텐츠를 만들 수 있다.

주의는 희소가치가 높은 자원이자 광고 및 브랜드 커뮤니케이션 실무자들이 민감하게 반응해야 할 지표이다. 그러나 주의를 획득하는 것만으로는 충분하지 않다. 결국 성공적인 실무자들은 주의를 바탕으로 지속가능한 브랜드 관계를 설계하고 구축할 수 있어야 한다. 앞서 살펴본 바와 같이, 숏폼 콘텐츠는 가능성과 한계를 동시에 갖고 있다. 이제 즉각적인 시선보다는 오래 남을 수 있는 인상, 말초적인 자극보다는 울림 있는 공감, 피상적인 확산보다는 의미 있는 연결을 고민할 필요가 있다.

참고문헌

GS25 공식 유튜브 채널. https://www.youtube.com/@official_GS25

이정기, 최진호(2025). Z세대 이용자의 숏폼 동영상 지속 이용의도 및 중독 결정 요인: 사회심리적 속성, 숏폼 이용동기, 몰입을 중심으로. 한국방송학보, 39(1), 198-232.

무신사 숏TV. https://www.musinsa.com/contents/short-tv/

홍정은, 박승미, 빈영주, 유정희, 한재희(2024). 일개 고등학생의 디지털 미디어 중독 실태와 유형별 상관관계: 스마트폰, 소셜 네트워크 서비스, 숏폼 콘텐츠, 게임을 중심으로. 근관절건강학회지, 31(3), 169-178.

Bruineberg, J. (2025). Rethinking the cognitive foundations of the attention economy. *Philosophical Psychology*, 1-23.

Goldhaber, M. H. (1997). The attention economy and the Net. *First Monday, 2*(4).

Kang, H., & Lou, C. (2022). AI agency vs. human agency: Understanding human-AI interactions on TikTok and their implications for user engagement. *Journal of Computer-Mediated Communication, 27*(5).

Liang, M. (2022). The end of social media? How data attraction model in the algorithmic media reshapes the attention economy. *Media, Culture & Society, 44*(6), 1110-1131.

Simon, H. A. (1971). Designing organizations for an information-rich world. In M. Greenberger (Ed.), *Computers, communication, and the public interest*. Johns Hopkins University Press.

The Shorty Awards. https://shortyawards.com

Yin, X., Li, J., Si, H., & Wu, P. (2024). Attention marketing in fragmented entertainment: How advertising embedding influences purchase decision in short-form video apps. *Journal of Retailing and Consumer Services, 76*, 1-13.

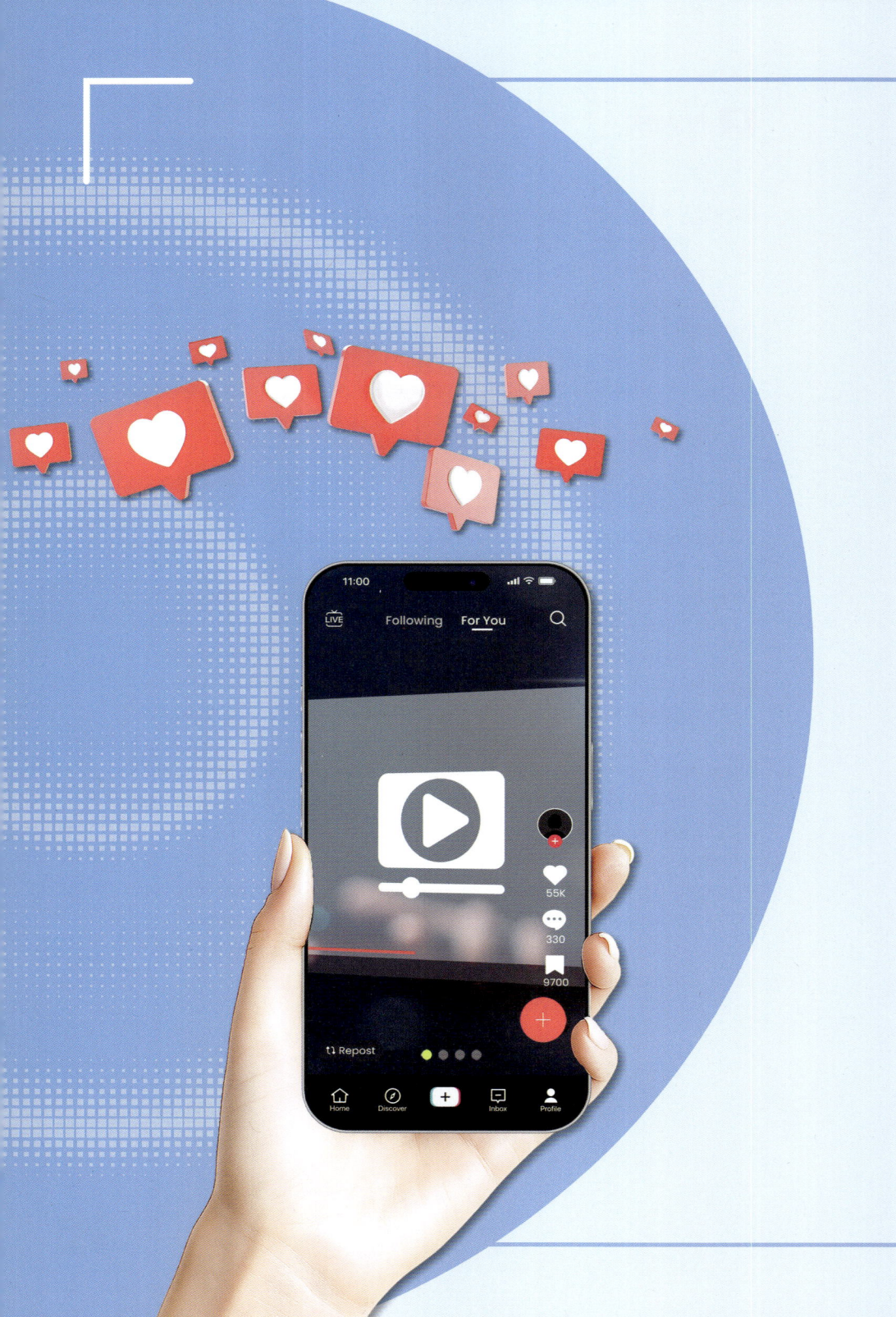

제3장

플랫폼별 숏폼 콘텐츠 트렌드 분석

전민희 연구교수 | 인천가톨릭대학교

'숏폼 콘텐츠'는 일시적인 유행을 넘어 현대의 미디어 소비 문화로 자리 잡았다. 짧아진 집중 시간과 모바일 중심의 콘텐츠 소비 행태는 숏폼 콘텐츠의 폭발적인 성장을 견인하는 핵심 동력으로 작용하고 있다. 이러한 변화는 광고 산업에도 영향을 미치며, 새로운 전략적 접근을 요구하고 있다.

숏폼 콘텐츠는 일반적으로 15~60초 사이, 플랫폼에 따라서는 최대 3분 혹은 10분까지 확장될 수 있는 형태로 변화하고 있다. 현재 이 시장은 틱톡, 유튜브 쇼츠, 인스타그램 릴스라는 세 거대 플랫폼이 주도하고 있다. 이들 플랫폼은 각기 다른 특징과 전략으로 사용자들을 끌어들이고 있으며, 콘텐츠 제작자와 광고주에게 새로운 기회와 도전 과제를 동시에 제시한다.

이 장에서는 주요 숏폼 플랫폼들의 고유한 특성, 콘텐츠 트렌드, 사용자 참여 방식, 그리고 광고 생태계를 비교·분석함으로써 급변하는 숏폼 환경 속에서 광고주와 콘텐츠 제작자가 나아가야 할 방향에 대한 전략적 통찰력을 제공하고자 한다.

1. 디지털 미디어의 새로운 권력, 숏폼

최근 길거리를 걷다 보면 골목길 사이에 휴대전화를 세워 두고 춤을 추며 영상을 찍고 있는 사람들을 심심치 않게 만날 수 있다. 과거 카메라 앞에 서는 것을 부끄러워하거나 혹은 다수의 사람에게 노출되는 것을 꺼려 하던 세대와는 달리 카메라 앞에 서서 스스로를 찍고, 노래를 부르고, 춤을 추면서 다수의 사람에게 노출되는 것을 부담스럽거나 어려워하지 않는 세대가 등장하였다. 이들은 카메라 앞에 서는 것을 즐기는 것뿐만 아니라 이를 기반으로 수익을 창출하고 있다. 어도비가 9개국 Z세대 크리에이터 5,222명을 대상으로 실시한 '크리에이티브의 미래' 보고서에 따르면, 16~18세 수익 창출 크리에이터의 49%가 대학 진학 대신 크리에이티브 비즈니스 시작을 선호하는 것으로 나타났다(어도비, 2022). 콘텐츠는 더 이상 일시적인 유행이 아닌 현대인의 미디어 소비 습관을 근본적으로 재편하는 핵심 동력으로 자리 잡고 있다. 한국인을 대상으로 숏폼과 OTT 플랫폼의 사용 시간을 비교한 결과 숏폼 앱 1인당 월평균 사용 시간 3,122분으로 OTT 앱 대비 7배 높은 수준으로 나타났다(와이즈앱·리테일·굿즈, 2024. 10). 또한 글로벌 시장조사기업 스태티스타(Statista)에 따르면, 2024년 전 세계 숏폼 시장의 규모가 55조 원(약 400억 달러)이며, 향후 5년간 연평균 60%씩 성장할 것으로 예상하고 있다(Statista, 2024). 특히 이러한 숏폼 콘텐츠의 시대는 MZ세대에 이어 새로운 소비 주축으로 급부상한 잘파(Z+Alpha)세대를 중심으로 점차 그 시장이 커지고 있다.

CJ메조미디어(2023)가 발간한 '2023 디지털 라이프스타일 리포트 여가·취미 편'에 따르면, 10대의 일평균 숏폼 채널 이용 시간은 63분으로 가장 많은 것으로 나타났고, 뒤이어 20대가 39분으로 잘파세대 중심으로 높은 소비가 이뤄지는 것으로 조사됐다. 30대(33분), 50대(30분), 40대(29분)에 비하면 확연히 비교될 정도로 높은 수준이다.

숏폼 동영상의 유행은 틱톡에서 시작된다. 이를 틱톡피케이션(Tiktokfication)이라고 부를 수 있는데, 2019년 틱톡의 출현은 밀레니얼 세대와 베이비붐 세대에게 '소셜미디어 세계의 신선한 이변'으로 다가왔다(미디어 이슈 & 트렌드, 2024. 2.). 과거 소셜미디어의 콘텐츠 소비가 팔로워·팔로잉 관계에 기반한 '소셜 그래프(social graph)'를 중심으로 이루어졌다면, 숏폼 시대는 개인의 잠재적 관심사를 예측하는 AI 추천 알고리즘 기반의 '콘텐츠 그래프(content graph)'로 무게 중심이 이동했다.

'숏폼 강점기'는 여전히 진행 중에 있으나 숏폼 콘텐츠의 대척점에 있다고 여겨지는 롱폼 콘텐츠의 시청 시간 또한 늘고 있는 것을 확인할 수 있다. 한때 틱톡이나 릴스에 대항해 쇼츠 콘텐츠를 밀던 유튜브는 최근 롱폼 콘텐츠에 대한 추천을 강화하는 알고리즘 개선을 진행하고 있으며, 이는 사용자들의 실제 시청 행태를 반영한 결과이다(한겨레, 2025. 4. 5.). 실제로 우리의 하루 일과를 살펴보면 출근길 혹은 이동하는 시간의 콘텐츠 이용 행태는 숏폼을 주로 소비하지만, 식사를 할 때, 혹은 퇴근 이후의 휴식 시간의 콘텐츠 이용 행태에서는 롱폼을 소비하는 것을 알 수 있다. 따라서 각각의 플랫폼의 특성과 사용자층이 다른 만큼 숏폼 콘텐츠를 이용하는 방식도 다르며, 이를 위해서는 각 채널에 대한 이해를 바탕으로 숏폼 콘텐츠를 분석해야 한다.

이 장에서는 숏폼을 소비하는 소비자의 심리와 이를 바탕으로 숏폼 시장을 삼분하는 절대 강자, 유튜브 쇼츠, 인스타그램 릴스, 틱톡의 동향을 분석하고, 각 플랫폼의 시장점유율, 사용자의 특성을 바탕으로 콘텐츠 트랜드와 광고 상품, 커머스 연동 전략에 대해 다각도로 조명하고자 한다.

2. 숏폼의 핵심 특성과 소비자 심리

숏폼 광고는 단순히 길이가 짧은 영상을 넘어 모바일 시대의 콘텐츠 소비 방식과 소비자의 심리를 정교하게 파고드는 새로운 커뮤니케이션 패러다임이다. 일반적으로 숏폼 콘텐츠는 평균 15초에서 60초 미만의 짧은 동영상으로 정의되며, 플랫폼의 특성에 따라 최대 1~3분까지도 확대 지원되고 있다. 그러나 숏폼의 본질은 길이를 넘어 숏폼을 소비하는 소비자들의 소비 방식에 있다.

일반적으로 숏폼 콘텐츠는 스마트폰 시청을 전제로 하며, 특히 세로형(9:16)의 화면을 가득 채우는 영상을 표준으로 한다. 특히 과거에는 영상에 등장하는 인물이 잘리거나 화면 밖으로 나가는 것이 영상의 퀄리티를 떨어트리는 형식이라고 치부했으나, 최근의 숏폼은 화면 내에 인물이 다 들어오지 않거나 인물이 화면 밖으로 나가더라도 크게 신경을 쓰지 않는다. 짧은 영상 속에서 이러한 화면의 구도의 안정감보다는 짧은 시간에서 효과적으로 임팩트 있는 정보를 전달하느냐가 핵심이다.

숏폼을 소비하는 데 가장 중요한 특징은 바로 콘텐츠를 발견하는 메커니즘이다. 기존의 디지털 광고가 사용자의 검색이나 클릭 같은 '의도 기반(intent-based)'의 행동에 의존했다면, 숏폼은 AI 알고리즘이 주도하는 피드를 통해 '우연한 발견(serendipitous discovery)'의 경험을 제공한다.

이러한 알고리즘의 변화가 숏폼 광고와 소비자의 관계를 변화시켰다. 유튜브와 같은 플랫폼에서는 소비자가 썸네일을 보고 시청할 영상을 능동적으로 '선택'할 수 있다. 또한 유튜브 영상 내에서 광고 노출이 되지 않도록 프리미엄 요금제를 구독하는 '선택'도 있다. 그러나 숏폼 플랫폼에서는 손가락만 스크롤하면서 끊임없이 콘텐츠를 탐색한다. 이와 같은 직관적이고 적극적인 상호작용의 상황 속에서 광고는 더 이상 콘텐츠의 중간에 "30초 후에 재생됩니다"와 같은 '광고 시간'을 갖지 않는다. 이는 명확한 장단점을 가지고 있다. 광고에 대한 부정적인 인식과 광고 회피가 높아진 현대 사회에서 광고로 인지되지 않는다는 점은 가장 큰 장점이다. 대신에 유기적으로 생성된 사용자 콘텐츠와 동일한 피드 내에서 다양한 콘텐츠와 동등하게 경쟁해야 한다. 즉, 숏폼 플랫폼 안에서 광고는 '광고'로서만 존재하는 것이 아니라 일종의 '콘텐츠'로서 존재해야 한다. 즉, 기존의 내러티브 형식의 광고가 아닌 여러 소비자와 크리에이터의 참여를 통한 다양한 형태의 콘텐츠로 제작되어야 한다. 이를 통해 광고임에도 불구하고 소비자가 하나의 일반 콘텐츠처럼 참신하고 신선하게 느낄 수 있게 하며, 공유하고 참여하고자 하는 동기를 부여하게 된다(Krämer & Zierke, 2020).

클레이 셔키(Clay Shirky)는 "정보 과잉이 아니라 필터 실패가 문제다"라고 주장했다(Shirky, 2008). 여기서 필터(Filter)는 피드 구성의 알고리즘을 의미한다. 숏폼 광고의 성공 여부는 사용자의 즉각적인 반응을 이끌어 내고 참여를 높게 평가하는 알고리즘 안에서 '가치 있는 콘텐츠'로 인정받아야 한다. 따라서 광고주는 단순히 광고물을 제작하는 것을 넘어 알고리즘이 적극적으로 사용자에게 노출하고 싶어 하는 매력적인 콘텐츠를 창조해야 하는 과제에 직면하게 된다. 이는 '모바일 온리(Mobile Only)' 시대가 도래하며, 소비자의 콘텐츠 소비가 특정 시간과 공간에 제약받지 않고 파편화된 형태로 이루어지기 때문에 더욱 중요하게 되었다.

숏폼 콘텐츠의 폭발적인 인기는 현대인의 심리적 기제와 깊숙이 연결되어 있다. 짧고 예측 불가능한 영상이 연속적으로 제공되는 경험은 뇌의 보상회로를 자극하여 '도파민 루프(Dopamine Loop)'를 형성한다. 개인화된 추천 알고리즘이 사용자 맞춤형 콘텐츠를 연속적으로 제공함으로써 사용자의 몰입과 의존을 강화시킨다(Chen et al., 2022; Rach & Peter, 2021). 실제로 틱톡 사용에 깊이 몰입한 청소년은 시간에 대한 인식이 흐려져서 사용 시간을 실제보다 짧게 느끼게 되고, 이로 인해 틱톡에 소비한 시간을 제대로 인지하지 못하는 것으로 나타났다(Qin, Musetti, & Omar, 2023). 숏폼의 이러한 형태는 현대인의 짧아진 주의 지속 시간과 부합할 뿐더러 최소한의 시간과 노력으로 정보나 보상을 얻으려는 '효율성'에 대한 욕구를 충족시키게 되는 것이다.

그러나 이 '효율성'의 추구는 역설적인 결과를 낳는다. 사용자들은 '이동 중 또는 여유 시간이 날 때 잠깐씩' 콘텐츠를 소비하려는 의도로 숏폼 플랫폼에 접근하지만, 낮은 인지적 부하와 높은 자극이 반복되는 경험에 빠져들어서 의도했던 것보다 훨씬 긴 시간을 소비하게 되는 경우가 많다. 이는 사용자의 근본적인 욕구가 단순히 시간 절약을 넘어 복잡한 현실로부터 벗어나 즉각적인 만족감을 주는 자극에 몰입하고자 하는 데 있음을 시사한다. 광고주에게 이는 중요한 함의를 가진다. 숏폼 광고의 타깃은 비판적이고 분석적인 시청자가 아니라, 반쯤 무의식적인 '플로우 상태(flow state)'에 있는 사용자다. 따라서 지나치게 복잡하거나 인지적 마찰을 유발하는 광고는 이 흐름을 깨뜨리고 즉시 외면당할 가능성이 높다. 가장 효과적인 광고는 사용자의 몰입 상태를 방해하지 않고 자연스럽게 스며들어 메시지를 전달하는 콘텐츠이다.

따라서 이러한 숏폼에서의 성공적인 광고 콘텐츠를 제작하기 위해서는 모든 숏폼 플랫폼에 동일한 콘텐츠를 배포하는 '원 소스 멀티 유즈(One-Source Multi-Use)' 전략은 비효율적이다. 각 플랫폼은 고유의 사용자 특성과 콘텐츠 문법을 가지고 있기 때문에 플랫폼별 맞춤 전략이 필수적이다.

3. 숏폼 플랫폼 3강 구도 분석: 유튜브 쇼츠, 인스타그램 릴스, 틱톡

숏폼 시장은 크게 유튜브 쇼츠, 인스타그램 릴스, 틱톡이라는 3강자 구도로 자리 잡았다. 각각의 플랫폼에서 사용되는 숏폼은 모두 60초 이내의 짧은 동영상이라는 유사한 서비스를 제공하는 것으로 보이지만, 플랫폼의 특징을 반영한 각기 다른 전략 목표를 가지고 있다. 따라서 각 숏폼 플랫폼의 거시적인 경쟁 구도와 고유한 특성을 토대로 숏폼 콘텐츠를 통해 어떠한 전략을 수립하고 있는지를 확인할 필요가 있다.

1) 시장점유율 및 사용자 통계

국내 숏폼 이용률은 꾸준히 증가하여 콘텐츠의 보편적인 형태로 자리 잡았다. 2024년도 오픈서베이 결과, 숏폼 콘텐츠를 시청하는 주요 플랫폼은 유튜브 쇼츠(87.4%), 인스타그램 릴스(58.3%), 틱톡(31.6%)으로 순위가 전년과 유사하게 나타났다. 유튜브 쇼츠와 인스타그램 릴스의 이용률은 점차 증가한 반면, 틱톡의 이용률은 하락한 것을 확인할 수 있다. 유튜브는 이미 국내에서 월간 활성 사용자 수(Monthly Active Users: MAU)를 기준으로 카카오톡을 제치고 1위를 차지(모바일 인덱스, 2024. 3. 5.)할 만큼 막강한 사용자 기반을 확보한 상태이며, 기존의 방대한 유튜브 영상 소비에 익숙해진 이용자들이 별도의 앱 설치나 신규 가입 절차 없이 자연스럽게 쇼츠로 유입된 것이 성공의 핵심 요인으로 분석된다. 이는 글로벌 숏폼 트렌드를 선도했던 틱톡조차 강력한 유튜브 생태계의 '락인 효과(Lock in Effect)[01]'로 보인다.

2) 핵심 이용자 및 이용 행태

세 플랫폼에서의 핵심 사용자층과 그들의 이용 행태는 뚜렷한 차이를 보인다. 최근 1주일 동안 이용한 플랫폼을 조사한 결과, 유튜브와 인스타그램은 15~59세의 전 연령대에 걸쳐 가장 높은 이용률을 보였다. 3순위 이하부터 연령대별로 차이를 보이는데, 15~24세 사이의 연령대는 X(구 트위터), 에브리타임, 핀터레스트, 틱톡의 순이고, 25~34세 사이의 연령대는 블라인드, X(구 트위터), 네이버 밴드, 쓰레드로 나타났다(오픈서베이, 2024. 11.).

이를 바탕으로 구체적으로 플랫폼별 이용자를 살펴보면 유튜브 쇼츠의 경우에는 특히 10대의 이용 시간이 압도적으로 높으며, 유튜브는 장편 동영상 중심 소셜 네트워킹 서비스(Social Networking Service: SNS)로, 유튜브 쇼츠는 유튜브 창작자(크리에이터)가 운영하는 채널의 고객 유입 및 홍보 수단으로 활용되는 경우가 많다는 것이 특징이다(한국콘텐츠진흥원, 2023. 5. 31.). 또한 유튜브의 경우에는 주로 학습 용도로 유튜브를 이용하는 것이 확인되었다(배개강, 김철수, 2023).

---

[01] 락인 효과란 소비자가 특정 상품이나 서비스를 한 번 구입하여 이용하기 시작하면 유사한 다른 상품이나 서비스로 옮겨 가기가 어려워서 기존의 상품이나 서비스를 계속 이용하게 되는 현상을 말한다.

[그림 3-1] 유튜브 쇼츠, 인스타그램 릴스, 틱톡

출처: 토스페이먼츠(2023. 6. 22.).

    인스타그램 릴스의 경우에는 여성(65.9%)이 남성(50.8%)보다 이용률이 현저히 높은 경향을 보였다(오픈서베이, 2023. 3.). 콘텐츠 역시 시각적으로 세련되고 스타일리시한 브랜딩에 중점을 두며, 여행, 가족/자녀의 일상 등 라이프스타일과 밀접한 주제가 강세를 보인다. 학술연구에 따르면, 인스타그램의 이용 동기인 '자기표현' '정보탐색' '일상활동'이 인스타그램 릴스에서도 유사하게 나타나는 것을 확인할 수 있었다(김소형, 2022).

    마지막으로, 틱톡의 경우에는 10대 이용률(42.3%)이 타 연령대에 비해 월등히 높지만, 20대 이용률(29.1%)은 오히려 전 연령층 중 가장 낮아 세대 간 선호도 격차가 극명하게 나타나는 플랫폼이다(오픈서베이, 2023. 3.). 이는 틱톡이 특정 세대(예: 잘파세대)를 위한 '놀이문화' 플랫폼으로서의 정체성이 강함을 시사한다. 주요 콘텐츠 역시 댄스 챌린지 참여나 유머/개그 소비에 집중되어 있으며, 오락 목적의 이용 동기가 강하게 나타나는 것을 확인할 수 있었다(배개강, 김철수, 2023).

이러한 차이는 각 플랫폼이 숏폼 콘텐츠의 탄생 이전부터 가지고 있던 특징들과 밀접한 관련이 있다. 사진 기반의 시각적 SNS로 출발한 인스타그램은 '감성'과 '비주얼'을, 놀이와 밈 문화에서 시작된 틱톡은 '챌린지'와 '유머'를, 그리고 정보와 지식의 보고인 유튜브는 '유용성'을 숏폼 콘텐츠에서도 그대로 이어 가고 있다. 플랫폼별 고유 특성에 따른 숏폼 콘텐츠의 전략에 대해 알아보고자 한다.

3) 플랫폼별 특성 및 숏폼 콘텐츠 전략

유튜브, 인스타그램, 틱톡은 모두 각자의 강점을 극대화하는 방향으로 분화하면서 차별화된 경쟁 우위를 구축하고 있다. 유튜브 쇼츠의 경우 기존의 방대한 롱폼 동영상 생태계와의 강력한 연계성이 플랫폼이 보유하고 있는 가장 큰 강점이다. 쇼츠는 긴 영상의 '예고편'이나 '하이라이트' 역할을 하면서 새로운 시청자의 흥미를 유발하고, 자연스럽게 채널의 다른 롱폼 콘텐츠로 유입시키는 관문으로 기능하고 있다. 이는 크리에이터가 기존의 팬덤을 강화하고 신규 구독자를 확보하는 데 매우 효과적인 전략으로 활용되고 있다.

인스타그램 릴스는 사진, 스토리, DM 등 인스타그램의 다른 기능들과 유기적으로 결합하여 시너지를 내는 것이 핵심 경쟁력이다. 특히 시각적 매력이 중요한 뷰티, 패션, 라이프스타일 분야에서 브랜드의 정체성을 감성적으로 전달하고, 팔로워들과 긴밀한 커뮤니티를 형성하면서 소통하는 데 최적화되어 있다. 또한 직관적인 쇼핑 기능의 연동을 통해 콘텐츠 소비가 즉각적인 구매로 이어지게 만드는 '발견형 커머스'에 강점을 보인다.

마지막으로, 틱톡은 고도화된 AI 추천 알고리즘을 기반으로 사용자의 잠재적 관심사를 정확히 파악하고, 끊임없이 새로운 콘텐츠를 '발견'하게 만드는 즐거움이 플랫폼의 가장 큰 강점이다. 또한 사용자의 자발적인 참여와 확산을 유도하는 '챌린지' 문화는 타 플랫폼이 쉽게 모방할 수 없는 틱톡만의 독자적인 자산으로, 폭발적인 바이럴을 만들어 내는 핵심 동력으로 보인다.

이러한 전략적 분화는 세 플랫폼이 각각 '지식/정보 생태계(유튜브 쇼츠)' '라이프스타일/커뮤니티(인스타그램 릴스)' '엔터테인먼트/트렌드(틱톡)' 플랫폼으로 전문화되는 흐름을 만들고 있다. 이러한 플랫폼별 특징을 기반으로 마케터는 더욱 정교하고 세분화된 채널 전략을 수립할 수 있을 것이다. 또한 브랜드의 특성이나 캠페인의 목표에 따라 주력 플랫폼을 선택하고 집중하는 것이 중요하다.

표 3-1 플랫폼별 특성

항목	유튜브 쇼츠	인스타그램 릴스	틱톡
국내 이용률(2024)	87.4%	58.3%	31.6%
주요 사용자층	전 연령층, 특히 10대 이용 시간↑	여성, MZ세대	10대 중심, 20대 이용률↓
핵심 콘텐츠 유형	정보성(금융, 꿀팁), 클립형(롱폼 요약), 예능	비주얼 중심(뷰티, 패션), 여행, 일상(Vlog)	챌린지, 유머/개그, 댄스
플랫폼의 고유 강점	롱폼 콘텐츠와의 강력한 연계, 유튜브 생태계 활용	시각적 브랜딩, 스토리 등 타 기능과의 시너지	AI 기반 추천 알고리즘, 바이럴에 강한 챌린지 문화
주요 마케팅 목표	트래픽 증가, 참여 향상, 롱폼 유입	매출 증대, 고품질 방문자 유도, 브랜딩	도달 범위 확장, 브랜드 인지도 제고

출처: 오픈서베이(2024. 11.) 외 자료를 참고하여 연구자가 재구성함.

(1) 유튜브 쇼츠: 기존 강자의 생태계 확장 전략

유튜브 쇼츠의 성공은 기존 시장의 선두주자가 어떻게 하면 시장에서의 영향력을 공고히 하고 플랫폼 생태계를 확장하는지를 잘 보여 주는 사례이다. 유튜브 쇼츠 콘텐츠는 '정보전달'이라는 콘셉트와 '롱폼 콘텐츠와의 시너지' '구글의 광고 시스템'을 통해 독자적인 경쟁력을 구축했다. 우선, '정보전달' 콘텐츠의 경우 꿀팁 콘텐츠로 짧은 시간 안에 유용한 정보를 압축적으로 전달하는 정보성 콘텐츠가 큰 인기를 끌고 있다. 그 예로 '오늘의집'은 공간 분리법을 숏폼으로 제작해 채널 최다 조회수인 1,000만 뷰를 기록했다.

더 중요한 특징은 '클립형' 콘텐츠를 통한 롱폼 콘텐츠와의 시너지이다. 기존의 업로드되어 있는 긴 영상의 하이라이트나 핵심 내

 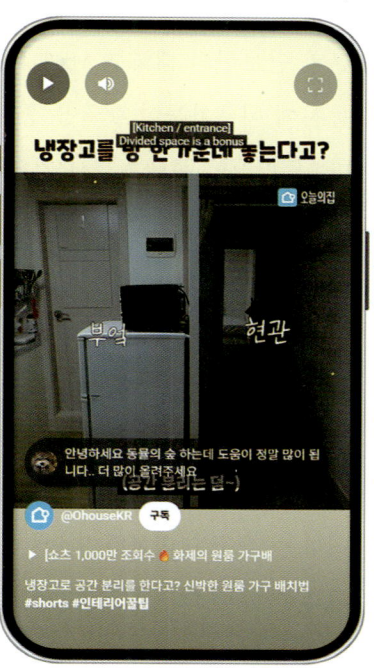

[그림 3-2] 유튜브 쇼츠 오늘의집 #인테리어 꿀팁

출처: 오늘의집 유튜브.

용을 편집하여 쇼츠로 재가공하고 있다. 또는 기존의 롱폼 콘텐츠에서는 다룰 수 없었던 형태로 쇼츠를 다루기도 한다. 그 예가 바로 티빙의 〈유미의 세포들〉이다. 일반적으로 주요 장면, 하이라이트, 미리보기 등 일부만 보여 주는 형태로 구성되던 쇼츠에 반해 김고은과 안보현의 대화를 MBTI의 차이로 편집해 새로운 쇼츠가 됨과 동시에 이용자들이 댓글을 통해 참여할 수 있는 화두를 던져 주었다. 독립적인 콘텐츠로서 가치를 가지는 동시에 거대한 유튜브 생태계로 신규 시청자를 유입시키는 브릿지 역할을 효과적으로 수행하는 것이다.

마지막으로, 유튜브 쇼츠 광고의 가장 큰 경쟁력은 세계 최대 광고 플랫폼인 구글 애즈(Google Ads) 시스템을 통해 집행된다는 점이다. 이는 구글이 보유한 검색 기록, 앱 사용 내역, 인구통계 등 방대한 사용자 데이터를 기반으로 한 정교하고 상세한 타깃팅이 가능하다는 것을 의미한다. 이에 마케터는 동영상 액션 캠페인(VAC)이나 동영상 조회수 획득 캠페인(VVC) 등 구체적인 캠페인 목표에 맞춰 광고를 최적화할 수 있으며, 전환당 비용(CPA), 시청 지속 시간 등의 명확한 성과 지표(KPI)를 통해 광고의 효율성을 측정하고 개선할 수 있다.

이러한 기술적 기반은 쇼츠 광고가 단순히 브랜딩이나 인지도 상승을 넘어 실제 구매나 회원가입과 같은 구체적인 '전환(conversion)' 목표 달성에 직접적으로 기여할 수 있게 만든다. 예를 들어, 마케터는 '최근 특정 제품을 검색한 사용자'나 '경쟁사 앱을 이용하는 사용자'와 같이 매우 구체적인 잠재고객 그룹에게 쇼츠 광고를 노출시킬 수 있다. 이는 쇼츠 광고가 브랜딩과 퍼포먼스 마케팅이라는 두

마리 토끼를 모두 잡고자 하는 마케터에게 매우 매력적인 선택지가 되게 하는 핵심 요인이 된다.

결과적으로 유튜브 쇼츠의 성공적인 마케팅 사례들은 정보성과 재미를 결합한 형태가 주를 이루고 있으며, 이를 기반으로 시청자의 참여를 유도하고 브랜드의 인지도를 높인다. MBC의 14F(일사에프) 채널은 'MBC의 14층 사람들이 만드는 짧고 똑똑한 뉴스'라는 콘셉트로 운영된다. 복잡하고 어려운 시사 이슈를 3분 이내의 짧은 영상으로 쉽고 재미있게 풀어내어 정보성 콘텐츠가 어떻게 높은 조회수와 구독으로 이어질 수 있는지를 증명하고 있다. 특히 MBC 보도국이라는 신뢰성을 기반으로 전 연령대를 타깃으로 하는 정보전달에 유튜브 쇼츠가 효과적인 플랫폼임을 보여 준다.

(2) 인스타그램 릴스: 비주얼 브랜딩과 커뮤니티 강화

인스타그램 릴스는 숏폼이라는 새로운 형식에 인스타그램 고유의 정체성인 '비주얼'과 '커뮤니티'를 성공적으로 녹여 낸 플랫폼이다. 릴스는 단순히 짧은 영상을 소비하는 공간을 넘어 사용자들이 선망하는 라이프스타일을 발견하고, 브랜드와 감성적인 유대를 형성하는 독자적인 생태계를 구축하고 있다. 인스타그램 릴스는 크게 '감성적 · 시각적 콘텐츠'와 '메타광고 시스템을 통한 구매 전환 유도'를 통해 플랫폼의 콘셉트를 강화하고 있다. 인스타그램 릴스는 시각적 콘텐츠를 통한 브랜딩에 용이하다. 즉, 릴스 콘텐츠의 핵심은 '인스타그래머블(instagrammable)'한 이미지에 대한 선호가 숏폼에도 적용된다(메조미디어, 2022). 따라서 대체로 뷰티, 패션, 여행 등의 시각적 매력이 중요한 분야의 콘텐츠가 효과적으로 나타난다.

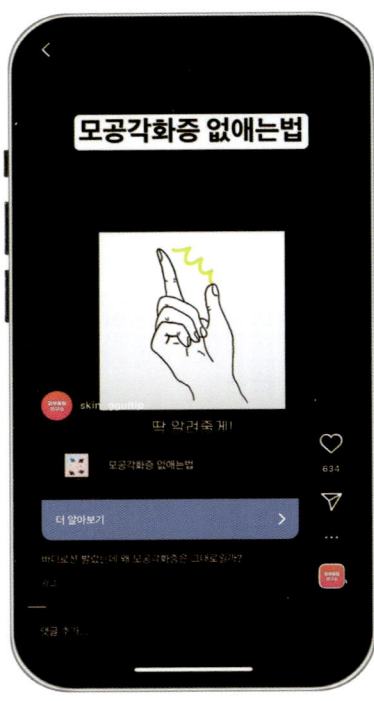 

[그림 3-3] 인스타그램 릴스 광고 콘텐츠

남성 대표 뷰티 브랜드 다슈(Dashu)는 인스타그램 릴스를 효과적으로 활용하면서 주목을 받고 있다. 특히 독특한 헤어스타일 연출 장면이나 극적인 전후 비교 영상을 활용해서 젊은 남성층의 관심을 사로잡고 있으며, 집에서도 활용 가능한 연출법 등을 알려 주면서 자연스럽게 제품을 소개한다. 또한 다슈의 모델인 인플루언서가 제품 콘텐츠뿐만 아니라 유행하는 챌린지 영상이나 짧고 간결한 스낵 콘텐츠 등을 통해 고객과 소통하는 모습을 보여 준다.

릴스 광고는 피드, 스토리 광고와 마찬가지로 메타(Meta)의 통합 광고 관리자 시스템을 통해 집행된다. 이는 인스타그램과 페이스북이 축적한 방대한 사용자 데이터를 활용한 정교한 타깃팅이 가능함을 의미하며, 최근에는 AI를 활용해 광고 도달을 최적화하는 캠페인 전략을 적극적으로 추진하고 있다(샐러드랩, 2025).

릴스 광고의 본질은 '발견형 커머스(Discovery Commerce)'를 극대화하는 데 있다. 사용자들은 특정 제품을 구매하려는 명확한 목적 없이 엔터테인먼트를 위해 릴스를 스크롤하다가 자신의 취향과 스타일에 맞는 제품을 '우연히 발견'하고 즉흥적으로 구매하는 소비 패턴을 보인다. 실제로 메타 데이 포 에이전시(Meta Day for Agencies, 2024)에 따르면, 메타 사용자들 중 인스타그램에서 소비하는 시간의 절반 가량은 릴스에서 발생하며, 79%의 사용자는 릴스를 시청한 뒤 제품을 구매한 경험이 있다고 답했다. 즉, 10명 중 약 8명이 릴스를 통해 상품을 구매한 경험이 있을 정도로 구매 전환율이 매우 높게 나타났다.

즉, 인스타그램 릴스에서 광고는 일반 콘텐츠 사이에 자연스럽게 삽입되는 전체 화면 형식으로 노출되며, '지금 구매하기'와 같은 명확한 행동 유도 버튼과 제품의 정보를 바로 확인할 수 있는 쇼핑 태그 기능을 연동하여 구매 과정을 단축시킨다. 또한 제공되는 광고 콘텐츠도 뷰티와 패션과 관련한 정보 제공의 형태로 구성함으로써 '이 제품을 사세요'라고 직접적으로 외치기보다는 '이런 멋진 라이프스타일의 일부가 되어 보세요'라는 메시지를 통해 소비자의 감성을 자극하고 자연스러운 구매 욕구를 불러일으키는 접근 방식이 주효하다.

(3) 틱톡: 엔터테인먼트와 커머스의 결합, '쇼퍼테인먼트'

숏폼의 트렌드를 창조하고 전 세계로 확산시킨 틱톡은 고도화된 추천 알고리즘과 독창적인 바이럴 메커니즘을 기반으로 독보적인 경쟁력을 유지하고 있다. 최근 틱톡은 이러한 강점을 커머스와 결합하여 '쇼퍼테인먼트(shoppertainment)'라는 새로운 시장을 개척하며 광고 및 콘텐츠 전략의 패러다임을 바꾸고 있다. 틱톡은 챌린지, 유머 중심의 바이럴 메커니즘을 통한 '참여'와 '확산'을 핵심 동력으로 하고 있으며, 이를 바탕으로 쇼퍼테인먼트라는 독자적인 커머스 철학을 제공한다.

우선, 틱톡이 전 세계적으로 확산될 수 있었던 가장 큰 요인은 바로 '챌린지'이다. 특정 음악이나 춤, 유머러스한 행동을 따라 하는 '해시태그 챌린지'는 틱톡을 상징하는 콘텐츠 형식으로, 사용자들이 단순히 소비자를 넘어 트렌드를 재창조하고 확산시키는 주체가 되게 한다.

다음으로, 틱톡은 '쇼핑(shopping)'과 '엔터테인먼트(entertainment)'를 결합한 '쇼퍼테인먼트(shoppertainment)'라는 독자적인 커머스 철학을 제시한다. 이는 인지도-고려-구매로 이어지는 전통적인 선형적 마케팅 퍼널을 파괴하고, '발견 → 참여 → 구매 → 후기 공유 → 재확산'의 과정이 끊임없이 순환하는 '무한 쇼퍼테인먼트 루프(Infinite Shoppertainment Loop)'를 구축하는 것을 목표로 한다(피처링, 2023. 4. 3.).

틱톡은 사용자가 광고를 '회피'의 대상이 아닌 '참여'의 대상으로 인식하게 만드는 것이 가장 큰 특징이자 장점이다. '#틱톡보고삼' 해시태그가 달린 영상이 19만 개를 넘어설 정도로 사용자들은 틱톡에서 본 재미있는 콘텐츠를 통해 제품을 발견하고 구매하며, 그 경험을 다시 콘텐츠로 제작하여 공유하는 쇼퍼테인먼트 루프를 자발적으로 완성하고 있다.

지금까지 논의된 각 플랫폼의 광고 상품과 핵심 전략을 종합적으로 비교하면 다음과 같다.

표 3-2 플랫폼별 광고 상품 및 마케팅 전략 요약

항목	유튜브 쇼츠	인스타그램 릴스	틱톡
주요 광고 상품	동영상 조회 수 획득 캠페인(VVC), 동영상 액션 캠페인(VAC), 디맨드젠 캠페인	릴스 광고(부스트), 쇼핑 광고, 인플루언서와의 협업 광고	탑뷰, 인피드 광고(스파크 애즈 포함), 브랜디드 이펙트, 해시태그 챌린지
마케팅 목표	퍼포먼스 중심: 웹사이트 트래픽, 리드 생성, 앱 설치, 구매 전환	브랜딩 & 커머스: 브랜드 인지도, 감성적 브랜딩, 즉각적인 구매 유도	바이럴과 인지도: 대규모 도달, 바이럴 확산, 트렌드 선도, 사용자 참여 유도

항목	유튜브 쇼츠	인스타그램 릴스	틱톡
핵심 타깃팅 방식	구글 생태계 데이터 기반(검색, 앱 사용, 구매 의도 등)	메타(페이스북/인스타그램) 데이터 기반 (관심사, 인구통계, 행동)	틱톡 내 행동 데이터 기반(시청, 좋아요, 공유, 해시태그) 추천 알고리즘
커머스 연동 기능	제품 태그, 유튜브 쇼핑 전용 스토어 연동	쇼핑 태그, 제품 태그, 인스타그램 샵 연동	틱톡 샵(TikTok Shop), 제품 링크, 라이브 쇼핑 광고

출처: 오픈서베이(2024. 11.) 외 자료를 참고하여 연구자가 재구성함.

이처럼 각 플랫폼은 고유한 광고 상품과 타깃팅 방식을 통해 서로 다른 마케팅 목표에 최적화되어 있다. 따라서 2025년 하반기의 성공적인 디지털 마케팅 전략을 위해서는 브랜드의 목표와 타깃 고객에 맞는 플랫폼을 전략적으로 선택하는 맞춤형 접근이 중요하다. ▶

참고문헌

CJ메조미디어(2022). 2022년 숏폼 콘텐츠 마케팅 리포트. https://cdn.cjmezzomedia.com/insight-file/insight_m_file_1500.pdf

CJ메조미디어(2023). 2023 디지털 라이프스타일 리포트 여가·취미 편. https://openads.co.kr/content/contentDetail?contsId=11762

김소형(2022). 숏폼 콘텐츠 플랫폼의 이용 동기와 만족도에 관한 연구. 중앙대학교 신문방송대학원 석사학위논문

뉴닉(2025. 1. 21.). 인스타그램 릴스 마케팅 성공 전략. zip. https://newneek.co/@alphareview/article/16320

매일일보(2024. 6. 20.). [기획] 52조 글로벌 숏폼 시장… 유통街, 콘텐츠 전쟁 돌입. https://www.m-i.kr/news/articleView.html?idxno=1131906

모바일 인덱스. 2월 월간 인기 모바일 앱 순위 총정리, 2024. 3. 5., 4월 월간 인기 모바일 앱 순위 총정리, 2024. 5. 9., https://www.mobileindex.com/insight-report?pid=289. https://www.mobileindex.com/insight-report?pid=308&

미디어 이슈 & 트렌드(2024. 2.). 숏폼 시대, 디지털 미디어 작동 방식의 변화. https://www.kca.kr/Media_Issue_Trend/vol60/pdf/Media_Issue_Trend%28vol60%29_23.pdf

배개강, 김철수(2023). 숏폼 콘텐츠 간 경쟁관계에 관한 연구-유튜브(You Tube)와 틱톡(Tiktok) 이용자 충족 적소분석을 중심으로-. 일러스트레이션 포럼, 74, 137-151.

샐러드랩(2025). 2025 이커머스 마케팅 가이드북.

어도비 블로그(2022. 8. 26.). 어도비 '크리에이티브의 미래' 보고서: 2020년 이후 한국 크리에이터 시장의 가파른 성장 확인. https://blog.adobe.com/ko/publish/2022/08/26/future-of-creativity-2022

오늘의집 유튜브. https://youtube.com/shorts/-PXaKV7eCTc?si=10YEweaEaPDdmvEg

오픈서베이(2023. 3.). 소셜미디어·검색포털 트렌드 리포트 2023.

오픈서베이(2024. 11.). 소셜미디어·숏폼 트렌드 리포트 2024.

와이즈앱(2024. 10. 2.). 숏폼 vs OTT: 사용자 및 사용 시간 트렌드 분석. https://www.wiseapp.co.kr/insight/detail/592

피처링(2023. 4. 3.). TikTok을 활용하여 브랜드가 "쇼퍼테인먼트"로 성공하는 4가지 방법. https://featuring.co/blog/437b9a6e-8507-4a82-84cd-e515b93264b7/155686d0-2e5f-4f7e-b84e-1269ca324992

토스페이먼츠(2023. 6. 22.). 틱톡? 릴스? 쇼츠? 숏폼 플랫폼 한 번에 정리하기. https://www.tosspayments.com/blog/articles/21998

한겨레(2025. 4. 5.). 숏폼에서 딥폼으로… 소비 트렌드 재편. https://www.hani.co.kr/arti/economy/economy_general/1190857.html

한국콘텐츠진흥원(2023. 5. 31.). 글로벌 OTT 동향 분석.

Chen, Y., Li, M., Guo, F., & Wang, X. (2022). The effect of short-form video addiction on users' attention. *Behaviour & Information Technology, 41*(13), 1-18.

Krämer, J., & Zierke, O. (2020). Paying for prominence: The effect of sponsored rankings on the incentives to invest in the quality of free content on dominant online platforms. *SSRN Electronic Journal*.

Qin, Y., Musetti, A., & Omar, B. (2023). Flow experience is a key factor in the likelihood of adolescents' problematic TikTok use: The moderating role of active parental mediation. *International Journal of Environmental Research and Public Health, 20*(3), 2089.

Rach, M., & Peter, M. K. (2021). How TikTok's algorithm beats Facebook & Co. for attention under the theory of escapism: A network sample analysis of Austrian, German and Swiss users. In *Proceedings of the international conference on social media and society* (pp. 137-143). Springer.

Shirky, C. (2008, September). *It's not information overload. It's filter failure*. Talk presented at Web 2.0 Expo NY. Retrieved from http://shirky.com

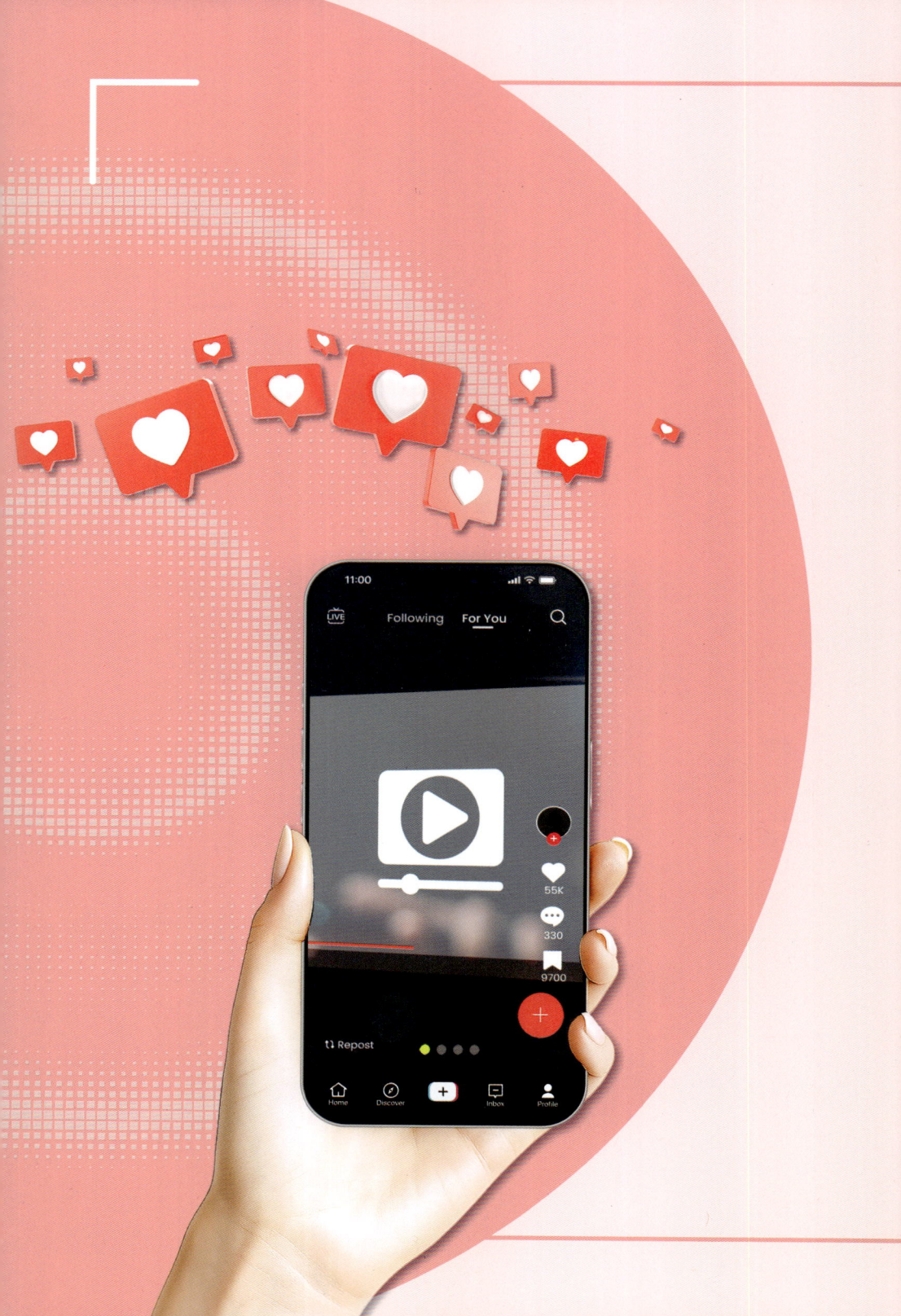

제**4**장

숏폼 광고의 특성과 성공 사례

박세진 교수 | 한양대학교 ERICA 미디어학과

　이 장은 숏폼 광고의 형식적·전략적 특성과 이를 효과적으로 구현한 국내외 성공 사례를 중심으로 구성되었다. 숏폼 광고는 제한된 시간 안에 브랜드 메시지를 효과적으로 전달하기 위해 정보의 압축, 반복 구성, 시각 요소의 극대화, 속도 중심의 편집 등의 전략을 활용한다. 이 과정에서 플랫폼 알고리즘과의 정합성을 고려한 맞춤형 콘텐츠 설계가 핵심적으로 작용하는데, 각 플랫폼의 특성에 따라 광고 기획 방식이 차별화되기도 한다.
　특히 틱톡, 유튜브 쇼츠, 인스타그램 릴스 등 주요 숏폼 플랫폼에서는 추천 구조와 사용자 반응 메커니즘에 최적화된 콘텐츠가 높은 노출 효율을 보이며, 광고를 통해 자연스럽게 브랜드 메시지를 소비자 경험에 통합시키는 방식이 널리 활용되고 있다. 이에 이 장에서는 국내외 브랜드의 캠페인 사례를 통해 숏폼 광고가 단순히 짧은 광고가 아니라 전략적 구조와 기능을 갖춘 독립적인 광고로 자리매김하고 있음을 살펴보고, 그 성공 요인을 분석한다.

1. 숏폼 광고: 디지털 소비자를 움직이는 메시지

포드(Ford) 자동차의 창립자 헨리 포드(Henry Ford)는 "돈을 아끼기 위해 광고를 중단하는 것은 시간을 아끼기 위해 시계를 멈추는 것과 같다(Stopping advertising to save money is like stopping your watch to save time)"라고 말했다. 그의 말처럼 지난 수십 년간 광고는 부지불식간에 돌고 있는 시곗바늘처럼 우리와 함께해 왔다. 또한 광고는 단순한 상업적 도구를 넘어 소비자와 제품, 소비자와 서비스를 연결하는 중요한 매개체로 자리매김해 왔다. 하지만 넘쳐 나는 정보의 홍수 속에서 광고는 더 이상 의미 있는 메시지가 아닌 '배경 소음'으로 인식되기도 한다. 실제로 소비자들은 하루 평균 1만 개 이상의 광고 메시지에 노출되고 있으며(Siteefy, 2025. 1. 13.), 이로 인해 광고 피로(advertising fatigue)와 광고 회피(advertising avoidance) 현상이 점차 심화되고 있는 추세이다.

이처럼 광고가 소비자와 브랜드를 연결하는 매개체로서의 기능을 점차 잃어 가고 있는 상황에서 브랜드와 기업은 소비자의 관심과 기억을 붙잡기 위한 새로운 해법을 고안해야 했다. 특히 전체 광고 시장에서 디지털 광고가 차지하는 비중이 50%를 넘어선 지 오래이고, 유튜브를 비롯한 영상 콘텐츠가 범람하는 오늘날 광고는 단순히 '노출'되는 것만으로는 충분치 않다. 따라서 광고를 통해 어떻게 소비자의 관심을 끌고, 소비자의 머릿속에 브랜드를 각인시키는지에 대한 논의가 필요한 시점이다.

광고의 본질이 '노출'에서 '기억'으로 옮겨 가고 있다. 단순한 반복 '노출'은 소비자에게 광고에 대한 피로감을 높이고 부정적 인식을 불러일으킨다. 이에 브랜드와 기업은 소비자의 '기억'을 사로잡을 수 있는 새로운 해법을 모색했고, 숏폼 광고에서 그 답을 찾았다. 숏폼 광고는 15~60초 내외의 짧은 시간 동안 압축된 메시지와 강렬한 감각적 자극, 반복 구조, 그리고 플랫폼별 맞춤 전략을 통해 소비자에게 브랜드, 제품, 서비스를 각인시킨다(오혜라, 정윤재, 2022). 광고 피로와 회피 현상이 심화되는 현실 속에서 숏폼 광고는 소비자의 주의력 한계와 정보처리 용량을 고려한 최적의 해법으로 자리 잡았다. 닐슨(Nielsen, 2022)의 조사 결과에 따르면, 30초 미만 광고의 브랜드 회상률은 65%로, 60초 이상 광고(49%)보다 유의미하게 높은 것으로 나타났고, CJ메조미디어가 2025년 국내외 광고주를 대상으로 설문조사를 시행한 결과 숏폼 광고를 활용한 브랜드의 68%가 인지도 상승을, 54%가 전환율 증가를 경험한 것으로 나타났다.

광고가 '배경 소음'이 된 시대에 숏폼 광고는 초집중 메시지, 감각적 임팩트, 플랫폼 최적화, 소비자 참여라는 네 가지 축을 바탕으로 디지털 광고의 본질적 혁신을 이끌고 있다. 숏폼 광고는 단순히 짧은 광고가 아니라 정보 과잉과 주의력 분산 시대에 브랜드가 소비자와 의미 있게 연결될 수 있는 가장 효과적이고 전략적인 해법이 될 수 있다. 이제 광고의 성공은 '얼마나 많이, 얼마나 자주 보이는가?'가 아니라 '얼마나 강렬하게 기억되는가?'에 달려 있다고 해도 과언이 아니다. 그에 대한 해답을 제시하는 숏폼 광고는 오늘날 디지털 광고의 새로운 표준이라고 할 수 있다.

2. 숏폼 광고의 이론적 토대:
주목, 기억 그리고 확산

광고의 본질이 '노출'에서 '기억'으로 이동한 오늘날 숏폼 광고가 어떻게 소비자의 행동과 미디어 환경의 변화에 대응하는지 그 메커니즘을 이해하기 위해서는 이론적 배경에 대한 탐구가 필수적이다. 따라서 숏폼 광고의 효과 및 전략과 연계된 주요 이론적 논의를 주목-기억-확산의 관점에서 살펴보고자 한다.

노벨경제학상을 받은 미국의 경제학자이자 인지심리학자인 허버트 사이먼이 1971년에 소개한 주의경제는 "정보의 풍요가 주의력의 빈곤을 낳는다(A wealth of information creates a poverty of attention)"는 명제에 기반해 정보가 범람하는 사회에서는 인간의 주의력이 가장 중요한 자원이 된다고 주장하였다. 유사한 맥락에서 골드하버(Goldhaber, 1997)는 "관심(attention)은 새로운 부(wealth)"라며, "주의력 거래가 경제 시스템의 중심이 될 것"이라고 전망하기도 하였다.

디지털 미디어와 플랫폼의 급격한 성장으로 인해 사람들이 소비하는 정보의 양은 폭발적으로 증가한데 반해 인간의 주의력은 한정되어 있다. 이러한 상황에서 광고와 마케팅의 효과를 극대화하기 위해서는 단순한 노출을 넘어 사람들의 희소한 주의력을 어떻게 효과적으로 확보해서 '기억'으로 전환하느냐가 매우 중요하다.

숏폼 광고는 주의력 경제의 핵심 명제를 꿰뚫는 대표적인 사례다. 우선 숏폼 광고는 소비자가 광고에 할애할 수 있는 주의력의 한계를 고려해서 압축적이고 임팩트 있는 메시지를 전달하는데, 이는 인간의 정보처리 용량이 한정되어 있어 메시지의 단순화와 압축이 효과적이라는 정보처리 이론(The limited capacity model of mediated message processing)과 맥락을 함께한다. 특히 이러한 과정에서 즐거움, 쾌락, 유머 등의 감각적 자극을 동시에 제공함으로써 그 효과를 극대화하기도 한다. 또한 광고에 대한 사람들의 관심을 기억으로 전환하기 위해 알고리즘 기반 추천, 챌린지 등의 부가적인 노력을 통해 메시지를 각인시킨다. 특히 짧은 노출을 통해 소비자의 거부감을 줄이는 한편, 기억에 남는 경험을 제공함으로써 소비자에게 광고를 긍정적으로 인식시키는 역할을 한다.

한편, 최근 연구에 따르면, 숏폼 광고는 전통적인 롱폼 광고에 비해 소비자의 주의력 확보와 기억의 전환 측면에서 탁월한 효과를 나타내는 것으로 드러났다. 예를 들어, 틱톡, 유튜브 쇼츠 등의 주요 플랫폼에서 숏폼 광고에 대한 소비자의 평균 완주율은 80%에 달했는데(Nielsen, 2022), 이는 숏폼 광고가 사람들의 주의를 끄는 것을 넘어 관심을 유지하는 효과가 있다는 것을 보여 주는 결과라고 할 수 있다. 또한 틱톡 챌린지형 광고의 평균 참여율은 약 17%로, 전통 광고 대비 2~3배 높은 것으로 알려졌다. 즉, 숏폼 광고가 사람들의 주의력(관심)을 행동으로 연결시키는 데에도 활용될 수 있다는 것이다. 이러한 결과는 숏폼 광고의 압축적 메시지와 감각적 자극, 반복적 노출 전략이 실제로 소비자의 주의를 효과적으로 확보하고, 참여형 활동을 통해 브랜드에 대한 긍정적 기억을 형성하는 데 매우 효과적임을 보여 준다.

숏폼 광고의 또 다른 작동 원리는 '확산'이다. 단순히 소비자의 주의를 끌고 기억에 남는 것에 그치지 않고 광고 메시지가 플랫폼 내외부로 퍼져나가며 집단적 소비와 참여를 유발하는 현상은 디지털 미디어 시대 광고의 중요한 특성이다. 젠킨스 등(Jenkins et al., 2013)은 '확산성 미디어(spreadable media)'라는 개념을 소개하며, 디지털 환경에서 콘텐츠가 네트워크를 타고 자발적으로 공유 및 재생산되는 과정을 설명하였다. 그들은 기존의 '바이럴(viral)' 개념과는 달리, 콘텐츠에 사용자의 능동적 선택과 참여, 플랫폼의 알고리즘 추천, 밈 및 챌린지와 같은 문화적 코드가 결합되어 온라인상에서 널리 확산될 것이라고 주장하였다. 숏폼 광고는 이러한 확산형 콘텐츠의 대표적인 사례로, 소비자는 단순한 메시지 수용자를 넘어 '공유자' 그리고 '생산자'로서의 역할을 수행한다.

플랫폼의 알고리즘과 AI의 추천은 인기 있는 숏폼 광고를 더 많은 소비자에게 노출시킴으로써 확산의 속도와 범위를 대폭 확장하는데, 이는 네트워크 외부효과(network externality effect)로 설명될 수 있다. 네트워크 외부효과란 개개의 사용자 참여가 전체 네트워크의 효용을 증가시키는 현상으로, 숏폼 광고 영역에서는 챌린지, 해시태그 등을 통해 네트워크 외부효과가 극대화된다. 이처럼 숏폼 광고의 확산 메커니즘은 다양한 문화적·기술적 요소와 결합해 메시지의 집단적 소비와 참여를 유발하는 기제로 작용한다.

결국 숏폼 광고는 주목, 기억, 그리고 확산이라는 세 가지 축을 통해 정보 과잉과 주의력 분산이라는 디지털 시대의 광고 환경에 효과적으로 대응하는 중요한 수단이며, 이를 통해 브랜드와 기업이 소비자와 의미 있는 소통을 하고, 두 주체를 연결하는 매개체로서의 역할을 복원하는 기능을 수행한다.

3. 숏폼 광고의 형식적 특성: 압축, 자극, 반복 그리고 플랫폼 최적화

숏폼 광고의 형식적 특성을 이해하는 것은 단순히 이론적 논의를 넘어 실질적인 광고의 성과 분석과도 연결된다. 숏폼 광고는 제한된 짧은 시간 내에 소비자의 주의를 끌어 기억에 남는 브랜드 경험을 제공해야 한다. 이 과정에서 숏폼 광고의 형식적 특성은 광고 메시지의 전달력, 완주율, 브랜드 회상률, 소비자 행동 유도 등의 핵심 성과 지표에 중대한 영향을 미친다. 따라서 숏폼 광고의 형식적 특성에 대한 체계적인 이해는 효과적인 광고 기획과 실행을 위한 필수적인 요소라고 할 수 있다.

• **압축** 숏폼 광고는 제한된 시간 내에 광고주의 핵심적인 메시지와 브랜드의 가치를 소비자에게 전달하도록 설계된다. 이를 위해서는 불필요한 메시지 요소를 제거하고, 단일 슬로건과 명확한 행동 유도를 포함하는 특성을 지닌다. 즉, 숏폼 광고는 단순히 브랜드에 대한 정보를 전달하는 것을 넘어 소비자가 즉각적으로 취할 수 있는 행동(예: 클릭, 팔로우, 구매, 공유)과 연계되는 경우가 많다. 실제로 김과 이(Kim & Lee, 2021)의 연구에서는 20초 내외의 광고가 브랜드 정보의 인지와 이해에 가장 효과적이라는 것이 밝혀졌으며, 불필요한 메시지를 배제한 가운데 단일 핵심 메시지와 콜투액션을 결합한 광고가 소비자의 반응을 극대화하는 요소로 작용함이 밝혀졌다. 특히 정보가 압축된 광고는 소비자의 인지적 부담을 줄여서

메시지의 명확성과 기억의 지속성을 높이는 것으로 나타났다.

• **자극** 메시지에 대한 주의력을 높여 소비자의 기억에 남는 광고를 만들기 위해서는 시각적·청각적 자극을 극대화해야 한다. 이는 틱톡, 유튜브 등 영상 플랫폼에 최적화된 전략으로, 숏폼 광고는 강렬한 색상, 역동적인 화면 전환, 임팩트 있는 음향, 리듬감 있는 음악 등을 결합해 소비자의 브랜드에 대한 관심을 유발한다. 예를 들어, 박(Park, 2023)의 연구에 따르면 음악, 효과음, 색상, 빠른 화면 전환 등 다양한 감각적 자극이 포함된 숏폼 광고는 재미, 흥미, 긍정적 감정 등 시청자들의 정서적 반응을 유발해 광고 메시지의 수용성과 브랜드 기억 효과를 높이는 것으로 나타난 반면, 감각적 자극이 낮은 광고는 완주율과 브랜드 호감도, 몰입도 수준이 상대적으로 낮은 것으로 드러났다.

• **반복** 전통적으로 반복은 광고의 핵심 메시지와 브랜드 이미지를 소비자에게 각인시키는 효과적인 전략으로 알려져 왔다(Jeong, 2022). 하지만 반복은 부정적인 효과를 동반하기도 한다. 소비자가 동일한 광고에 반복적으로 노출될 경우 광고 피로와 광고 회피를 유발하기 때문이다(Calder et al., 2009). 특히 디지털 환경에서는 반복적인 광고 노출이 소비자의 주의력 분산과 부정적 태도 증가에 직접적인 영향을 미칠 수 있기 때문에 주의가 필요하다. 이에 최근 연구들은 '적정 수준의 반복(optimal frequency)'이 광고의 효과를 증대하는 핵심 요소라고 강조한다. 예들 들어, 김과 이(Kim & Lee, 2021)는 동일한 광고에 대한 2~4회의 반복 노출은 브랜드 회상률

과 호감도를 높이는 효과를 보이지만, 5회 이상 반복될 경우에는 피로와 회피가 유의미하게 증가한다고 주장하였다. 따라서 숏폼 광고에서는 메시지와 브랜드의 이미지를 효과적으로 각인시키면서도 소비자의 피로와 부정적 반응을 최소화할 수 있는 반복 빈도와 노출 전략이 필요하다고 할 수 있다.

- **플랫폼 최적화** 플랫폼 최적화는 AI와 데이터사이언스 기술의 비약적인 발전으로 인해 숏폼 광고 영역의 새로운 패러다임으로 부상하고 있다. 과거의 플랫폼 최적화가 화면 비율, 영상 길이 등 표면적인 요소에 머무른 반면, 최근에는 AI를 활용해 사용자의 시청 이력, 관심사, 상호작용 여부 등에 대한 방대한 데이터를 분석하여 광고의 형식과 전략을 정교하게 설계한다. 특히 광고 완주율, 클릭률, 참여율 등의 다양한 성과 지표에 대한 실시간 분석이 가능하게 되면서 광고주가 숏폼 광고의 형식을 빠르게 최적화할 수 있게 되었다. 실제로 김 등(Kim et al., 2023)은 AI 기반의 개인화 광고가 전통적 타깃팅 광고에 비해 클릭률과 전환율에서 유의미한 향상을 보였음을 입증하였는데, 이는 AI와 데이터사이언스 기술이 숏폼 광고의 형식적 특성과 전략적 실행을 혁신적으로 변화시키며, 디지털 광고 생태계에서 경쟁 우위를 확보하는 데 필수적인 요소로 자리매김하고 있음을 반증하는 것이라고 할 수 있다.

표 4-1 숏폼 광고의 형식적 특성

형식적 특성	내용
압축	단일 메시지, 명확한 행동 유도 등
자극	음악, 효과음, 컬러풀 영상, 자막, 빠른 편집 등
반복	슬로건, 음악, 시각 패턴, 멜로디 반복 등
플랫폼 최적화	알고리즘, 추천 구조, 해시태그 등 플랫폼 특화 기능

4. 숏폼 광고의 전략적 특성: 참여, 타깃팅, 협업

숏폼 광고의 전략적 특성은 광고의 실질적인 효과와 확산, 그리고 소비자의 행동을 유도하는 데 중심적인 역할을 한다. 따라서 디지털 미디어 환경에서 숏폼 광고의 전략적 특성을 이해하는 것은 광고의 성공을 담보하는 핵심적인 요소라고 할 수 있다. 이 절에서는 최근 연구 및 산업계 동향을 토대로 숏폼 광고의 전략적 특성을 살펴보자 한다.

• **참여** 광고의 궁극적인 목적은 소비자로 하여금 광고주가 원하는 행동을 유도하는 데 있다. 다만, 전통적인 광고에서 요구하는 소비자의 행동이 '구매'라고 한다면, 최근 광고는 소비자와 공감대를 형성하는 가운데 능동적인 참여를 이끌어 내는 전략을 구사한다. 예를 들어, 챌린지, 밈, 사용자 생성 콘텐츠(User Generated Content: UGC) 등 다양한 형식의 소비자 참여형 활동은 소비자가 광고 메시

지를 공동으로 생산하고, 확산시키는 역할을 수행하게 만든다. 소비자의 참여는 광고 효과 증대에 긍정적인 기여를 하는 것으로 알려졌는데, 임(Lim, 2022)의 연구에 따르면 틱톡, 인스타그램 릴스 등에서 집행된 참여 기반 광고 캠페인은 전통적 광고에 비해 2~3배의 참여율을 보이는 것으로 나타났다. 이러한 결과는 앞서 언급한 네트워크 효과를 극대화하며, 브랜드 메시지의 자발적 확산과 긍정적 태도 형성에 기여한다.

● **타깃팅** 모든 소비자에게 동일한 광고 메시지를 전달하는 시대가 저물고, 소비자의 관심사와 선호도에 부합하는 맞춤형 광고의 시대가 도래했다. 특히 AI 기술과 데이터사이언스의 분석이 광고에 도입됨에 따라 플랫폼은 소비자의 시청 이력, 관심사 등을 분석해 최적화된 광고를 노출시킨다. 이에 따라 정밀한 타깃팅과 개인화 전략에 기반한 광고의 집행이 가능하게 되었는데, 장 등(Zhang et al., 2023)에 따르면 AI에 기반한 타깃팅 광고가 클릭률 및 전환율에 있어 유의미한 향상을 보이는 것으로 확인되었다. 이처럼 숏폼 광고는 소비자의 요구에 부합한 광고를 노출시킴으로써 광고 효과를 향상시키는 동시에 광고 피로와 광고 회피를 줄이는 데 긍정적인 역할을 수행한다.

● **협업** 숏폼 광고는 유명인, 인플루언서, 크리에이터 등과의 협업을 통해 신뢰성, 확산력, 진정성을 확보하는 전략을 구사한다. 광고에 유명인(celebrity)을 활용하는 것은 초창기의 광고에서부터 이어져 내려온 전략으로, 다양한 연구를 통해 그 효과가 입증된 바 있

다. 다만 숏폼 광고에서는 유명인의 대상이 소셜미디어 인플루언서, 유튜브 크리에이터 등으로 확대되었는데, 이는 협업 파트너를 선정할 때 중요한 고려 요소인 '적합성(fit)' 및 '일치성(congruency)'과 연관되어 있다. 전통적으로 유명인과의 협업은 유명인의 대중적 인지도와 긍정적 이미지를 활용해 브랜드 인식을 개선하는 데 중점을 둔 반면, 인플루언서와 크리에이터는 자신만의 전문 분야, 콘텐츠 제작 경험, 팔로워와의 신뢰를 바탕으로 브랜드 메시지의 신뢰성과 설득력을 높이는 역할을 한다. 구체적으로 로우와 유안(Lou & Yuan, 2019)의 연구에 따르면, 인플루언서가 특정 분야에서 전문성을 인정받는 인물일 때 브랜드와의 일치성이 소비자의 태도와 구매 의도에 긍정적인 영향을 미치는 것으로 나타났다.

이와 같은 숏폼 광고의 전략적 특성은 단순히 메시지 전달에 그치지 않고 소비자와의 상호작용, 맞춤형 타깃팅, 신뢰 기반의 협업 등 다양한 차원에서 광고 효과를 극대화하는 역할을 한다. 참여를 통한 네트워크 확산, AI 기반의 정밀한 타깃팅, 그리고 전문성을 갖춘 인플루언서 및 크리에이터와의 협업 전략은 숏폼 광고가 디지털 환경에서 소비자의 행동 변화를 이끌고 브랜드와의 긍정적 관계를 구축하는 데 핵심적인 요인으로 작용한다. 이러한 전략적 접근은 숏폼 광고가 단순히 트렌드를 넘어 디지털 광고 시장의 지속적 성장과 혁신을 견인하는 중요한 역할을 수행하게 될 것임을 의미한다.

표 4-2 숏폼 광고의 전략적 특성

전략적 특성	내용
참여	챌린지, 밈 등 소비자의 참여 유도, 네트워크 확산
타깃팅	데이터 기반의 정밀한 타깃팅, 개인화 추천, 맞춤형 메시지
협업	인플루언서 및 크리에이터와의 파트너십, 신뢰성, 확산력, 진정성 강화

5. 숏폼 광고 사례: 유형 구분과 대표 사례 분석

숏폼 광고는 브랜드나 기업이 달성하고자 하는 목표에 따라 다양한 유형으로 나타난다. 실제로 숏폼 광고는 소셜미디어의 일반 게시글과 형식적으로 거의 구분되지 않는 경우도 많으며, 광고와 비광고의 경계가 흐릿해지는 현상도 나타난다. 아직까지 학문적, 실무적으로 엄격한 숏폼 광고의 유형 분류 기준이 정립되지 않은 상황으로, 이 절에서는 대표적인 성공 사례를 통해 유형화를 시도하고자 한다. 이 절에서 제안하는 숏폼 광고의 유형은 챌린지형, 플랫폼 협업형, 엔터테인먼트형 등의 총 3개로, 각 유형별 대표 사례의 형식적·전략적 특성, 주요 성과 및 시사점에 기반해 분석하고자 한다.

1) 챌린지형: 동원참치 '한숨에 한캔 챌린지'[01]

- **개요**   챌린지형 숏폼 광고는 기업이 독자적으로 기획한 챌린지를 통해 소비자의 자발적 참여와 사용자 생성콘텐츠(UGC) 확산을 유도하는 방식이다. 동원참치는 틱톡에서 '한숨에 한캔 챌린지'를 전개하였는데, 주어진 멘트를 한 호흡에 빠르게 읽는 게임 형태의 콘텐츠를 통해 젊은 세대의 참여를 이끌어 냈다. 챌린지를 소개하는 영상에는 걸그룹 아이브의 안유진이 동원참치를 들고 등장해 좋아하는 참치, 참치가 들어간 음식 등을 약 10초간 한 호흡에 언급하면서 "여러분도 저와 함께 한숨에 한캔 챌린지에 참여하세요"라는 멘트로 영상을 마친다.

- **형식적 특성**   동원참치의 숏폼 광고는 약 27초 분량의 짧은 영상으로 '한숨에 한캔'이라는 단일 메시지와 제품의 이미지를 동시에 노출하고, 챌린지 동참을 요구하는 행동 유도로 마무리함으로써 메시지를 명확하게 전달하였다(압축). 또한 랩 형태의 빠른 멘트, 빠르고 경쾌한 효과음, 텍스트 애니메이션 등 청각적·시각적 자극을 극대화했다는 특징을 보였고(자극), 챌린지 영상이 큰 인기를 끌고 있는 틱톡 플랫폼을 활용하였으며, 해시태그(#안유진, #한숨에한캔챌린지 등)를 통해 확산을 유도함으로써 플랫폼에 특화된 기능을 활용하였다(플랫폼 최적화).

---

[01] https://www.틱톡.com/@dw_tuna/video/7129728220248722690?is_from_webapp=1&web_id=7153535811458434561

 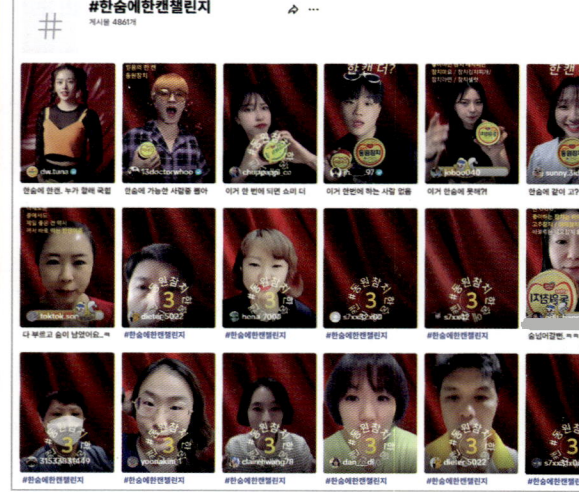

[그림 4-1] 동원참치 '한숨에 한캔' 챌린지

출처: 동원참치 인스타그램 페이지.

• **전략적 특성**　전략적인 측면에서는 챌린지라는 게임적인 요소를 통해 흥미를 유발했고, 소비자로 하여금 직접 영상을 올리게 함으로써 바이럴의 효과를 달성하였다(참여). 또한 챌린지에 높은 참여율을 보이는 10대와 20대를 주요 대상으로 인기 걸그룹을 활용해 광고를 제작했고(타깃팅), 한 호흡에 긴 텍스트를 읽는 형태의 챌린지로 래퍼 등의 유명인과 인플루언서의 적극적인 동참을 이끌어 내는 성과를 보였다(협업). 또한 인기 레시피, 재미있는 코멘트 등 소비자의 반응이 좋은 챌린지 영상을 기업 공식 계정을 통해 공유함으로써 효과를 극대화하기도 했다(플랫폼 최적화).

동원참치의 '한숨에 한캔' 챌린지는 시작 후 7일간 3,000만 회가 넘는 조회 수와 128만 회에 달하는 인게이지먼트, 1만 개가 넘는 챌린지 영상, 1억 회 이상의 해시태그 등 단기간에 높은 성과를 보이면서, MZ세대에게 브랜드 인지도가 대폭 상승했다고 평가된다. 이는 10대들에게 '명절에 주고 받는 선물세트' '집에 늘 있는 제품'과 같은 기존의 참치에 대한 인식을 상쇄하는 동시에 젊고 트렌디한 제품과 브랜드라는 이미지를 구축하는 데 기여했다(소마코, 2025). 이러한 결과는 챌린지형 숏폼 광고에 게임적 요소와 소비자의 참여 및 확산이 결합될 경우에 기업 및 브랜드의 이미지를 개선하고 전환하는 데 효과적일 수 있음을 보여 준다.

2) 플랫폼 협업형: CJ올리브영 인스타그램 릴스와 유튜브와의 제휴

• **개요** 기존의 광고가 매체 또는 플랫폼에 비용을 지불하고 공간(신문) 또는 시간(영상)을 구매하는 모델이었다면, 최근에는 플랫폼과 광고주가 공동으로 캠페인을 기획 및 운영하는 협업 모델이 부상하고 있다. 이 모델은 광고주와 플랫폼 간의 전략적 파트너십에 기반해 플랫폼 고유의 기능(쇼핑태그, 해시태그, AI 추천 등)과 데이터, 광고주의 브랜드 메시지 및 상품이 긴밀하게 결합되는 특징을 지닌다. CJ올리브영은 인스타그램 릴스 및 유튜브 쇼핑과의 제휴를 통해 크리에이터와의 협업, 쇼퍼블(shoppable) 기능을 결합한 광고 캠페인을 전개했다. 두 플랫폼과의 협업 형태는 각기 다른 형태를 보이는데, 먼저 인스타그램 릴스와는 숏폼 콘텐츠 제작 컨설팅 및 공동 제작에 중점을 둔 반면(박광하, 2023), 유튜브 쇼핑과는 크리에이터가 쇼츠, 라이브 스트림 등의 영상 콘텐츠에 CJ올리브영의 상

품 정보와 관련된 링크를 삽입해 고객 구매를 이끄는 형태로, 광고주는 제품 판매를 통한 수익을 얻고 크리에이터는 실제 발생한 제품 구매에 대한 수수료를 받는 협업 체계를 구축했다(민나리, 2025).

• 형식적 특성 CJ올리브영의 인스타그램 릴스 광고에서는 '올리브영에서 바로 산다'는 단일 메시지와 인기 제품을 반복적으로 노출함으로써 각인 효과를 높였고(압축 및 반복), 트렌디한 음악과 빠른 편집, 구매버튼 애니메이션 삽입 등을 통해 소비자들의 관심을 불러일으켰다(자극). 또한 인스타그램 릴스에서는 세로형 영상 및 해시태그를 활용하고, 유튜브에서는 쇼츠 및 상품 태그를 활용하는 등 각 플랫폼에 특화된 기능을 접목시켰다(플랫폼 최적화).

• 전략적 특성 전략적인 측면에서는 소비자의 후기, 언박싱, 추천 영상 등을 활용해 소비자가 제작한 콘텐츠의 확산을 유도하였고(참여), CJ올리브영의 주요 고객인 20~30대 여성을 대상으로 뷰티 및 헬스케어 제품을 집중적으로 노출시킴으로써 광고의 효과를 극대화한 것으로 평가된다(타깃팅). 또한 뷰티 유튜버, 릴스 인플루언서에게 일정 부분 수익을 제공함으로써 상생의 협업 모델을 제시하였고, 플랫폼에서 제공하는 데이터를 활용, 리뷰와 트렌드를 실시간 반영한 캠페인을 진행했다는 특징을 지닌다(협업).

[그림 4-2] CJ올리브영 플랫폼 협업

출처: 박광하(2023); 안희정(2025).

    CJ올리브영의 플랫폼 협업형 광고 캠페인은 인스타그램 릴스 및 유튜브 쇼핑에서 누적 조회수 2,000만 회 이상을 기록하였고, 인플루언서 협업 릴스·쇼츠 영상의 평균 좋아요 3만 건 이상, 해시태그 노출 3,000만 회 돌파라는 괄목할 만한 성과를 달성하였다(소마코, 2025). CJ올리브영의 발표에 따르면 해당 캠페인을 통해 온라인몰 매출이 21% 증가하였고, 신규 회원 가입률 15% 상승, 브랜드 검색량 2배 증가의 효과를 달성한 것으로 알려졌다. 플랫폼 협업형 숏폼 광고는 쇼핑 기능, AI 타깃팅, 인플루언서와의 협업 등 플랫폼 생태계와의 시너지를 극대화하였으며, 광고주와 플랫폼, 그리고 인플루언서와의 모두에게 실질적 수익과 브랜드 경험을 제공하는 새로운 광고 모델로 자리매김하고 있다. 특히 AI 기반 타깃팅, 실시간 피드백 반영, 인플루언서와의 협업 등 전략적 실행이 광고 효과의 극대화에 핵심적으로 기여했으며, 단순히 노출을 넘어 브랜드 경험과 실질적 구매를 유도하는 숏폼 광고의 대표적 성공 모델임을 보여 주는 좋은 사례라고 할 수 있다.

3) 엔터테인먼트형: 세븐일레븐 '비빔스캔들' 숏폼 드라마[02]

• **개요**　최근 광고는 단순히 상품 노출을 넘어 드라마, 뮤직비디오 등과 결합한 브랜디드 콘텐츠로 진화하고 있다. 브랜디드 콘텐츠는 유머, 패러디, 음악 등 엔터테인먼트적 요소를 도입해 소비자들에게 광고를 '콘텐츠'로 인식시키며, 스토리텔링을 통해 브랜드 이미지를 자연스럽게 녹여 내는 특징을 지닌다. 한편, 틱톡, 인스타그램 릴스, 유튜브 쇼츠 등 숏폼 동영상 플랫폼에서 짧고 임팩트 있는 숏폼 드라마가 높은 인기를 얻고 있다. 숏폼 드라마는 빠른 전개, 감정이입, 반복적인 에피소드 등으로 소비자의 집중력과 몰입도를 극대화하는데, 브랜디드 콘텐츠와 숏폼 드라마가 결합된 유형의 광고가 바로 엔터테인먼트형 숏폼 광고다. 세븐일레븐은 자사 편의점에서 출시한 비빔도시락을 모티브 삼아 재미와 밈, 드라마적 요소를 결합한 숏폼 드라마 시리즈를 선보이면서 소비자의 참여와 즐거움을 기반으로 브랜드 팬덤을 확장했다. '비빔스캔들' 숏폼 광고는 총 5편으로 구성되어 있는데, K-드라마 요소를 가미해 재미를 더했다.

02　https://www.youtube.com/watch?v=otl2upodyfI

● **형식적 특성** '비빔스캔들'은 각 에피소드별로 30초 내외로 구성해 도입, 갈등, 반전, 코믹 엔딩으로 이어지는 빠른 템포의 전개와 함께 '비빔의 유혹' '맛의 스캔들'과 같은 핵심 메시지와 제품의 이미지를 반복적으로 노출시켰다(압축 및 반복). 또한 풍부한 색감의 매장을 배경으로 비빔밥 등의 음식을 클로즈업하는 등 시각적 요소가 돋보였으며, 효과음 및 배경음악을 통해 몰입적 요소를 가미하였고(자극), 숏폼 친화적 화면 구성(9:16), 해시태그(#비빔스캔들) 등을 활용해 숏폼 플랫폼의 장점을 적극 활용하였다(플랫폼 최적화).

● **전략적 특성** 소비자들이 숏폼 광고 내 상황이나 비빔도시락 제품의 먹방을 패러디해 스스로 영상을 만드는 이벤트를 진행했고, '나만의 비빔 레시피' 등 UGC 아이디어 공모, 선정자 상품 증정 등을 통해 자발적 확산을 도모했다(참여). 그리고 숏폼 콘텐츠를 주로 소비하는 10대, 20대, 그리고 젊은 직장인을 중심으로 AI 추천 및 타깃 노출을 극대화했고(타깃팅), 인기 크리에이터, 코미디 틱톡커를 드라마 주연과 패러디 콘텐츠 게스트로 기용했다(협업).

세븐일레븐의 '비빔스캔들'은 주요 동영상 플랫폼에서 누적 조회 수 500만 회 이상을 달성하였고, 해시태그(#비빔스캔들) 노출 1,400만 회 및 UGC 챌린지 영상 2,500건 이상의 성과를 거두었다. 또한 소비자의 자발적인 패러디 영상과 먹방 밈 등 2차 확산이 활발히 일어나면서 SNS상에서 브랜드 언급량 및 긍정적 바이럴이 크게 향상된 것으로 평가된다. 세븐일레븐의 '비빔스캔들'은 드라마, 밈, 챌린지 등 엔터테인먼트형 요소와 사용자 참여를 결합한 엔터테인

[신상후기]주현영 비빔밥 미쳤다! 30%할인+컵라면 증정
조회수 2.5천회

주현영 MZ 도시락, 출시 6일만에 60만개를... #주현영, ...
조회수 2.3천회

주현영 ㅂㅂㅂ솔직리뷰 #shorts
조회수 1.7천회

[그림 4-3] 세븐일레븐 '비빔스캔들'

출처: 세븐일레븐 비빔스캔들 유튜브 페이지; 매일경제(2023. 4. 26.).

먼트형 숏폼 광고의 성공 사례이다. 아울러 밈, 패러디, UGC 챌린지 등 소비자의 놀이와 문화 코드에 전략적으로 접근함으로써 브랜드가 '광고'를 넘어 일상적 놀이와 SNS 확산의 중심에 설 수 있음을 보여 주었다.

6. 숏폼 광고 전망: 광고 패러다임 변화의 중심

숏폼 광고는 변화하는 디지털 환경과 소비자의 행동에 부합한 새로운 유형의 광고로 평가되고 있다. 넘쳐 나는 정보와 불필요한 노출의 시대에 기존의 단방향적·반복적 광고의 패러다임을 뛰어넘어 소비자의 '주목'과 '기억'을 동시에 확보하는 혁신적인 전략으로 자리매김한 것이다. 특히 숏폼 광고는 압축, 자극, 반복, 플랫폼 최적화라는 네 가지의 형식적인 특성을 통해 기존 광고의 한계를 극복한다. 아울러 전략적인 측면에서는 참여, 타깃팅, 협업을 중심으로 소비자 네트워크의 확산을 추구한다.

사례 분석을 통해 이러한 특성들이 결합될 경우에 실질적 성과로 나타남을 확인할 수 있었다. 구체적으로 챌린지형에 해당하는 동원참치의 '한숨에 한캔 챌린지'는 게임적 요소와 소비자의 참여를 기반으로 젊은 세대를 대상으로 브랜드 이미지 개선에 기여했고, CJ 올리브영은 인스타그램 릴스 및 유튜브 쇼핑 등 플랫폼과의 협업으로 매출, 브랜드 검색량, 회원 유입 등에서 주목할 만한 성과를 달성했다. 끝으로, 엔터테인먼트형으로 구분된 세븐일레븐의 '비빔스캔들'은 밈, 드라마 구성 등 엔터테인먼트적 요소와 소비자 놀이형 참여를 결합해 MZ세대의 브랜드 친밀도 및 소비자 리액션을 강화하는 효과를 거둔 것으로 평가된다.

전통 광고가 "얼마나 많이, 얼마나 오랫동안 보이는가?"에 초점을 맞췄다면, 숏폼 광고는 "얼마나 강렬하게 기억되고, 얼마나 빠르고 넓게 소비자에게 확산 및 공유되는가?"에 성공 여부가 달려 있다. 이는 최근 광고 환경에서는 단순히 소비자의 노출을 넘어 실질적 행동과 브랜드 경험, 그리고 커뮤니티적 관계성을 증가시키는 것이 중요해졌음을 시사한다. 향후 숏폼 광고는 더욱 정교한 데이터 기반의 개인화, 실시간 콘텐츠 생산, 마케팅-커머스-놀이의 경계 파괴 등의 특성을 보일 것으로 전망된다. 따라서 브랜드는 단순히 광고주가 아니라 소비자와 함께 끊임없이 소통하고, 스토리텔링을 하는 '플랫폼 플레이어'로 거듭날 필요가 있다.

참고문헌

동원참치 인스타그램 페이지. https://www.instagram.com/p/ChWYvNuOPys/; https://www.tiktok.com/search?q=%ED%95%9C%EC%88%A8%EC%97%90%ED%95%9C%EC%BA%94%EC%B1%8C%EB%A6%B0%EC%A7%80&t=1752560971785

매일경제(2023. 4. 26.). 드라마야 광고야… 숏폼 시리즈로 MZ세대 마음에 '쏙'. https://www.mk.co.kr/news/business/10722121

민나리(2025). 유튜브 광고 보고 올리브영 산다. https://www.seoul.co.kr/news/economy/industry/2025/05/29/20250529016004

박광하(2023). 메타·CJ올리브영, '협력 광고' 중심 마케팅 솔루션 강화 협력. DATANET. https://www.datanet.co.kr/news/articleView.html?idxno=186464

세븐일레븐 비빔스캔들 유튜브 페이지. https://www.youtube.com/results?search_query=%EB%B9%84%EB%B9%94%EC%8A%A4%EC%BA%94%EB%93%A4

소마코(2024). 틱톡 마케팅 성공사례가 된 〈한숨에한캔〉 챌린지, 어떻게 만들었을까?. https://newneek.co/@goldenax/article/12051

소마코(2025). 유튜브×올리브영 제휴, 뷰티 마케터들에게 찾아온 변화는?. https://letter.wepick.kr/510/4436530/

안희정(2025). 유튜브, 쇼핑 제휴 프로그램 파트너로 올리브영 추가. ZDNET Korea. https://zdnet.co.kr/view/?no=20250528185224

오픈애즈(2025). 숏폼 광고 소비자 인식 조사. CJ메조미디어. https://openads.co.kr/content/contentDetail?contsId=16382

오혜라, 정윤재(2022). LDA(Latent Dirichlet Allocation) 토픽 모델링을 활용한 숏폼(Short-Form) 광고 특성에 관한 탐색적 연구. 광고연구, 135, 51-86.

Calder, B. J., Malthouse, E. C., & Schaedel, U. (2009). An experimental study of the relationship between online engagement and advertising effectiveness. *Journal of Interactive Marketing, 23*(4), 321-331.

Goldhaber, M. H. (1997). *The attention economy and the net*. First Monday.

Kim, S., & Lee, H. (2021). The effectiveness of ultra-short video advertising: Message compression and consumer response. *Journal of Interactive Advertising, 21*(3), 145-162.

Kim, S., Lee, J., & Park, Y. (2023). Personalization in AI-driven advertising: Effects on consumer response and engagement. *International Journal of Advertising, 42*(2), 210-229.

Lim, S. (2022). Engagement strategies in short-form video advertising: The rise of participatory campaigns. *Journal of Digital Marketing, 18*(4), 201-218.

Lou, C., & Yuan, S. (2019). Influencer marketing: How message value and credibility affect consumer trust of branded content on social media. *Journal of Interactive Advertising, 19*(1), 58-73.

Nielsen. (2022). The effectiveness of short-form video advertising.

Park, J. (2023). Sensory stimulation and engagement in short-form digital video ads. *International Journal of Advertising, 42*(1), 88-105.

Jeong, Y. (2022). Repetition in short-form advertising and its impact on brand recall. *Asian Journal of Communication, 32*(4), 312-329.

Siteefy. (2025. 1. 13.). How many ads do we see a day?. https://siteefy.com/how-many-ads-do-we-see-a-day/

Wang, Y., & Kim, J. (2022). Influencer collaboration and brand outcomes in short-form video advertising. *Journal of Interactive Marketing, 56*, 78-93.

Zhang, L., Kim, H., & Lee, S. (2023). AI-powered targeting and personalization in short-form video ads. *International Journal of Advertising, 42*(2), 135-154.

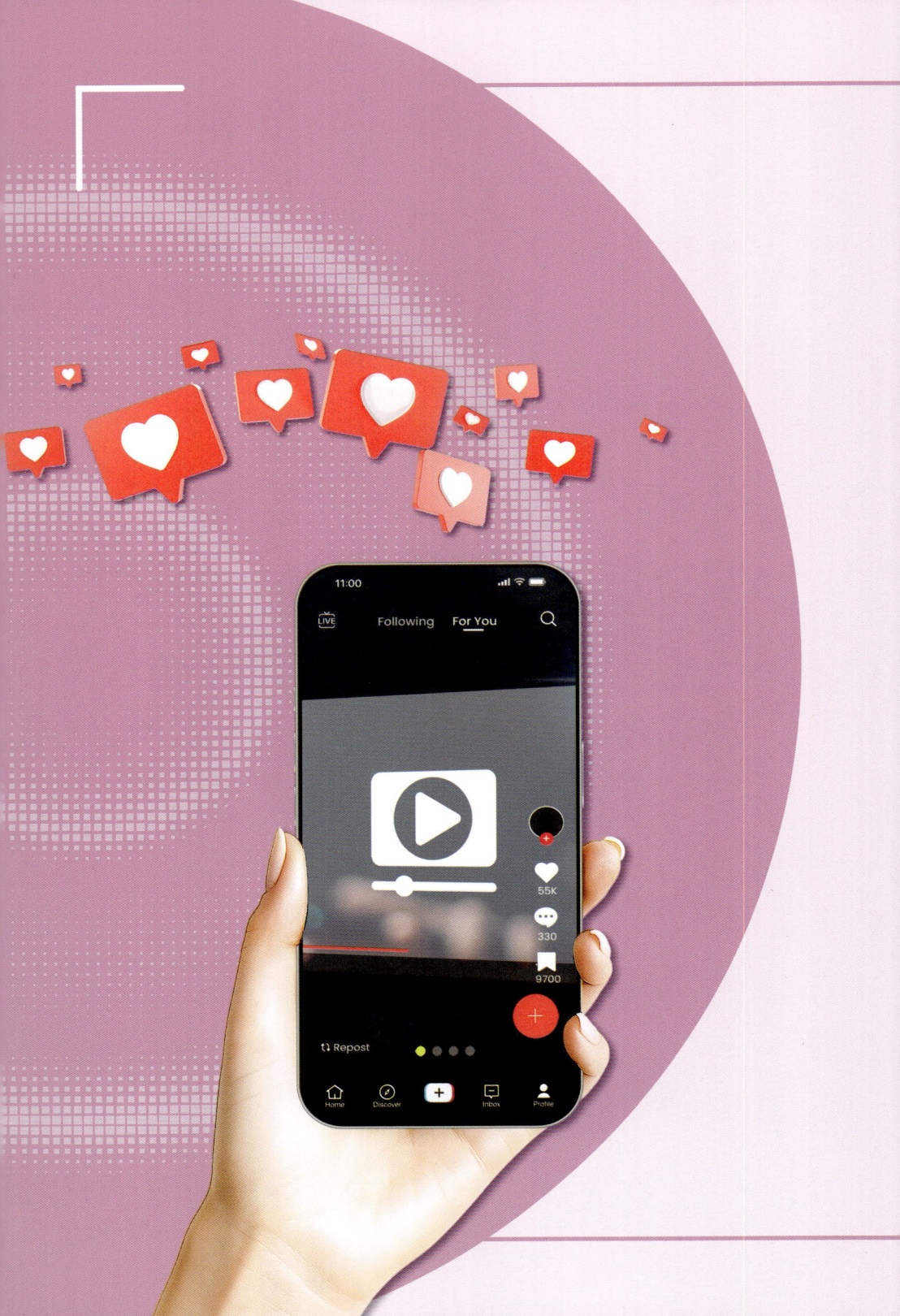

제5장

숏폼 광고에서의 브랜드 메시지 전략

박한나 교수 | 선문대학교 미디어커뮤니케이션학부

숏폼 광고는 제한된 시간과 공간 속에서 핵심 메시지를 압축적으로 구성하고, 수용자가 이를 즉각적으로 인지하고 이해할 수 있도록 설계되는 점에서 고유의 전략적 특징을 갖는다. 이 장에서는 틱톡, 유튜브 쇼츠, 인스타그램 릴스 등 주요 플랫폼을 중심으로 숏폼 콘텐츠 형식의 진화가 광고 커뮤니케이션 방식에 미친 영향을 고찰한다.

특히 숏폼 환경에서 브랜드 메시지의 구성 원리와 전달 방식에 주목하여 스토리텔링형, 정보 제공형, 감성 호소형, 밈 활용형, 참여 유도형 등 메시지 유형별로 전략 구조와 효과를 분석할 예정이다. 나아가 각 플랫폼의 기술적·문화적 문법과 수용자의 주의 메커니즘 간의 상호작용을 이론적 틀과 실증 사례를 통해 조명함으로써 숏폼 광고가 지닌 커뮤니케이션적 함의와 향후 과제를 탐색하고자 한다.

1. 숏폼 콘텐츠의 확산과 광고 패러다임의 변화

틱톡, 유튜브 쇼츠, 인스타그램 릴스, 그리고 국내 플랫폼인 네이버 클립(Naver Clip) 등 숏폼 콘텐츠 플랫폼의 부상은 디지털 미디어 환경에서 정보 소비 방식의 구조적 변화를 촉진하고 있다. 특히 1분 내외의 짧은 영상은 정보 전달 속도와 몰입감을 극대화하며, 콘텐츠 소비자에게 즉각적 만족과 반복적 자극을 통해 높은 시청 지속 시간과 반응률을 유도한다. 이러한 변화는 광고 산업에도 영향을 미쳐 기존의 서사적인 롱폼 형태의 브랜디드 콘텐츠나 고도로 편집된 TV 광고 중심의 전달 구조에서 벗어나 짧고 강렬한 메시지를 중심으로 한 새로운 광고 전략의 필요성을 부각시키고 있다.

숏폼 콘텐츠의 확산은 단순 포맷 변화가 아닌 브랜드 메시지 전략의 속도, 주목과 몰입, 참여 중심 재구성을 요구하는 새로운 커뮤니케이션 환경의 도래를 의미한다. 소비자는 무수한 콘텐츠 사이에서 매우 제한된 시간 안에 판단을 내리며, 주의를 끄는 요소가 아니면 즉각적으로 넘겨 버리는 콘텐츠 소비 행태를 보인다. 이에 따라 브랜드 메시지는 더 빠르게 소비자의 인지에 도달해야 하며, 동시에 짧은 시간 안에 브랜드 정체성을 전달하고, 기억에 남는 자극을 제공해야 한다.

특히 Z세대와 알파세대는 텍스트 기반 정보보다는 영상 콘텐츠에 더 익숙하며, 포털사이트에서 정보를 탐색하고 검색하는 데 익숙한 밀레니얼 세대와는 다른 정보 소비 성향을 보인다(황지영, 2023. 12. 26.). 이들은 유튜브, 틱톡, 인스타그램 등 피드 기반 플랫폼에서 알고리즘이 추천하는 콘텐츠의 흐름을 자연스럽게 따라가면서 정보를 접하는 경향이 강하다. 이러한 환경에서는 콘텐츠 소비가 사용자 주도의 탐색보다는 시스템 주도의 노출에 의해 주도되며, 콘텐츠 간에 전환이 빠르고 직관적인 반응이 강조된다. 이와 같은 수용자의 특성은 브랜드 메시지 또한 더 짧고 직관적이며, 시청자의 정서와 흥미를 즉각적으로 자극할 수 있는 방식으로 구성되어야 함을 시사한다.

또한 오늘날 숏폼 광고는 단순히 메시지 전달 수단을 넘어 콘텐츠 자체로 기능한다. 다시 말해, 브랜드 메시지는 정보나 설득의 도구로서 소비되는 데 그치지 않고, 유희적 즐거움과 감정적 반응을 유발하는 콘텐츠로서 독자적인 시청 경험을 제공해야 한다. 이러한 콘텐츠화된 광고는 소비자의 일상적 스크롤링(scrolling) 속에서 자연스럽게 노출되고, 시청자에게 웃음, 공감, 감탄 등의 감정 반응을 즉각적으로 유도하는 것을 통해 브랜드에 대한 주목도와 정서적 연상을 효과적으로 형성한다. 실제로 최근 조사에서도 숏폼의 가장 선호되는 주제가 '유머, 밈, 웃긴 영상'(55%)으로 나타나, 숏폼 광고 역시 즐거움과 감정적 반응을 유발할 때 높은 주목도를 얻을 수 있음을 보여 준다(컨슈머인사이트, 2025. 8. 14.).

나아가 숏폼 광고가 콘텐츠 자체로 기능한다는 점은 밈이나 챌린지와 같은 참여형 콘텐츠 형식과 긴밀하게 연결되어 있다는 사실을 보여 준다. 숏폼은 단순히 정보 전달을 넘어서 수용자의 모방, 변형, 공유와 확산을 유도하며, 디지털 문화 속에서 집단적 참여와 즐거움을 매개로 한 커뮤니케이션 공간을 형성한다. 이러한 구조 속에서 브랜드 메시지는 일방향적 설득이 아니라 사용자의 참여와 감정적 반응을 동반한 상호작용의 일부로 기능하며, 이는 숏폼 광고가 참여 가능한 엔터테인먼트(participatory entertainment)로 재구성되고 있음을 의미한다.

결국 숏폼 광고는 단순히 상업적 메시지를 전달하는 데 그치지 않고 디지털 플랫폼의 기술적 문법과 사회적 의미 생성 구조에 기반하여 하나의 문화적 콘텐츠로 작동한다. 이러한 특성은 브랜드 커뮤니케이션 전략 수립에 있어 수용자의 정서적 몰입과 자발적 확산을 유도할 수 있는 메시지 구성 방식과 표현 전략을 함께 고려해야 함을 시사한다.

이 장에서는 이러한 맥락에서 숏폼 광고에 적용되는 메시지 전략의 주요 유형을 살펴본다. 첫째, 제품 정보나 사용법 등을 간결하게 전달하는 정보형 메시지, 둘째, 공감이나 감동과 같은 정서적 유대를 형성하는 감성형 메시지, 그리고 밈, 챌린지 등 수용자의 능동적 개입과 확산을 유도하는 참여형 메시지이다. 이러한 메시지 유형은 단순히 표현 방식의 구분을 넘어 수용자의 인지 방식, 플랫폼의 기술적 문법, 브랜드의 커뮤니케이션 목표에 따라 선택되고 전략적으로 조합되며, 서로 다른 커뮤니케이션 효과를 창출할 수 있다.

2. 숏폼 광고 메시지의 전략적 특징

숏폼 콘텐츠는 기본적으로 시간적·공간적 제약이 강한 미디어 포맷이다. 대부분의 숏폼 플랫폼에서는 60초 이내의 짧은 영상이 주를 이루며, 광고 콘텐츠는 주로 15초 미만의 형식으로 제작된다. 야후와 OMD 월드와이드가 진행한 연구에 따르면, Z세대는 단 1.3초 만에 광고에 대한 관심을 잃을 수 있는 것으로 나타났다(Lebow, 2022. 12. 15.). 이러한 환경은 브랜드 메시지 전략에 두 가지 주요 과제를 제기한다. 첫째, 정보의 압축을 통해 핵심 메시지를 빠르고 간결하게 전달해야 하며, 둘째, 영상 시작부 몇 초 이내에 시청자의 주의를 끌 수 있는 후킹(hooking)[01] 장치를 반드시 포함해야 한다.

디지털 정보가 과잉된 시대에서 소비자의 주의력은 가장 희소하고 전략적인 자원으로 간주된다. 사이먼(Simon, 1971)은 정보가 풍부한 세계에서는 그것이 소비자의 주의를 희소하게 만든다고 지적하며, 정보 과잉이 곧 주의력의 결핍으로 이어진다는 통찰을 제시하였다. 이러한 개념을 확장한 데이븐포트와 벡(Davenport & Beck, 2001)은 저서 『주의경제(The Attention Economy)』에서 주의를 21세기 비즈니스의 새로운 통화(화폐)로 정의하고, 기업은 이제 소비자의 주의를 획득하고 유지하기 위한 전략적 경쟁에 직면해 있다고 주장하였다.

그들은 특히 정보의 양이 방대해진 현대 사회에서 수용자는 대부분의 메시지를 제목만 스캔하거나 빠르게 넘겨 보며, 일부는 아예 인지하지 않고 지나친다고 분석하였다. 따라서 기업은 메시지를 단순히 전달하는 차원을 넘어 주의력의 경제성을 고려한 콘텐츠 설계

---

[01] 후킹은 영상 시작 1~3초 내에 소비자의 주의를 끌어 몰입을 유도하는 전략을 말한다(민가영, 2025. 7. 21.).

전략을 구사해야 한다. 즉, 수신자의 인지적 부담과 선택 피로를 고려하여 핵심 정보를 전략적으로 압축하고, 초기 순간에 후킹을 배치하는 것이 필수적이다.

이때 후킹은 단순히 시각적 자극이 아니라 브랜드, 제품, 이슈와 유의미하게 연결된 전략적 자극이어야 한다. 실제 숏폼 광고에서는 사용자의 관심, 호기심, 정체성, 감정을 빠르게 자극하는 표현과 장면이 핵심 전략으로 활용된다. 예를 들어, CJ올리브영의 쇼츠 콘텐츠에서 '아직도 이거 안 써 본 사람?'은 기존의 소비 습관에 대한 도전으로 작용하고, 'MBTI 유형별 메이크업 특징'은 개인의 정체성과 뷰티에 대한 관심을 결합한 후킹 전략이다. 트립닷컴은 '해외 항공권, 언제가 제일 싸?'와 같은 정보 탐색 동기를 자극하고, 에버랜드는 '판다 할배와 팔짱 데이트'처럼 의외성과 감성 요소를 결합한 스토리텔링을 통해 감정 몰입을 유도한다. 이처럼 효과적인 후킹은 단순히 주목 유도를 넘어 사용자의 감정, 판단, 행동 반응을 이끌어 내는 자극이며, 이후 전달될 브랜드 메시지와도 유기적으로 연결되어야 한다.

이러한 전략은 숏폼 콘텐츠 플랫폼 구조와 특히 밀접하게 연결되어 있다. 사용자는 콘텐츠에 대한 흥미가 떨어지면 즉각적으로 스와이프(swipe)[02]하여 다음 콘텐츠로 이동한다. 이러한 소비 방식 속에서는 후킹의 위치, 감정 자극의 타이밍, 메시지 전달의 리듬이 브랜드 생존과 직결된다. 결국 숏폼 광고 메시지는 주의경제의 논

---

[02] 스와이프는 숏폼 플랫폼에서 사용자가 흥미 없는 콘텐츠를 빠르게 넘기기 위해 화면을 위아래로 밀어 다음 콘텐츠로 이동하는 동작을 말한다(이병구, 2024. 8. 19.).

[그림 5-1] 삼성전자 유튜브 쇼츠: 갤럭시Z 폴드7 광고

출처: 삼성전자 갤럭시Z 폴드7-Stripe편.

리에 가장 직접적으로 반응하는 커뮤니케이션 형식이며, 전략적 메시지 구조와 주의 설계 능력이 브랜드의 성패를 좌우하는 결정적 요소로 작용한다.

이를 잘 보여 주는 사례가 삼성전자의 갤럭시Z 폴드7 숏폼 광고이다([그림 5-1] 참조). 이 광고는 제품의 '얇기'라는 제품의 특성을 강조하기 위해 줄무늬 티셔츠, 형광펜, LP판보다 얇다는 점을 시각적으로 보여 주는 숏폼 광고를 선보였다(민가영, 2025. 7. 21.). 별도의 카피나 내레이션 없이도 시청자가 3초 이내에 광고가 전달하고자 하는 메시지를 직관적으로 인식할 수 있도록 설계되어 있다. 이 광고는 브랜드가 메시지를 일방적으로 전달하기보다는 소비자가 시각적 단서를 통해 자발적으로 메시지를 '발견'하게 하는 구조를 구현한 것으로, 인지적 부담을 최소화하면서도 브랜드 정보를 각인시키는 고도화된 메시지 전략이라고 할 수 있다.

3. 숏폼 광고 메시지 유형별 전략 및 표현 방식

광고 메시지는 소비자의 인식과 행동을 유도하기 위한 전략적 설계의 핵심 요소로, 이는 전달하고자 하는 내용(what to say), 표현 방식(how to say), 그리고 메시지 전달자(who should say it)를 체계적으로 조율하는 과정이다(Kotler & Keller, 2012). 특히 '무엇을 어떻게 말할 것인가'에 해당하는 메시지 전략과 크리에이티브 전략은 광고의 설득력과 수용자 반응에 결정적인 영향을 미친다.

필립 코틀러(Philip Kotler)와 케빈 켈러(Kevin L. Keller)는 광고 메시지를 크게 논리에 기반한 정보적 호소(informational appeals)와 감정 중심의 변형적 호소(transformational appeals)로 구분하였다. 정보적 메시지는 제품이나 서비스의 속성, 기능, 효용을 이성적이고 논리적으로 설명하는 방식이며, 대표적으로 문제 해결형, 제품 비교형, 사용법 설명형, 전문가 추천형 등이 여기에 해당한다. 반면에 변형적 메시지는 브랜드를 사용하는 사람의 이미지나 사용 경험에서 파생되는 정서적 이익에 주목하며, 유머, 공감, 자아실현, 사회적 인정 등을 활용해 감정을 자극한다.

그렇다면 이러한 전통적 광고 메시지의 호소 유형은 숏폼 콘텐츠라는 새로운 광고 환경에도 유효하게 적용될 수 있을까? 제한된 시간, 강한 몰입, 짧은 정보 처리 주기를 특징으로 하는 숏폼 광고에서는 메시지 전략 또한 플랫폼의 기술적 문법과 수용자의 반응 구조에 맞춰 재해석될 필요가 있다. 즉, 전통적인 정보적·변형적 호소는 여전히 기본적인 설득 전략으로 유효하지만, 메시지의 형식과 전달 방식은 보다 응축되고 리듬감 있게 재구성되어야 하는 것이다.

또한 숏폼 콘텐츠가 디지털 네이티브 세대의 참여와 확산을 기반으로 작동하는 플랫폼 중심의 생태계라는 점에서 브랜드 메시지는 이제 단순히 정보전달을 넘어 '참여'와 '재생산'을 유도하는 구조로 진화하고 있다. 시프만(Shifman, 2013)은 밈 콘텐츠가 수용자 주도의 모방, 변형, 확산을 통해 디지털 문화 속의 집단적 의미 생산을 이끌어 낸다고 보았으며, 젠킨스(Jenkins, 2006)는 이러한 흐름을 '참여 문화'로 개념화하였다. 이러한 개념은 브랜드가 숏폼 광고 메시지를 단순히 정보 전달 수단이 아니라 수용자가 공동 창작자(co-creator)로 참여할 수 있는 커뮤니케이션 구조로 설계해야 함을 시사한다.

다시 말해, 수용자의 적극적 참여와 자발적 재생산을 전제로 하는 숏폼 콘텐츠 환경에서는 광고 메시지 전략 또한 더욱 정교하게 설계되어야 한다. 메시지는 수용자의 기대, 주의 구조, 플랫폼 문법을 고려하여 설계되어야 하며, 짧은 시간 내에 몰입과 반응을 이끌어 내는 것이 핵심이다. 이 절에서는 숏폼 브랜드 메시지를 대표적인 세 가지 전략 유형―정보 제공형, 감성형 호소형, 참여 유도형―으로 구분하고, 각 유형의 전략 구조, 표현 방식, 그리고 수용자 반응 양상을 분석하고자 한다. 특히 시간적 제약이 강한 숏폼 포맷의 특성을 고려해서 각 메시지 유형이 어떻게 정보를 압축하고 플랫폼의 기술적·문화적 문법과 결합되는지를 구체적으로 고찰할 것이다.

1) 정보 제공형 메시지

정보 제공형 메시지는 브랜드 소식이나 제품 및 서비스의 기능, 사용법, 혜택 등 실용적인 정보를 짧고 간결하게 전달하는 전략 유형으로, 수용자의 정보 탐색 욕구에 즉각적으로 응답하는 데 초점을 맞춘다. 특히 숏폼 콘텐츠 환경에서는 제한된 시간 안에 브랜드의 핵심 가치를 명확하게 전달해야 하므로 문제 해결 중심의 구조화된 콘텐츠 구성과 높은 정보 전달력이 요구된다.

CJ메조미디어(2025)가 1,000명을 대상으로 실시한 '숏폼 광고 소비자 인식 조사'에 따르면, 전체 응답자의 45%가 정보성 광고를 가장 주목하는 숏폼 광고 유형으로 꼽았다. 이는 제품 및 서비스와 관련된 실질적 정보에 대한 수요가 여전히 높음을 보여 주며, 특히 제품 사용법, 전후 비교, 리뷰 요약 등은 짧은 시간 내에 실용성과 신뢰를 동시에 전달할 수 있어 구매 전환 가능성을 높이는 데 효과적인 것으로 분석된다.

실제 사례로 유튜브 웍스 어워즈(YouTube Works Awards)에서 수상한 '말해보카' 캠페인은 정보 제공형 메시지가 숏폼 광고에서 효과적으로 작동한 대표 사례로 평가된다([그림 5-2] 참조). 이 캠페인은 영어 단어 학습에 대한 소비자의 심리적 장벽을 낮추기 위해 '힘이 들지 않는(effortless)' 학습 경험을 핵심 메시지로 설정하였고, 키보드의 타이핑 소리와 앱 화면 등 시각적 요소를 활용해 기능성과 사용의 흐름을 직관적으로 전달하였다(고석용, 2024. 11. 29.). 말해보카는 학습의 어려움을 공감 가능한 문제로 제시하고, 앱 기능을 해결책으로 제시함으로써 브랜드로 자연스럽게 연결되는 메시지 흐름을 구성했다. 캠페인 종료 후 브랜드 구매 고려도가 82.5% 증가했고, 2024년 말 기준 앱 다운로드는 전 세계 600만 건을 돌파하였다. 이는 숏폼 콘텐츠에서도 실용적인 정보 전달이 브랜드 호감도 및 전환율 향상으로 이어질 수 있음을 보여 준다(고석용, 2024. 11. 29.).

정보 제공형 메시지는 일반적으로 질문 또는 문제 상황을 제시하고, 이를 해결하는 방법을 설명한 뒤, 자연스럽게 브랜드를 연결하는 순서로 구성된다. 예를 들어, 패션 커머스 플랫폼 지그재그(ZIGZAG)의 숏폼 콘텐츠는 '10초 만에 속옷 끈 숨기는 꿀팁' '핏 애매할 때 강추하는 가디건 넣어 입는 법' 등과 같은 실생활의 작은 불

[그림 5-2] 말해보카 숏폼 콘텐츠 사례

출처: 말해보카 인스타그램.

편을 해결하는 정보성 메시지를 자막 중심으로 구성하여 소비자의 문제 인식-해결-브랜드 연계를 명확하게 구현하고 있다. 짧은 영상 속에서 자막과 시연 영상이 결합된 구성은 시청자의 즉각적인 이해와 실용적 가치를 이끌어 내며, 자발적 저장과 공유로 이어지는 확산 효과도 유도한다.

정보 제공형 광고에서 시각적 자막, 도식화, 전후 비교 장면 등은 이 메시지 구조를 빠르고 정확하게 전달하는 데 효과적이다. 자막은 단순히 보조 수단을 넘어 핵심 키워드 강조, 단계적 정보 배열, 간결한 문장 구성 등을 통해 수용자의 인지 부담을 줄이고 메시지 수용을 강화하는 기능을 한다. 특히 무음 환경에서도 전달력을 확보할 수 있는 자막의 활용은 숏폼 콘텐츠에 최적화된 전략으로 평가된다. 최근에는 애니메이션, 타이포그래피, 이모지(emoji) 등을 활용해 시각적 리듬과 몰입도를 높이려는 시도도 활발히 이어지고 있다.

또한 텍스트 기반 정보 제공형 숏폼은 전문 장비나 고난도 편집 기술 없이도 제작이 가능하다는 점에서 개인 크리에이터나 중소 브랜드가 낮은 예산으로 고효율의 메시지 전략을 실현할 수 있는 방식으로 주목받고 있다. 이는 최근 확산된 캡컷(CapCut), 브루(Vrew), 클립챔프(Clipchamp) 등과 같은 AI 기반 숏폼 제작 앱 덕분이기도 하다. 자동 자막 생성, 음성 인식 편집, 템플릿 기반 구성 등의 기능을 활용하면 영상 제작 경험이 없는 사용자도 몇 분 안에 완성도 높은 콘텐츠를 제작할 수 있다. 이러한 점에서 정보 제공형 메시지는 실용성과 접근성, 제작의 용이성까지 겸비한 숏폼 광고의 대표적인 전략 유형이라고 할 수 있다.

2) 감성 호소형 메시지

감정은 광고 효과의 핵심적인 설득 요소로 작용하며, 긍정적인 정서 반응은 광고에 대한 태도, 브랜드 호감도, 구매 의도에까지 유의미한 영향을 미친다는 사실이 다수의 연구에서 검증되었다(안순태 외, 2021). 특히 테일러 등(Taylor et al., 2011)의 연구에 따르면, 광고 메시지가 정보 중심일 때보다 감정적·오락적 요소를 중심으로 구성될 때 소비자의 태도에 미치는 긍정적 영향력이 약 4배 가까이 높은 것으로 나타났다. 이는 디지털 광고, 특히 숏폼 콘텐츠 환경에서 감성 호소형 메시지가 단순히 감정 자극을 넘어 직관적인 호감 형성과 정서적 연결을 이끄는 강력한 전략임을 시사한다. 짧은 시간 안에 메시지를 전달해야 하는 숏폼 광고 환경에서는 수용자의 인지적 판단을 거치지 않고도 즉각적인 감정 반응을 유도하는 메시지 구조가 더욱 중요하게 작동한다.

감성 호소형 메시지는 짧은 시간 안에 수용자의 정서적 반응을 유도하고, 브랜드에 대한 긍정적 인상을 형성하는 데 중점을 둔 전략이다. 가족, 친구, 일상, 꿈, 반려동물 등 공감 가능한 삶의 장면을 중심으로 정서적 유대를 형성하며, 내러티브와 영상미, 배경음악 등을 활용한 감정선 설계가 핵심이다. 여기에 유머, 반전, 과장 등의 오락적 요소가 결합되면 감정 반응의 강도를 높이고, 콘텐츠에 대한 기억과 공유 가능성을 더욱 강화할 수 있다. 이는 제품이나 서비스의 기능보다 브랜드의 '느낌'과 '가치'를 각인시키는 데 효과적인 접근 방식으로 작용한다.

이러한 전략은 실제 사례에서도 확인할 수 있다. 세계적인 광

[그림 5-3] 페디그리(Pedigree)와 넥서스 스튜디오(Nexus Studios)가 개발한 옥외광고 캠페인

출처: 넥서스 스튜디오 웹사이트.

고제 칸 라이언즈(Cannes Lions)에서 아웃도어(outdoor) 부문 그랑프리(Grand Prix)를 수상한 반려동물 사료 브랜드 페디그리(PEDIGREE)는 Adoptable 캠페인을 통해 유기견 입양을 촉진하는 감성 기반 메시지를 전개하고 있다(Buaya, 2025. 5. 1.). 보호소에서 촬영된 아마추어 사진을 AI 기술로 보정해 유기견의 특성과 개성을 부각시킨 후, 입양 모먼트를 숏츠 영상으로 공유하는 방식으로 정서적 공감을 유도하였다([그림 5-3] 참조). 이는 브랜드의 사회적 책임과 감성 호소형 메시지를 결합한 대표 사례로, 광고 메시지가 실질적인 행동과 가치 실현으로 이어질 수 있음을 보여 준다.

또한 CU의 '편의점 고인물' 및 '편의점 뚝딱이' 숏폼 드라마 시리즈는 MZ세대의 일상 경험과 정서에 기반한 에피소드를 유쾌하게 풀어내며, 감정적 공감과 브랜드 호감도를 동시에 이끌어 낸 사례로 주목을 받았다. 특히 '고인물'[03] 알바생과 초보 점주 간의 관계 설정은 세대 간 소통, 청춘의 성장과 좌충우돌이라는 주제를 감성적으로 서사화함으로써 시청자의 감정이입을 유도하였다. 이와 더불어 '알바가 빡치는 순간 TOP 9' '이상한 손님 왔을 때 알바생 공감' 등의 핵심 장면을 압축적으로 전달한 숏폼 클립은 풀버전 영상으로의 자연스러운 유입을 이끌어 냈다. 해당 시리즈는 2023 유튜브 웍스 어워즈에서 최고상(그랑프리)을 포함해 3관왕을 수상했으며, 누적 조회수 3억 뷰, 신규 구독자 수 20만 명 증가 등의 실질적 성과를 기록한 바 있다(김현진, 2023. 10. 13.). 이 사례는 감성 호소형 메시

---

[03] 고인물은 게임을 오래한 고수를 뜻하는 신조어로, 현재는 한 곳에 오래 있는 사람들을 일컫는 말로도 사용된다(유진상, 2021. 4. 18.).

지가 짧은 시간 안에 공감의 서사를 형성하고 브랜드에 대한 정서적 연결을 강화할 수 있음을 보여 준다.

결국 감성 호소형 메시지는 제품의 기능이나 가격 경쟁력을 강조하기보다는 브랜드가 전달하고자 하는 정서적 가치와 정체성을 직관적으로 각인시키는 데 효과적인 전략이다. 특히 디지털 네이티브 세대는 브랜드와의 감정적 유대와 공감 가능한 메시지를 중시하는 경향이 강하며, 이는 숏폼 콘텐츠의 짧은 전달 시간과 높은 몰입 특성과 결합될 때 더욱 강력한 설득 효과를 발휘한다. 이러한 점에서 감성 호소형 메시지는 단순히 감정 자극을 넘어 브랜드 스토리텔링의 기제로 작동하며, 브랜드에 대한 호감과 신뢰 형성, 감정적 충성도, 사회적 공유와 문화적 확산의 기반을 마련한다. 나아가 수용자와의 정서적 접점을 확장하고, 장기적인 브랜드 자산을 구축하는 데 기여하는 핵심 전략으로 자리매김하고 있다.

3) 참여 유도형 메시지

참여 유도형 메시지는 수용자의 자발적 개입과 콘텐츠 확산을 핵심 목표로 하는 전략으로, 단순히 메시지 전달을 넘어 수용자가 메시지의 생산자이자 유통자로 기능하도록 유도한다는 점에서 숏폼 콘텐츠 환경에 특히 적합하다. 이 유형은 숏폼의 핵심 속성인 상호작용성과 놀이성을 기반으로 하며, 브랜드에 대한 몰입도를 높이고, 소비자와의 관계를 심화시키는 데 효과적이다. 특히 밈 활용, 챌린지 참여, 댓글 참여형 행동 유도, 틱톡의 듀엣 기능 등은 수용자의 창의적 개입을 유도하고, 브랜드 메시지의 사회적 확산성과 공유 가능성을 높이는 주요 전략으로 작용한다.

대표 사례로는 유노윤호의 '레슨 밈' 현상을 들 수 있다. "이건 첫 번째 레슨, 좋은 건 너만 알기"라는 진지한 조언 화법이 유튜버 '룩 삼'의 콘텐츠를 통해 재조명된 이후, SNS 알고리즘을 타고 빠르게 확산되면서 다양한 숏폼 콘텐츠로 재생산되었다(이태수, 2025. 7. 8.). '#유노윤호레슨' '#첫번째레슨' 등의 해시태그를 활용한 커버 영상, 패러디 챌린지, 듀엣 콘텐츠는 수용자들의 놀이적 개입을 유도하며, 밈이 확산되는 전형적인 경로를 보여 준다. 특히 KBS 교향악단은 유튜브 공식 채널을 통해 드라마 〈태조 왕건〉의 장면과 해당 노래를 합성한 패러디 영상을 업로드하였고, 충주시청은 민생회복 소비쿠폰 홍보를 위해 '레슨 챌린지'에 참여하는 등 공공기관과 예술 단체까지 자발적으로 동참하면서 밈의 확산 경계를 넓혔다. 유노윤호의 진중한 표현 방식이 '레슨'이라는 놀이 포맷으로 변형되어 소비되고 재창작되는 이 사례는 참여 유도형 메시지가 수용자의 자발적 행동을 촉진하고 브랜드 연상 이미지를 확장하는 데 어떻게 작동하는지를 보여 주는 대표적인 예라고 할 수 있다.

결국 참여 유도형 메시지는 숏폼 광고에서 참여 → 재생산 → 확산의 선순환 구조를 설계함으로써 단일 소비에 그치지 않고 수용자와의 지속적인 관계 형성과 문화적 파급력을 이끌어 낸다. 이러한 전략은 특히 디지털 네이티브 세대에게 강하게 작용하며, 브랜드를 단순히 상품이 아닌 '문화적 동료'로 인식하게 만든다. 단순히 호감도 제고를 넘어 브랜드 경험의 일환으로 숏폼 콘텐츠를 소비하고 재생산하도록 유도하는 참여 유도형 메시지는 숏폼 광고 환경에서 강력한 커뮤니케이션 자산이 된다.

4. 임플로이언서를 활용한 숏폼 광고 메시지 전략

앞서 살펴본 바와 같이, 숏폼 광고는 단순히 메시지 전달을 넘어 콘텐츠 자체가 소비자에게 하나의 경험으로 인식되는 환경 속에서 작동한다. 이 과정에서 브랜드는 신뢰성과 주목도를 동시에 확보하기 위해 콘텐츠 제작자인 크리에이터 및 인플루언서와의 협업 전략을 점차 강화하고 있다. 이들의 콘텐츠는 브랜드에 대한 사용 후기, 사용법 안내, 가치관 공유 등을 짧고 친밀한 방식으로 전달함으로써 광고 메시지를 보다 생활 밀착형 콘텐츠로 전환시키는 데 기여한다. 특히 제품 링크나 참여형 기능이 삽입된 인플루언서 콘텐츠는 단순히 영상 소비를 넘어 즉각적인 행동 유발로 이어지는 판매 중심의 상업적 플랫폼으로 작동하고 있다(CJ메조미디어, 2024).

최근에는 유명 연예인이나 대형 셀럽 중심의 협업에서 벗어나 특정 관심사나 직군에 특화된 마이크로 인플루언서(micro-influencer) 또는 직원 인플루언서를 의미하는 임플로이언서(employeencer)와의 협업이 주목받고 있다. 이는 메시지의 진정성과 구체성, 그리고 수용자의 신뢰를 동시에 확보하기 위한 전략적 접근으로, 브랜드 커뮤니케이션의 중심이 '대중적 영향력'에서 '관계 기반 설득'으로 이동하고 있음을 보여 준다.

2025 Comms Report에 따르면(Cision & PRWeek, 2025), '직원'은 소비자에게 가장 신뢰받는 인플루언서 유형으로 떠오르고 있다. 미국과 캐나다 지역의 커뮤니케이션 및 마케팅 실무자 310명을 대상으로 실시된 조사에서 응답자의 52%가 직원을 가장 효과적인 인플

루언서 상위 3위 안에, 19%는 신뢰도 1위 인플루언서로 꼽았다. 보고서는 직원이 조직의 비전과 가치를 내면화하고 있어 계약 기반의 외부 인플루언서보다 더 진정성 있게 브랜드를 전달할 수 있다고 분석하였다. 실제로 직원이 자발적으로 공유한 콘텐츠는 브랜드 공식 계정이 게시한 콘텐츠보다 평균 8배 높은 참여율을 기록한 것으로 나타났으며, 이는 숏폼 환경에서도 임플로이언서 전략이 주목성과 신뢰도를 동시에 높일 수 있는 강력한 커뮤니케이션 자산임을 시사한다.

임플로이언서가 제작에 참여한 숏폼 콘텐츠는 브랜드 메시지의 설득력과 공감 가능성을 획기적으로 강화하는 방식으로 작동한다. 전통적인 광고 메시지는 외부 모델이나 배우를 통해 전달되지만, 임플로이언서 콘텐츠는 브랜드를 실천하고 있는 실제 인물을 통해 메시지를 구현한다는 점에서 서사적 진정성이 담긴다. 이들이 전달하는 메시지는 제품의 효능이나 서비스의 특징을 단순히 설명하는 데 그치지 않고, 개인의 경험, 가치, 일상 속 맥락과 결합되어 브랜드 정체성과 수용자의 감정 구조를 자연스럽게 연결해 준다.

예를 들어, 무신사의 유튜브 콘텐츠에 등장하는 직원들은 단지 상품을 소개하는 것이 아니라 '무신사 합격자가 말하는 패션회사 면접 룩' '오늘의 출근룩'이라는 개인적 내러티브를 통해 제품을 자연스럽게 녹여 낸다([그림 5-4] 참조). 이들은 직무별 일과, 직장 내 소통 방식, 브랜드에 대한 애착 등을 공유하며, 소비자에게는 실제 사용자와의 대화처럼 느끼도록 메시지를 전달한다. 이는 제품 중심 정보에서 한 걸음 더 나아가 브랜드와의 정서적 접점을 확대하고 신뢰 기반의 구매 동기를 유발하는 전략이다. 실제로 해당 시리즈

[그림 5-4] 무신사의 직원을 활용한 콘텐츠 사례

출처: 무신사 유튜브 채널.

에서 소개된 브랜드들은 영상 노출 이후 평균 30~40%의 매출 증가를 기록한 것으로 나타났다(권서현, 2024. 6. 19.).

결국 임플로이언서를 활용한 숏폼 광고는 단순히 제품이나 서비스에 대한 정보를 전달하는 것을 넘어 브랜드의 정체성과 문화를 내러티브화하고, 감정적 신뢰를 구축하는 전략적 커뮤니케이션 방식으로 기능한다. 특히 이 전략은 브랜드를 대변하는 내부 인물을 통해 메시지의 진정성과 설득력을 강화함으로써 수용자의 일상 속으로 자연스럽게 스며드는 메시지 전달을 가능하게 한다. 이는 광고가 아닌 '사람의 이야기'를 통해 브랜드를 이해하게 만드는 과정이며, 수용자는 이를 통해 브랜드와 더욱 밀접한 감정적 관계를 형성하게 된다. 임플로이언서의 자율성과 브랜드 일관성 간의 균형을 기반으로 설계된 숏폼 광고는 단순히 마케팅을 넘어 신뢰 기반의 커뮤니케이션과 브랜드 가치 연대를 구현하는 효과적인 전략으로 자리매김할 수 있다.

5. 결론: 숏폼 시대, 브랜드 메시지 전략의 재구성

이 장에서 살펴본 바와 같이, 숏폼 콘텐츠는 단순히 포맷의 변화가 아니라 브랜드와 수용자 간의 커뮤니케이션 방식의 본질을 재구성하는 미디어 환경의 구조적 전환을 의미한다. 브랜드는 숏폼 환경에서 '짧은 시간' 안에 '깊은 인상'을 남겨야 한다는 커뮤니케이션 과제를 안고 있다. 이 절에서는 지금까지의 논의와 사례를 바탕으로 숏폼 광고 메시지 전략이 갖는 전략적 함의와 향후 과제를 네 가지 측면에서 정리한다.

첫째, 브랜드 메시지의 일관성과 정체성 중심의 구조화가 필요하다. 숏폼 광고는 대부분 시리즈 없이 단편적으로 소비되지만, 이 단편들이 수용자의 인식 속에서 장기적으로 브랜드 정체성으로 통합되기 위해서는 콘텐츠마다 일관된 정서 코드와 언어적·시각적 표현 전략이 유지되어야 한다. 정보 제공형이든, 감성 호소형이든, 참여 유도형이든 메시지 유형 간의 전략을 혼합하더라도 브랜드 고유의 가치와 어조는 명확해야 하며, 콘텐츠 설계 초기 단계에서부터 이를 중심축으로 삼아야 한다.

둘째, 주의경제 환경에서의 콘텐츠 주목 설계 능력이 핵심 경쟁력으로 작동한다. 숏폼 콘텐츠 플랫폼은 콘텐츠 과잉 상태이며, 사용자는 1~3초 내에 콘텐츠를 판단하고 스와이프한다. 따라서 브랜드는 더 이상 '보이는 광고'를 만드는 것이 아니라, '멈추게 하는 콘텐츠'를 기획해야 한다. 후킹을 전면에 배치하는 것은 물론 감정 전환, 반전, 키워드 자막, 과장된 연출, 사운드 활용 등 다양한 주목 유도 장치를 전략적으로 조합하여 시청자의 몰입을 유도해야 한다.

셋째, 플랫폼 문법과 알고리즘 생태계에 최적화된 콘텐츠 설계 전략이 요구된다. 틱톡, 릴스, 쇼츠, 클립은 각각 콘텐츠 추천 방식, 댓글·듀엣 기능, 영상 길이 제한 등에서 미묘한 차이를 가지며, 플랫폼별로 주목받는 콘텐츠 문법도 다르다. 브랜드는 콘텐츠를 단순히 '재단'하는 것이 아니라 플랫폼의 구조와 알고리즘에 맞춰 메시지 전달 방식 자체를 커스터마이징(customizing)해야 하며, 데이터 기반의 A/B 테스트, 실시간 피드백 분석 등을 통해 콘텐츠 전략을 지속적으로 조정 및 보완하는 민첩성이 필요하다.

넷째, 브랜드-수용자 간의 공동 창작 전략과 지속가능성을 고민해야 한다. 숏폼 광고는 더 이상 일방적으로 소비되는 메시지가 아니라 수용자가 자발적으로 리믹스하고 재생산하며 유통하는 콘텐츠 자원으로 기능한다. 이러한 구조 속에서 브랜드는 콘텐츠의 '정답'을 고정하기보다는 다양한 해석과 변형이 가능한 메시지를 설계함으로써 사용자와의 창작적 상호작용을 유도해야 한다. 이는 밈 콘텐츠, 챌린지, 사용자 후기 기반 숏폼 등에서 구체적으로 구현되며, 브랜드에 대한 감정적 애착과 장기적 충성도를 높이는 데 기여한다.

결론적으로, 숏폼 광고 메시지 전략은 단지 짧은 콘텐츠를 설계하는 기술이 아니라 감각의 설계, 정서의 연결, 문화적 확산, 데이터 기반 실험이 동시에 이루어지는 복합적 전략 행위이다. 브랜드는 수용자와의 정서적 접점을 확장하고, 자발적 확산과 의미 공동체 형성을 유도하는 콘텐츠를 기획함으로써 숏폼 플랫폼에서의 존재감을 확보해야 한다. 이러한 전략은 향후 브랜드 커뮤니케이션의 방향을 '일방향적 설득'에서 '상호작용적 동행'으로 전환시키는 디지털 시대 커뮤니케이션의 핵심적 전환점을 제공할 것이다.

참고문헌

CJ메조미디어(2024). 2025 MEZZOMEDIA Trend Report. InsightM 자료실. https://www.cjmezzomedia.com/data/insight_m_file/insight_m_file_1727.pdf

CJ메조미디어(2025). 숏폼 광고 소비자 인식 조사. InsightM 자료실. https://www.cjmezzomedia.com/data/insight_m_file/insight_m_file_1765.pdf

넥서스 스튜디오 웹사이트. https://nexusstudios.com/work/pedigree-adoptable/

고석용(2024. 11. 29.). 말해보카, 유튜브 웍스 어워즈 수상… 호감도 62% 높여. 머니투데이. https://m.mt.co.kr/renew/view.html?no=2024112816213086762&ca=economy#_enliple

권서현(2024. 6. 19.). 패션회사 직원들은 뭐 입을까?… 패션업계, '임플로이언서 마케팅' 돌입. 서울파이낸스. https://www.seoulfn.com/news/articleView.html?idxno=523237

김현진(2023. 10. 13.). CU '편의점 고인물' 시리즈, 유튜브 광고제서 3관왕. 서울경제. https://www.sedaily.com/NewsView/29VXYYRT6C

김효정(2021. 3. 7.). '강남스타일' MV, 한국 가수 최초 유튜브 40억뷰 돌파. 연합뉴스. https://www.yna.co.kr/view/AKR20210307032000005

말해보카 인스타그램. https://www.instagram.com/sayvoca/

무신사 유튜브 채널. https://www.youtube.com/@musinsatv/shorts

민가영(2025. 7. 21.). 삼성 갤럭시Z 시리즈가 제시한 후킹 숏폼 광고의 교본. 소비자평가. http://www.iconsumer.or.kr/news/articleView.html?idxno=28019

삼성전자 갤럭시Z 폴드7-Stripe 편. https://www.youtube.com/shorts/ayktBCxddEQ

안순태, 이하나, 박현정(2016). 소셜미디어 네이티브 광고의 감성 자극이 심리적 각성과 광고 효과에 미치는 영향에 관한 연구. 방송통신연구, 95(여름호), 112-145.

유진상(2021. 4. 18.). [데스크칼럼] 고인물. 경기신문. https://www.kgnews.co.kr/news/article.html?no=640520

이병구(2024. 8. 19.). 2배속·스킵하면서 동영상 시청하면 지루함 더 느낀다. 동아사이언스. https://m.dongascience.com/news.php?idx=67043

이태수(2025. 7. 8.). '이건 첫 번째 레슨' 유노윤호 SNS 강타… '땡큐' 청취자 56배↑. 연합뉴스. https://www.yna.co.kr/view/AKR20250707130400005

컨슈머인사이트(2025. 8. 14.). '숏폼' 한번 보면 평균 21분… 4명 중 3명 유튜브로

본다. https://www.consumerinsight.co.kr/boardView?no=3763&id=ins02_list&schFlag=0

황지영(2023. 12. 26.). 2024년, 잘파(Zalpha) 세대가 온다. 제일 매거진. https://magazine.cheil.com/54613

American Psychological Association. (2023, October 4). Speaking of Psychology: Why our attention spans are shrinking, with Gloria Mark, PhD. [Podcast]. https://www.apa.org/news/podcasts/speaking-of-psychology/attention-spans

Buaya, A. (2025. 5. 1.). How pedigree's adoptables campaign captivated marketers and dog lovers alike. Mediaweek. https://www.mediaweek.com.au/how-the-pedigree-adoptables-campaign-won-hearts-and-attention/

Cision, & PRWeek. (2025). 2025 Comms report: Advancing the story. PR Week. https://www.prweek.com/article/1911771/2025-comms-report-%E2%80%94-beyond-numbers

Davenport, T. H., & Beck, J. C. (2001). *The attention economy: Understanding the new currency of business*. Harvard Business Press.

Jenkins, H. (2006). *Convergence culture: Where old and new media collide*. New York University Press.

Kotler, P., & Keller, K. L. (2012). *Marketing management* (14th ed.). Pearson Education.

Lebow, S. (2022. 12. 15.). Gen Z has a 1-second attention span. That can work to marketers' advantage. eMarketer. https://www.emarketer.com/content/gen-z-has-1-second-attention-span-work-marketers-advantage

Shifman, L. (2013). *Memes in digital culture*. The MIT Press. DOI: https://doi.org/10.7551/mitpress/9429.001.0001

Simon, H. A. (1971). Designing organizations for an information-rich world. In M. Greenberger (Ed.), *Computers, communications, and the public interest* (pp.37-72). Johns Hopkins Press.

Taylor, D. G., Lewin, J. E., & Strutton, D. (2011). Friends, fans, and followers: Do ads work on social networks? How gender and age shape receptivity. *Journal of Advertising Research, 51*(1), 258-275.

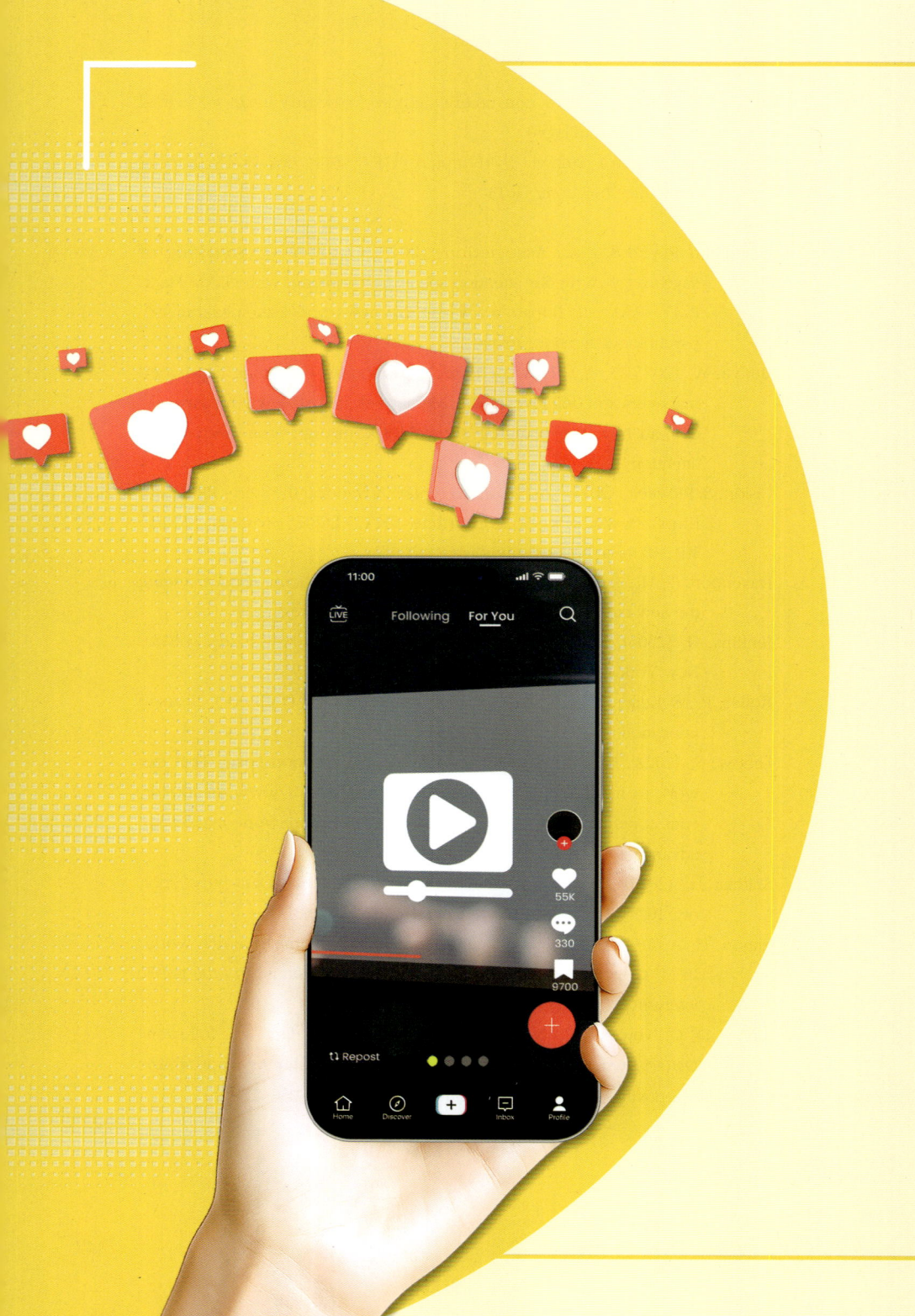

제6장

감정과 숏폼 광고, 그 얽힘의 기술

권예지 선임연구위원 | 한국방송광고진흥공사

우리는 왜 몇 초 만에 웃고, 놀라고, 때로는 마음을 움직여 구매까지 결심하게 될까? 숏폼 광고의 비밀은 바로 감정에 있다. 손가락 끝으로 흘려보내던 화면 속, 단 3초 남짓한 순간이 우리의 뇌를 자극하고 기억을 남기며, 결국 행동을 이끌어 낸다. 숏폼은 단순히 짧은 영상이 아니라 감정을 설계하고 확산시키는 감정 중심 커뮤니케이션의 형식이다. 이 장에서는 숏폼 광고가 감정을 어떻게 불러내고, 그 감정이 어떻게 기억·태도·행동으로 이어지는지를 분석한다. 뇌과학적 메커니즘에서 감정 전염, 공감 커뮤니케이션 이론까지 다양한 관점을 통해, 숏폼이 단순한 정보 전달이 아니라 감정의 즉발성과 몰입성을 기반으로 작동하는 새로운 광고 전략임을 보여 준다. 동시에 감정이 댓글과 공유, 밈을 통해 네트워크로 퍼지고, 플랫폼 알고리즘과 결합해 확산되는 과정을 살펴본다. 그러나 감정을 다룬다는 것은 단지 기술의 문제가 아니다. 감정을 어떻게 설계할 것인가, 어디까지 설계해야 하는가라는 윤리적 질문이 뒤따른다. 강한 자극은 주목을 끌지만, 반복될수록 피로와 불신을 남길 수도 있다. 숏폼 광고의 진짜 힘은 감정을 조작하는 데 있지 않다. 연결을 만들고, 신뢰를 쌓으며, 사람들의 기억 속에 오래 남는 경험을 만드는 데 있다. 결국 숏폼 광고는 '짧고 빠른 광고'가 아니다. 감정을 매개로 브랜드와 이용자 사이에 새로운 관계를 설계하는 장(場), 그것이 바로 숏폼 시대 광고의 본질이다.

1. 왜 숏폼 광고는 감정을 겨냥하는가

우리는 왜 단 몇 초 만에 마음이 흔들리고, 웃고, 울고, 구매를 하게 될까? 숏폼 광고의 핵심은 바로 감정에 있다. 단순히 정보 전달이나 제품 소개로는 더 이상 소비자의 시선을 붙잡을 수 없다. 숏폼은 짧은 시간 안에 감정을 자극하고, 정서적 반응을 이끌어 내며, 행동으로 이어지도록 고안된 감정 중심의 커뮤니케이션이다. 이처럼 감정은 숏폼 광고의 '시작'이자 '성과'를 결정짓는 열쇠이다.

인간은 매 순간 수많은 자극을 마주하지만, 대부분은 의식하지 않고 흘려보낸다. 그러나 어떤 자극은 즉각적으로 주의를 사로잡고, 강한 인상을 남긴다. 심리학에서는 이를 '단편 판단(thin slicing)', 즉 몇 초 이내의 단편적인 정보로 판단과 인식을 형성하는 현상으로 설명한다. 사람은 낯선 사람의 인상이나 제품에 대한 호감, 콘텐츠 시청 여부를 단 1~3초 안에 결정짓는다(Ambady & Rosenthal, 1992, 1993). 숏폼 광고는 이 짧은 순간에 감정을 건드려 판단을 유도한다.

감정을 유도하는 자극은 뇌의 편도체(amygdala)와 도파민의 보상 회로(dopaminergic reward system)를 활성화하며, 기억 형성과 행동 유도에 영향을 미친다. 예상치 못한 즐거움이나 감동을 유발하는 자극은 도파민의 분비를 촉진하고, '다시 보고 싶은' 혹은 '공유하고 싶은' 행동을 강화한다(Schultz, 1998). 이 같은 감정 경험은 단기 자극을 장기 기억으로 전환시키며, 광고 메시지에 대한 인지적 저항을 낮추는 효과를 발휘한다.

게다가 감정은 개인 내부에만 머무는 것이 아니라 관계적 경험이자 몸과 마음을 통해 '함께 느끼는' 상호작용의 산물이다(Lee, 2006). 이(Lee, 2006)는 실험을 통해 사람들이 30초 이내의 짧은 영상만으로 타인의 감정 상태와 신뢰 여부를 판단할 수 있으며, 이러한 판단은 감정적 동기화, 모방, 공감 능력 등 관계적 지각 행위에 의해 형성된다고 보았다. 이(Lee, 2006)는 지각이 단순히 정보 해석이 아니라 감정을 통한 연결(connection)이며, 상대방과의 공감적 공존감(co-presence) 그 자체가 인식 행위라고 강조하였다. 숏폼 광고는 이 공감 경험을 단 몇 초 안에 유도함으로써 감정을 '보게' 하는 것이 아니라 '느끼게' 하며, 행동으로의 전환을 자극한다.

이 같은 감정 공명은 거울신경세포(mirror neuron) 시스템에 의해 더욱 강화된다. 이용자는 단지 콘텐츠를 시청하는 데 그치지 않고 콘텐츠 안의 감정을 함께 '느끼고' 참여한다(Gallese & Goldman, 1998; Gallese, 2003). 이렇게 생긴 감정 반응은 댓글, 공유, 밈(meme) 등으로 퍼지며, 플랫폼 알고리즘을 자극해 유통을 가속한다. 숏폼 광고의 확산력이 여기에서 비롯된다.

결국 숏폼 광고는 단기적 자극이 아니라 정서적 공명(emotional resonance)을 통한 전환 행동의 설계로 볼 수 있다. 감정을 자극해야 주목을 얻고, 공감을 유도해야 행동으로 이어진다. 그것도 몇 초 만에 끌어내야 한다. 이 장에서는 숏폼 광고가 이용자의 감정을 어떻게 유도하고, 그 반응이 광고효과로 어떻게 연결되는지를 감정이론, 뇌과학, 플랫폼 알고리즘 등 다층적 관점에서 분석한다. 특히 감정 반응이 브랜드 인식과 행동 전환으로 이어지는 구조를 체계적으로 정리하고, 숏폼 시대에 효과적인 감정 기반 커뮤니케이션 전략이 갖는 실무적 함의를 도출하는 것이 이 장의 핵심 목표이다.

2. 감정 중심 숏폼 커뮤니케이션의 전략적 진화

숏폼 콘텐츠의 부상은 단순히 영상 길이가 짧아진 현상이 아니다. 이는 정보 중심에서 감정 중심으로 무게가 옮겨 간, 커뮤니케이션 방식의 구조적 변화이다. 특히 숏폼 광고는 브랜드 정보를 직접 설명하기보다는 감정을 먼저 자극해 몰입을 유도하고, 그 감정의 흐름 안에서 메시지를 느끼도록 설계된다.

1) 숏폼 광고의 핵심 구조: 감정이 먼저, 정보는 나중에

전통적인 광고는 제품 기능, 고유 판매 제안(Unique Selling Proposition: USP), 브랜드 메시지 등 정보 중심의 설득 구조에 무게를 둔다. 반면, 숏폼 광고는 감정을 먼저 유발하고, 정보는 그 뒤에 나오도록 주로 설계된다. 감정은 주의를 사로잡고, 주의는 기억과 행동으로 이어지는 경로의 출발점이기 때문이다(Cahill & McGaugh, 1998; Vuilleumier, 2005; Zajonc, 1980).

숏폼 광고는 다음과 같은 세 가지 특징을 기반으로 감정을 전면에 배치한다.

- 압축된 시간 구조: 6~15초 내외에서 감정 반응을 유도해야 하

므로 영상 초반 1~3초가 결정적이다. 이는 인간이 첫인상을 빠르게 형성한다는 단편 판단 개념에 부합한다(Ambady & Rosenthal, 1992).

- **과장된 표현과 전환 속도**: 빠른 컷 전환, 과장된 리액션, 음악과 자막의 동시 자극은 감정 반응을 증폭시킨다. 강한 감각 자극을 활용해 이용자의 반응을 확보하는 전략이다.

- **감정 코드 중심 시나리오**: 대부분의 숏폼은 유쾌함, 놀람, 감동, 공감, 불안 등 하나 이상의 감정 코드를 기반으로 한 구조를 갖는다. 이러한 감정은 브랜드와 직접 연관이 없더라도 '재미있어서' '놀라워서' '울컥해서' 공유되는 콘텐츠 전파력의 핵심 요소이다.

2) 뇌과학으로 본 감정 설계의 논리

감정 중심의 숏폼 전략은 신경과학적으로도 타당하다. 인간의 뇌는 생존을 위해 감정 자극에 빠르게 반응하도록 진화해 왔다. 예기치 않은 자극은 뇌의 편도체를 활성화하고, 기대보다 좋은 결과가 주어졌을 때는 도파민의 보상회로를 작동시킨다(Schultz, 1998). 이 메커니즘은 숏폼 광고의 전형적인 감정 구조와 일치한다.

놀람 → 흥미 → 도파민 → 몰입 → 재생 또는 공유

이용자는 영상이 '무엇을 전달하려는지' '무엇을 전달했는지'보다는 '어떤 감정을 느꼈는지'를 먼저 기억한다(Damasio, 1994). 숏폼 광고는 감정의 흐름 속에 브랜드 메시지가 자연스럽게 '묻히게' 하는 전략을 구사한다. 이는 메시지에 대한 인지적 저항을 낮추는 효과를 지닌다.

3) 감정 기반 커뮤니케이션의 3단계 전략

숏폼 광고의 감정 중심 전략은 다음과 같이 정리할 수 있다.

표 6-1 감정 기반 커뮤니케이션의 3단계 전략

단계	목적	작동 방식
1단계	감정 자극	놀람, 유쾌함, 감동 등을 초반 몇 초 내에 유발. 음악, 표정, 컷 편집, 자막 등이 주요 도구
2단계	주의 및 몰입	감정 반응으로 시청자의 집중을 끌고, 후반부까지 시청을 유도
3단계	감정 → 브랜드 연결	감정의 절정 직후 브랜드 노출, 감정 코드와 브랜드 메시지를 정렬시켜 기억과 태도, 행동으로 전환

이 3단계는 단순히 연출 순서가 아니라 감정 → 인지 → 기억 → 행동으로 이어지는 인간 뇌의 작동 메커니즘을 반영한 전략적 설계이다(Zajonc, 1980).

이처럼 숏폼 광고는 감정을 단지 자극하는 것에 그치지 않고, 그 감정을 광고효과로 전환하여 일련의 흐름을 만든다. 다음 절에서는 이 감정이 어떻게 브랜드에 대한 태도 형성, 기억 고착, 행동 전환으로 이어지는지 '전환의 메커니즘'을 분석한다.

3. 감정에서 행동으로: 전환을 이끄는 감정 메커니즘

감정은 단지 '느끼는 것'이 아니라 '움직이게 만드는 것'이다. 숏폼 광고에서 감정 자극은 일회성 반응을 넘어서 브랜드를 기억하고, 공유하고, 구매하는 일련의 행동으로 이어지는 동력이 된다. 이는 감정이 단순히 반응이 아니라 기억 형성, 태도 형성, 실행 동기 유발이라는 전환 구조의 핵심 축임을 의미한다.

1) 감정 → 기억 → 행동 전환의 구조

감정은 기억을 남기고, 기억은 행동을 만든다. 이는 감정 중심의 숏폼 광고가 단순히 '느낌이 있는 콘텐츠'에 머물지 않고 브랜드 행동으로 이어지는 설득 메커니즘의 핵심이라는 사실을 의미한다. 인간의 기억은 단순히 정보 저장소가 아니다. 감정이 동반되지 않은 정보는 뇌에서 쉽게 사라지고, 감정을 불러일으킨 경험은 훨씬 오랫동안 강렬하게 각인된다. 이는 감정이 기억 고착 효과(mnemonic binding)를 만들어 내는 생물학적 작용에 기인한다.

신경과학 연구에 따르면, 감정이 동반된 경험은 비감정적 정보보

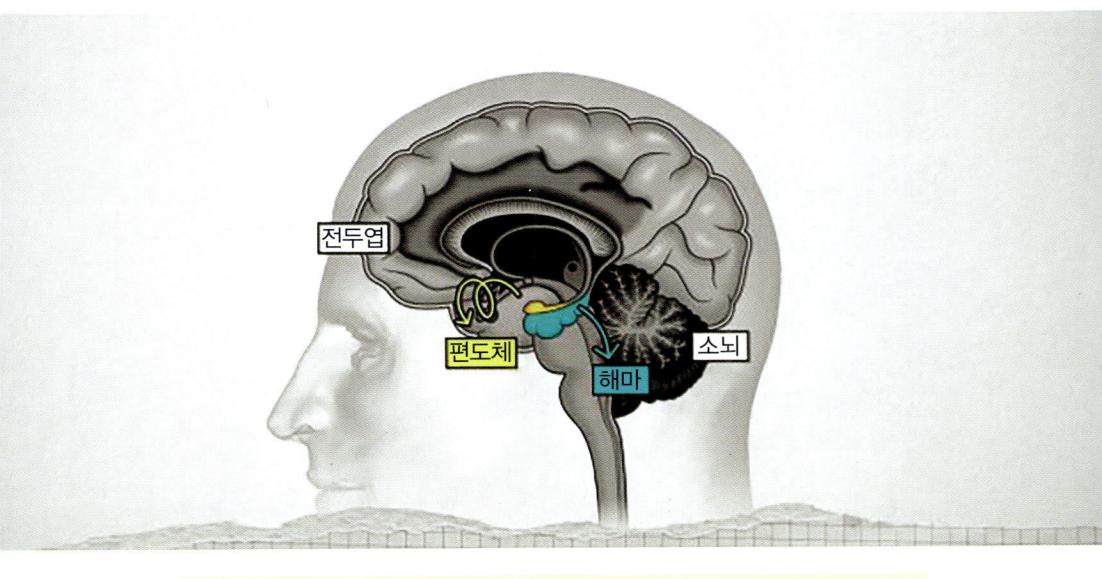

[그림 6-1] 인간의 뇌 구조

출처: 한동훈(2025. 3. 24.).

다 훨씬 더 강하게 기억에 남는다. 이는 편도체와 해마(hippocampus)가 상호작용하여 단순한 정보를 '잊을 수 없는 경험'으로 전환시키기 때문이다(Damasio, 1994; LeDoux, 2000; Phelps, 2004). 감정적으로 중요한 정보는 편도체의 활성화를 통해 해마의 기억 인코딩 과정을 촉진하여 해당 경험이 더 선명하고 오래 지속되도록 한다(LaBar & Cabeza, 2006). 이용자가 영상에서 어떤 감정을 느꼈다면 그 감정과 연결된 이미지나 브랜드는 무의식적으로 기억 속에 각인(tagging)되어 강렬한 인상을 남길 수 있다(Damasio, 1994). '어떤 제품에 대한 설명을 들었다'는 사실보다는 '그 제품을 보고 웃었거나 울었던 기억'이 훨씬 오래 남는 이유이다.

3. 감정에서 행동으로: 전환을 이끄는 감정 메커니즘

광고 실무자는 이 과정을 브랜드 메시지에 적용할 수 있어야 한다. 감정은 단지 정서적 반응을 유도하는 것이 아니라 브랜드를 인식하는 인지적 관문을 여는 열쇠다. 브랜드가 감정을 통해 뇌에 각인되면 나중에 관련 맥락을 줬을 때, 해당 브랜드가 가장 먼저 떠오르게 된다. 이것이 바로 숏폼 광고에서 감정 기반의 기억 전이 전략이 갖는 실무적 가치이다.

2) 감정은 태도 그리고 무의식적 선택을 만든다

감정은 단순히 기억에 영향을 미치는 데 그치지 않는다. 감정은 브랜드에 대한 '느낌', 즉 태도(attitude)를 형성하는 강력한 동인이다. 광고에서 유발된 감정은 인식의 방향성을 결정짓는 감정 필터로 작용한다. 어떤 브랜드에 대해 '좋은 느낌'이 형성되면 사람들은 그 이유를 인지적으로 나중에 합리화하려는 경향을 보인다(Haidt, 2001; Zajonc, 1980). 이 같은 흐름은 자욘스(Zajonc, 1980)가 주창한 감정 우선 가설(affect primacy hypothesis)의 핵심이다.

자욘스(Zajonc, 1980)는 인간의 판단이 이성적 추론보다 감정에 의해 선행된다고 주장하였다. 사람들은 브랜드나 제품을 먼저 '좋아한 후'에 그 이유를 찾으려고 한다는 것이다. 감정은 브랜드에 대한 무의식적 호감도를 만들고, 이 호감이 최종적인 선택과 구매에 결정적인 영향을 미친다. 이는 정보 기반의 설득이 한계를 갖는 숏폼 콘텐츠에서 강력하게 작동하는 메커니즘이다.

숏폼 광고에서 감정을 통해 브랜드에 대한 태도를 형성하려면 단순히 '감정을 유발하는 영상'을 만드는 것을 넘어 감정의 정체가 브랜드와 자연스럽게 연합되도록 정교하게 설계해야 한다. 예를 들어, 반려동물의 귀여운 행동에 웃고 있는 순간에 등장하는 간식 브랜드는 해당 브랜드에 대한 '따뜻하고 긍정적인 인상'을 무의식적으로 남긴다. 이용자는 해당 브랜드에 대한 구체적인 정보를 기억하지 못할 수 있다. 하지만 '기분 좋았던 그 영상 속 브랜드'라는 정서적 인지는 강력하게 남는다.

이러한 감정 기반 태도는 추후 브랜드 선택 상황에서 결정적인 역할을 한다. 감정 기반의 인상은 무의식적 호감도(implicit liking)로 남아(Greenwald & Banaji, 1995) 경쟁 브랜드보다 해당 브랜드를 선택하게 만드는 정서적 프라이밍(priming) 역할을 수행하기 때문이다(Murphy & Zajonc, 1993).

결국 숏폼 광고에서 감정은 브랜드에 대한 '이유 없는 믿음', 즉 선험적 호감과 충성도를 만들어 내는 감정적 기반이 된다.

3) 감정과 전환 행동: 도파민 보상회로의 역할

감정이 전환 행동으로 이어지는 데에는 또 다른 뇌의 구조가 작동한다. 바로 도파민 보상회로(dopaminergic reward system)이다. 도파민 보상회로는 사람의 뇌가 '예상보다 더 좋은 결과'를 경험했을 때 활성화되며, 그 보상을 반복적으로 추구하도록 학습시킨다(Arias-Carrión et al., 2010; Schultz, 1998). 도파민 보상회로의 활성화는 긍정적인 감정 경험과 밀접하게 연관되어 행동 강화에 기여한다.

숏폼 광고는 도파민 보상회로를 활용하여 감정 자극을 통해 즉각적인 행동 반응을 유도한다. 갑작스러운 반전, 예상 밖의 유머, 의

외의 감동은 모두 예측 위반(prediction error) 구조를 기반으로 하며, 이로 인해 도파민 분비가 촉진된다(Schultz, 2016). 도파민이 분비되면 사람은 그 자극을 다시 경험하고 싶어 한다. 그래서 영상을 공유하고, 저장하고, 클릭하며, 더 많은 정보를 찾는다. 이는 보상에 대한 기대감이 행동을 유도하는 도파민의 역할과 연결된다(Knutson & Greer, 2008).

이 반응은 무의식적으로 일어난다. 수용자는 '왜 이 영상을 저장했는가?'를 명확히 설명하지 못할 수 있다. 하지만 뇌는 이미 '이건 좋은 경험이었다'는 신호를 받고 같은 자극을 다시 경험하려고 하거나 타인에게 공유하고자 하는 행동으로 이어진다. 이는 도파민 시스템이 명시적인 인지 없이도 행동을 유도할 수 있음을 시사한다(Berridge & Robinson, 1998).

이러한 시스템은 감정이 단지 느낌을 남기는 것이 아니라 실제 행동을 설계할 수 있는 '보상 트리거(trigger)'라는 사실을 보여 준다.

실무적으로는 감정의 정점 바로 직후에 브랜드 메시지나 클릭 유도 요소를 배치하는 방식으로 이 구조를 활용할 수 있다. 감정 고조가 끝나는 타이밍은 도파민 분비가 극대화되는 순간이다. 이때 등장하는 브랜드는 그 감정과 함께 학습되어 긍정적인 연관성을 형성한다. 전환율을 높이는 숏폼 광고의 대부분은 이 타이밍 설계를 정교하게 다듬어 만든 결과물이다.

4) 감정 기반 전환 구조 요약

숏폼 광고는 감정 유발부터 태도 형성, 그리고 실제 행동으로의 전환까지 이 모든 과정이 15초 미만의 짧은 영상 안에서 일어나야 한다. 광고 실무자 및 크리에이터는 단순히 짧은 시간 안에 감정을 터뜨리는 데 그치지 않고 감정을 효과적으로 유도하여 기억을 만들고, 브랜드를 형성하며, 궁극적으로는 실행 행동으로 연결되도록 설계해야 한다. 인지적 판단이 개입되기 전에 감정이 무의식적인 보상 예측 시스템을 작동시켜서 실행 동기를 만들어 내는 것이 핵심이다(Knutson & Greer, 2008). 이는 단순히 클라이맥스 구성의 문제가 아니라 '사람의 마음이 움직이는 구조'에 대한 깊은 통찰이 필요한 작업이다.

숏폼 콘텐츠의 감정에서 태도, 행동에 이르는 과정을 정리하면 다음과 같다. 먼저, 숏폼 콘텐츠는 강렬한 감정 반응을 유도하여 이용자의 주목을 끈다. 그 감정은 브랜드에 태깅(tagging)되고, 뇌 속 장기 기억으로 전이되며, 브랜드에 대한 긍정적인 태도를 형성한다(LaBar & Cabeza, 2006). 마침내 도파민 시스템을 통해 행동 전환이 일어난다. 클릭, 저장, 구독, 구매와 같은 실제 반응이 발생하는 것이다.

표 6-2 감정 기반 전환 구조

단계	감정의 작동 방식	실무 적용 포인트
감정 → 기억	감정이 브랜드 정보에 태깅되어 장기기억으로 전환	감정 정점 직후에 브랜드 등장
감정 → 태도	감정을 통해 브랜드에 대한 무의식적 호감도가 형성	브랜드 이미지와 감정 코드의 정렬
감정 → 행동	도파민 보상이 실행 동기를 유도	클릭, 저장, 공유 유도 버튼의 타이밍 설계

3. 감정에서 행동으로: 전환을 이끄는 감정 메커니즘

이러한 흐름은 단지 콘텐츠가 재미가 있어서가 아니라, 사람의 감정과 기억, 그리고 보상 기대를 움직이는 방식으로 정교하게 설계된 결과이다. 그래서 감정 중심 숏폼 광고는 단순한 바이럴 콘텐츠를 넘어 설득을 뛰어넘는 새로운 차원의 커뮤니케이션 전략이 된다.

5) 부정적 감정의 유혹과 위험

감정 기반 전환 전략 중 특히 눈에 띄는 방식은 부정적 감정 자극을 전면에 배치하는 것이다. "절대 하면 안 되는 ○○" "이걸 몰랐다간 큰일 납니다" "3초 안에 후회할지도 모릅니다"와 같은 문구가 대표적인 예이다. 이러한 콘텐츠는 주로 불안, 공포, 후회, 긴장감과 같은 감정을 활용해 즉각적인 주의 집중과 시청 지속 행동을 유도한다. 이는 인간의 위협 회피 시스템을 자극하는 방식으로 작동하기 때문이다.

뇌의 편도체는 위협이나 불안 요소에 민감하게 반응하며(LeDoux, 2000), '이 정보를 놓치면 손해를 볼 수 있다'는 감정은 코르티솔(cortisol, 스트레스 호르몬) 분비를 유도해 수용자의 주의를 강하게 붙잡는다(Arnsten, 2009). 특히 '예측하지 못한 손실'을 회피하고자 하는 경향, 즉 예상된 후회(anticipated regret)는 수용자가 콘텐츠를 끝까지 시청하게 만들고, 종종 클릭이나 저장 같은 행동으로 이어지게 만든다(Zeelenberg & Pieters, 2007).

이와 같은 감정 코드는 광고 실무자 입장에서 시청 지속률, 클릭률, 전환율을 빠르게 끌어올릴 수 있는 강력한 수단이 된다. 하지만 동시에 몇 가지 윤리적 위험도 수반한다. 강한 부정 감정 자극은 심리적 피로감, 현실 왜곡, 콘텐츠 신뢰도 저하로 이어질 수 있으며, 반복될 경우에는 브랜드 이미지에도 부정적인 영향을 미칠 수 있다.

따라서 이러한 전략을 사용할 때는 반드시 그 정보의 정확성과 사회적 정당성, 그리고 수용자의 자율성을 함께 고려해야 한다. 동일한 긴장 유발 효과를 주되, 보다 긍정적이고 정보 기반의 방식으로 유도할 수 있는 다음과 같은 문구를 사용해 볼 수 있다.

"아무도 말해 주지 않았던 ○○의 맹점"
"○○ 전문가가 절대 하지 않는 행동 TOP 3"
"당신도 모르게 저지르고 있는 ○○ 실수는?"

이러한 문구는 공포 대신 탐색 욕구와 자기 점검의 심리를 자극하여 수용자의 심리적 안전은 유지하면서도 시청 지속과 행동 전환을 유도하는 보다 정교한 대안 전략이 될 수 있다.

4. 공감의 과학: 감정 전이와 확산

숏폼 광고는 감정을 단순히 자극하는 것을 넘어 감정을 퍼지게 만드는 강력한 매개체이다. 한 개인이 느낀 감정은 댓글, 공유, 저장, 밈, 스티커, 리액션 등 다양한 행동을 통해 타인에게 전파되고 공명한다. 브랜드가 감정을 설계하는 이유는 단지 한 사람의 마음을 움직이기 위해서가 아니다. 그 감정이 네트워크를 타고 연결되고, 확산되고, 증폭되도록 하기 위해서이다.

그 중심에는 '공감'이라는 정서적 기제가 있다. 공감은 콘텐츠와 사람, 그리고 사람과 사람 사이에 감정적 통로를 만든다. 숏폼 광고는 이 통로를 전략적으로 설계하여 감정이 콘텐츠를 타고 유통되는 정서 기반 확산 구조를 만들어 낸다.

1) 공감은 지각이 아닌 관계이다

공감은 누군가를 이해하는 '인지'의 문제가 아니라 그 감정을 함께 '느끼는' 경험이다. 이는 단순히 타인의 감정을 헤아리는 것을 넘어 그 감정에 동화되고 반응하는 과정이다(Decety & Jackson, 2004).

이(Lee, 2006)는 짧은 영상만으로도 타인의 감정을 판단하고 정서적 신뢰 여부를 가늠하는 현상을 통해, 공감이란 결국 '관계적 지각 행위'임을 강조하였다. 이(Lee, 2006)는 이런 지각은 "단순히 정보 해석이 아니라 정서적 연결 그 자체"라고 주장하였다. 이것은 숏폼 광고가 단 몇 초 안에 감정을 유도하고, 수용자가 반응하도록 만드는 기저를 이룬다.

숏폼 영상의 수용자는 콘텐츠를 관찰하는 수동적 객체가 아니라 감정을 함께 생성하는 주체이다. 슬퍼하는 영상 속 인물의 눈빛, 울먹이는 목소리, 조용히 흐르는 배경음악 등 모든 요소는 수용자의 정서적 공명을 유도하며, 내면에서 '나도 저런 적 있어'라는 공감 반응을 일으킨다. 이때 콘텐츠는 단순히 영상이 아닌 감정의 통로가 된다.

이용자는 배우의 얼굴, 표정, 말투, 정서에 즉각 반응하고, 이를 통해 콘텐츠와 정서적 공동 경험(co-experience)을 형성한다. 감정은 이 공동 공간 속에서 더 강하게 느끼고, 더 쉽게 기억되며, 더 자주 공유된다.

2) 거울신경세포 시스템: 감정을 따라 느끼는 뇌

공감은 뇌 속에서 구체적인 구조를 통해 작동한다. 거울신경세포 시스템(mirror neuron system)은 타인의 표정이나 몸짓을 보았을 때 그것을 단순히 '이해'하는 것이 아니라 마치 내가 겪은 것처럼 반응하게 만든다(Gallese, 2003).

예를 들면, 누군가가 웃으면 나도 미소 짓게 되고, 영상 속 인물이 당황하면 나도 괜히 불편해진다. 낯선 사람이 울 때 나도 울컥하는 경험은 이 시스템의 작동 방식과 밀접하다. 이러한 무의식적 감정 모방은 숏폼 광고가 감정을 빠르게 유도할 수 있는 핵심 이유가 된다. 정서적 반응은 인지적 정보 처리보다 빠르며, 감정의 '즉시성'은 숏폼이라는 짧은 포맷과 가장 잘 맞물린다.

또한 연구에 따르면, 거울신경세포 시스템은 신뢰와 친밀감 형성, 사회적 유대를 촉진하며, 이는 콘텐츠 확산의 정서적 기반이 될 수 있다(Iacoboni, 2009; Rizzolatti & Craighero, 2004). 콘텐츠에 공감한 이용자는 '이 감정을 타인과 나누고 싶다'는 강한 욕구를 느낀다. 공유, 댓글, 패러디, 밈 등은 공감이 외부로 표현되고 확산되는 대표적인 방식이다.

3) 감정 기반 확산의 실질적 작동 방식

숏폼 광고가 공감을 통해 확산되는 메커니즘은 크게 다음과 같은 흐름을 따른다.

> 감정 자극 → 정서적 공감 → 자기 동일화 → 공유 행동 → 알고리즘의 가속화

감정 자극은 콘텐츠의 인물, 상황, 언어, 음악 등 다양한 요소를 통해 유도된다. 이용자는 그 감정에 공감하고, '저건 내 이야기'라는 자기 동일화(self-identification)를 경험한다(Cohen, 2001). 이러한 동일화는 곧 콘텐츠를 자기표현(self-representation)의 수단으로 사용하려는 강한 욕구로 이어진다(Berger, 2013).

결국 사람들은 '나도 이랬어'라는 한 줄의 공감과 함께 콘텐츠를 공유한다. 이 공유는 소셜미디어 알고리즘에 의해 감지되어 노출이 확장되고, 감정은 더 많은 사람에게 전파되면서 증폭된다.

이때 중요한 것은 감정의 전염성은 콘텐츠의 정서적 진정성과 밀접하게 연결되어 있다는 점이다. 사람들은 '가짜 감동'에는 쉽게 반응하지 않지만, '내 이야기처럼 느껴지는 감정'에는 적극적으로 반응하고 확산시킨다(Stewart, Morris, & Grover, 2007).

4) 감정 확산을 위한 설계 전략

공감 기반 확산을 고려한 숏폼 광고 기획은 단지 감정을 유도하는 데 그치지 않고, 감정이 플랫폼 내에서 어떻게 유통되고 증폭되

는지를 면밀히 고려해야 한다. 이를 위해 다음과 같은 전략이 실무에서 활용될 수 있다.

표 6-3 감정 확산 전략 요소 및 실무 포인트

전략 요소	설명	실무 포인트
초반 공감 장치	'나도 저랬어' 싶은 순간 포착	현실적 상황, 반복적인 일상, 관계 갈등 등 보편적 경험 활용
얼굴 중심 연출	감정 전달력 극대화	클로즈업, 시선 처리, 눈물/웃음 포인트 강조로 인물의 감정을 명확히 드러내기
공감 멘트 자막	감정의 핵심 요약, 공유 가능성을 증대	짧고 진한 문장을 사용하여 이용자의 공명 유도
확산 가능한 포맷	저장, 공유 등 플랫폼 내에서 확산이 쉬운 구조로 설계	짧은 클립 구조, 밈화 가능한 표정 및 대사를 삽입하여 재활용 및 확산 가능성 증대

정서적 공유는 브랜드와 콘텐츠가 이용자의 '정체성(identity) 언어'가 되는 지점에서 폭발력을 갖는다. 즉, 감정이 단순히 콘텐츠 안에 머무는 것을 넘어 타인과 관계를 형성하는 수단으로 활용될 때, 그리고 이용자 자신의 정체성을 표현하는 도구가 될 때 감정 기반의 콘텐츠는 전환율 상승을 넘어 강력한 확산과 유통의 힘을 얻게 된다.

5) 감정, 공유, 그리고 브랜드의 연결

공감 기반의 확산 구조가 브랜드와 연결되려면 감정 자극이 끝난

직후에 브랜드가 자연스럽게 등장하거나, 감정의 여운을 브랜드와 함께 해석할 수 있게 만드는 구조가 필요하다. 예를 들면, 다음과 같은 방식이 효과적이다. 감동적인 이야기가 끝나고 "우리의 하루를 응원합니다"라는 슬로건과 함께 브랜드 로고가 조용히 뜨는 장면, 유쾌한 콘텐츠가 끝나고 "○○ 덕분에 웃을 수 있었던 하루"라는 자막과 함께 브랜드가 등장하는 구성, 공감 멘트와 함께 "나도 그랬기에 ○○를 선택했다"는 구조의 후킹 문장 등이 있다.

이러한 방식은 감정 → 공감 → 공유 → 브랜드 태도 형성이라는 흐름을 자연스럽게 이어 주는 중요한 설계 전략이다(Keller, 1993). 감정의 최고점에 브랜드 메시지를 연결함으로써 긍정적인 감정이 브랜드에 전이되도록 유도하며 기억력을 강화한다(Aaker & Biel, 1993).

공감은 단지 따뜻한 정서가 아니다. 공감은 감정의 흐름을 타고 퍼지고, 공유되고, 유통되게 만드는 정서 기반의 커뮤니케이션 엔진이다. 숏폼 광고는 이 공감 메커니즘을 가장 정밀하게 활용할 수 있는 포맷이며, 감정의 설계는 확산의 설계이기도 하다.

다음 장에서는 이처럼 정교하게 작동하는 감정 설계를 실제 광고 기획에 어떻게 적용할지 구체적인 전략과 사례를 통해 살펴본다.

5. 감정을 설계하는 숏폼 기획법

숏폼 광고는 감정으로 시작해서 행동으로 끝난다. 전통적인 정보 중심 광고가 '무엇을 말할 것인가'에서 출발한다면, 숏폼 광고는 '어떤 감정을 느끼게 할 것인가'에서 출발해야 한다. 감정은 주목을 얻고, 공감은 공유를 유도하며, 정서적 인상은 기억 속에 브랜드를 남긴다.

그렇다면 광고 실무자는 어떻게 감정을 기획할 수 있을까? 어떤 흐름과 구조, 장치를 활용해야 감정을 정교하게 설계할 수 있을까? 이 장에서는 감정 중심의 광고 전략을 실무에 적용할 수 있는 구체적인 방법을 단계별로 제시한다.

1) 감정 설계는 메시지 이전에 이루어진다

실무 현장에서 가장 흔하게 발생하는 착오는 "우리 제품의 강점은 이거니까 이 메시지를 어떻게 멋지게 전할까?"라는 접근이다. 하지만 숏폼 광고에서 이러한 접근은 순서가 틀렸다. 감정 중심 설계는 메시지가 아니라 감정에서 출발해야 한다.

- "이 콘텐츠로 어떤 감정을 유도하고 싶은가?"
- "그 감정을 어떤 행동으로 이어지게 만들 것인가?"
- "그 행동에 어떤 브랜드 메시지를 연결할 것인가?"

이 세 질문이 감정 기반 숏폼 기획의 출발점이다. 예컨대, '공감'이라는 감정을 유도하고 싶다면 현실적인 상황 묘사와 익숙한 언어, 그리고 감정을 마무리 짓는 짧은 문장이 필요하다. 감정적 설계 위에 브랜드 메시지를 덧입히는 것이다.

▶ 실전 전략 1: 오프닝 3초에 감정 심기

숏폼 광고는 1~3초 안에 감정 자극이 일어나지 않으면 즉시 건너뛰기(skip)가 된다(Borderless Access, 2023; EyeSee, 2023). 기획자는 초반 몇 초 안에 감정을 '터뜨릴' 요소를 반드시 설계해야 한다. 이때 감정 자극은 음악 혹은 소리(sound), 자막, 표정이 결합될 때 가장 강력하다. 세 요소가 동기화되도록 연출하는 것이 핵심이다.

▶ 실전 전략 2: 감정 → 브랜드 연결의 타이밍

브랜드 메시지는 영상의 감정 클라이맥스 직후에 자연스럽게 등장해야 한다. 너무 이르면 너를 설득시키고 말겠다고 들이미는 광고 냄새가 나고, 너무 늦으면 감정 여운이 끝나 관심이 사라진다. 감정을 유도하고, 고조시켜서 절정에 이르렀을 때 로고나 제품 노출을 이어 진행시킨다. 감정과 브랜드가 강력하게 연결되어 기억이 각인된다(Edell & Burke, 1987).

▶ 실전 전략 3: 감정과 알고리즘을 함께 설계하라

감정을 설계하는 동시에 콘텐츠가 퍼질 수 있는 플랫폼 메커니즘도 반드시 고려해야 한다. 각 플랫폼의 고유한 특성에 맞는 감정 코드와 확산 구조를 이해하는 것이 중요하다(Commonlit, 2017; Lipsman, Mudd, Rich, & Bruich, 2012).

틱톡은 짧은 형식, 음악, 챌린지, 듀엣 기능을 통해 빠르고 직관적인 감정 반응과 높은 참여율을 유도하는 데 특화되어 있다. 틱톡의 알고리즘은 감정적으로 매력적이고 확산성이 높은 콘텐츠를 선호하며, 참여 지표(좋아요, 공유, 댓글)에 영향을 받는다(Jalli, Unggraini, & Setianto, 2025). 틱톡 영상의 확산성(virality)에는 팔로워 수가 가장 강력한 예측 변수이지만, 클로즈업과 미디엄 샷(mediaum shot) 또한 필수적인 역할을 한다고 밝혀졌다(Ling et al., 2022). 이는 얼굴 중심 연출을 통해 감정 전달을 극대화하는 전략과 연결된다.

유튜브 쇼츠는 스토리텔링 기반의 감동이나 공감을 유도하는 콘텐츠가 강세를 보이는 경향이 있다. 레저 등(Rejer et al., 2024)의 연구에서는 마케팅 영상에서 다양한 감정(mixed emotional message)을 포함하는 것이 사용자의 참여를 더 오래 유지하는 데 효과적이라고 제안하며, 이는 유튜브 쇼츠와 같이 비교적 긴 호흡의 숏폼에서 스토리텔링을 통해 시청 시간을 늘리는 전략과 연관될 수 있다. 또한 감정적 메시지가 인지적 정보보다 기억에 더 오래 남고, 브랜드 연상에 강력한 영향을 미치며, 스토리텔링이 감정적 연결을 만들고 브랜드 인식을 형성한다는 맥락(Heath, 2012)에서 개인적인 이야기나 진심 어린 순간을 공유하는 것이 쇼츠에서 깊은 연결을 만드는 핵심 비결이 된다.

인스타그램 릴스의 알고리즘은 시청 시간, 좋아요, 공유와 같은 참여 신호를 중요하게 평가한다. 유행하는 오디오 사용, 스토리텔링이 담겨 끝까지 시청을 완료하게 만드는 콘텐츠가 가시성을 높이는 주요 전략 중 하나이다(Socialinsider, 2025). 이는 릴스에서 유쾌함이나 공감대가 높은 트렌디한 콘텐츠가 잘 확산되는 이유를 지지한다. 더불어 홍(Hong, 2022)은 짧은 형식의 비디오 콘텐츠에서 유도되는 감정의 다양성(varying order and valence of emotions)이 이용자 참여에 긍정적인 영향을 미칠 수 있음을 탐구했다. 이는 릴스 같은 플랫폼에서 다채로운 감정적 경험이 사용자의 흥미를 유지하는 데 기여함을 시사한다.

2) 실무자를 위한 감정 설계 체크리스트

효과적인 숏폼 광고를 위해 기획자는 다음의 질문들을 통해 감정 설계의 완성도를 점검할 수 있다.

- 콘텐츠에서 유도하고자 하는 감정은 명확한가?
- 오프닝 3초 안에 감정을 효과적으로 유도하는 장치가 들어가 있는가?
- 감정 정점 직후에 브랜드 메시지가 자연스럽게 연결되는가?
- 이용자가 공유하고 싶은 멘트, 저장하고 싶은 장면, 따라 하고 싶은 리듬이 있는가?
- 선택한 감정 코드가 해당 플랫폼의 확산 메커니즘과 부합하는가?

감정은 콘텐츠의 장식이 아니다. 감정은 기획의 시작점이자 브랜드 전략의 본질이다. 사람은 정보보다 느꼈던 감정을 더 오래 기억한다. 따라서 광고 실무자는 감정을 섬세하게 설계함으로써 브랜드를 소비자의 마음속에 깊이 각인시키고, 기억하게 하며, 궁극적으로 행동으로 이끌어 낼 수 있다.

숏폼은 감정 설계를 위한 가장 강력한 무기 중 하나다. 하지만 이 무기를 어떻게 쓰느냐는 기획자의 책임과 통찰에 달려 있다.

6. 감정을 설계한다는 것의 윤리적 질문

우리는 이 책을 통해 숏폼 광고에서 감정이 어떻게 작동하고, 행동으로 이어지며, 사람들 사이에서 확산되는지를 살펴보았다. 이제 마지막으로 던져야 할 질문이 남아 있다.

"우리는 감정을 설계하고 있는가, 아니면 감정을 조작하고 있는가?"

숏폼 광고는 감정을 정밀하게 설계할 기술을 갖고 있다. 하지만 기술이 정교해질수록, 이를 어디까지 사용할 것인지에 대한 고민 역시 깊어져야 한다. 감정을 설계한다는 것은 단순히 스토리텔링을 구성하는 일을 넘어, 사람의 마음을 움직이고, 정서에 침투하며, 행동을 유도하는 행위다. 그 감정이 어디를 향하는지, 누구를 위해 작동하는지, 그리고 수용자의 내면에 어떤 흔적을 남기는지를 고민하지 않는다면, 우리는 감정을 설계하는 것이 아니라 사람을 조작하고 있을지도 모른다.

본질적으로 광고는 설득의 언어이다. 그리고 설득은 때때로 감정을 '이용'하는 방식으로 작동한다. 사람을 웃기고, 울리고, 놀라게 하고, 위로하는 모든 장면은 결국 클릭률과 전환율을 위한 연출로만 기능할 수 있다. 감정은 콘텐츠에 생명을 불어넣지만, 동시에 전략적 수단이 되기도 한다. 이때 우리는 스스로에게 물어야 한다. "이 감정은 누구의 것인가?" "누구를 위해, 어떤 목적을 위해 설계된 것인가?" "수용자는 이 감정을 스스로 선택한 것인가, 아니면 유도당한 것인가?"

감정은 사람의 가장 내밀한 반응이다. 감정을 단지 마케팅 성과를 위한 장치로만 다룬다면 광고는 결국 사람의 마음을 하나의 반응으로만 환원시켜 버리는 것이다. 감정은 관계를 만들어야 한다. 클릭, 연결, 반응, 기억, 전환이 아니라 신뢰로 이어지는 감정 설계만이 결국 브랜드와 이용자 사이에 오래 남는 경험을 만들 수 있다.

1) 자극과 조작 사이: 부정적 감정 전략의 위험

숏폼 광고에서는 윤리적 경계가 더 쉽게 무너진다. 짧은 시간 안에 주목을 끌고, 감정을 터뜨리고, 행동을 유도해야 한다는 압박은 점점 더 자극적인 감정 코드, 더 강한 연출, 더 급진적인 문구를 요구한다. 그 결과, "절대 하면 안 되는 ○○" "이걸 모르고 지나치면 후회합니다" "○초 안에 판단하세요"와 같은 문장들은 불안, 공포, 긴장감, 후회 등 부정적 감정을 전면에 내세운다. 이러한 전략은 분명히 작동한다. 인간의 뇌는 위협 정보에 민감하게 반응하도록 진화해 왔기 때문이다(Arnsten, 2009; Zeelenberg & Pieters, 2007). 도파민보다 먼저 코르티솔이 분비되고, 주의는 곧바로 집중되어 수용자는 영상을 끝까지 보게 된다.

그러나 이러한 방식은 강한 반응을 유도하는 대신, 수용자에게 정서적 피로감, 감정적 무감각, 현실 감각 왜곡이라는 부작용을 남길 수 있다(김선정, 김태용, 2012; Lazarus, 1991; Liu & He, 2021). 부정적 감정이 담긴 콘텐츠에 이용자가 반복적으로 노출되면 콘텐츠의 신뢰도가 떨어지고, 브랜드 자체에 대한 부정적 인상이 형성될 수 있다(Christ, 2025). 처음엔 주목을 끌 수 있어도 감정은 결국 피로해진다. 감정이 깊어질수록 그것을 다루는 기획자의 책임 또한 커진다.

2) 윤리적인 감정 커뮤니케이션 수행을 위한 원칙

그렇다면 감정을 '윤리적으로' 설계한다는 것은 무엇을 의미할까? 윤리란 단지 하지 말아야 할 것을 피하는 차원이 아니라 '무엇을 어떻게 할 것인가'에 대한 끊임없는 태도에 관한 질문이다. 감정 커뮤니케이션에도 명확한 기준이 필요하다.

유도된 감정이 콘텐츠의 흐름과 맥락에 자연스럽게 맞는지, 감정 표현이 사실이나 경험을 왜곡할 정도로 과장되지는 않았는지, 감정 이후에 브랜드 메시지가 정직하게 드러났는지, 이용자가 죄책감, 혐오, 불쾌감을 느끼지 않도록 설계되었는지, 이용자의 자율적 판단과 해석의 여지를 남겨 두었는지 등에 관한 질문을 끊임없이 질문해야 한다. 이는 감정 설계자의 책임이다.

3) 클릭을 넘어, 신뢰로

감정은 창의력의 핵심이다. 사람을 웃기고, 울리고, 위로하고, 공감하게 만드는 일은 콘텐츠를 살아 있게 만드는 기술이다. 그러나 그 기술이 자유만을 말할 수는 없다. 감정을 다룬다는 것은 누군가의 심리에, 기억에, 그리고 관계에 개입하는 일이기 때문이다. 그만큼 정교하고 정직하게 설계되어야 한다.

기획자는 더 자주 멈추고, 더 깊이 질문해야 한다. "지금 내가 기획하는 이 장면은 누군가의 마음을 진심으로 대하고 있는가?" "이 감정을 통해 내가 만들고자 하는 관계는 무엇인가?" 이와 같은 질문을 포기하지 않는 태도야말로 감정을 책임 있게 다루는 사람의 자세이다.

우리는 이제 감정을 설계할 수 있다. 하지만 감정을 설계할 수 있다는 사실이 반드시 그렇게 해야 한다는 것을 의미하지는 않는다. 전환을 유도하고, 확산을 유도하고, 기억을 남기는 감정의 기술은 결국 사람을 향해 있어야 한다. 감정을 정직하게 대하는 광고는 사람의 마음을 얻고, 관계를 만든다. 반면에 감정을 조작하는 광고는 클릭은 얻을 수 있어도 신뢰는 남기지 못한다. 이 장은 여기서 멈추지만, 여러분의 질문은 여기서 시작되기를 바란다.

"나는 감정을 설계하고 있는가, 아니면 조작하고 있는가?"

이 질문을 끝까지 멈추지 않는 광고 실무자, 크리에이터야말로 감정을 통해 진짜 연결을 만들어 내고, 휘발되지 않는 깊은 여운을 남기는 콘텐츠를 탄생시킬 것이다.

참고문헌

김선정, 김태용(2012). SNS 콘텐츠의 감성이 사용자의 감정상태에 미치는 영향: 페이스북 뉴스피드를 중심으로. 사이버커뮤니케이션학보, 29(1), 5-47.

한동훈(2025. 3. 24.). "이건 선 넘은 거예요"… 뇌과학으로 본 '7세 고시'의 최후. SBS. https://news.sbs.co.kr/news/endPage.do?news_id=N1008030058

Aaker, D. A., & Biel, A. L. (1993). *Brand equity & advertising: Advertising's role in building strong brands*. Lawrence Erlbaum Associates.

Ambady, N., & Rosenthal, R. (1992). Thin slices of expressive behavior as predictors of interpersonal consequences: A meta-analysis. *Psychological Bulletin, 111*(2), 256-274.

Ambady, N., & Rosenthal, R. (1993). Half a minute: Predicting teacher evaluations from thin slices of nonverbal behavior and physical attractiveness. *Journal of Personality and Social Psychology, 64*(3), 431-441.

Arias-Carrión, O., Stamelou, M., Murillo-Rodríguez, E., Menéndez-González, M., & Pöppel, E. (2010). Dopaminergic reward system: A short integrative review. *International Archives of Medicine, 3*(1), 24.

Arnsten, A. F. T. (2009). Stress signalling pathways that impair prefrontal cortex function. *Nature Reviews Neuroscience, 10*(6), 410-422.

Berger, J. (2013). *Contagious: Why things catch on*. Simon and Schuster.

Berridge, K. C., & Robinson, T. E. (1998). What is the role of dopamine in reward: Hedonic impact, reward learning, or incentive salience?. *Brain Research Reviews, 28*(3), 309-369.

Borderless Access. (2023, April 17). Ad testing for the three-second era: Why your ads need to work instantly. https://borderlessaccess.com/blog/ad-testing-for-the-three-second-era/

Bright, L. F., & Daugherty, T. (2012). Does customization impact advertising effectiveness? An exploratory study of consumer perceptions of advertising in customized online environments. *Journal of Marketing Communications, 18*(1), 19-37.

Cahill, L., & McGaugh, J. L. (1998). Mechanisms of emotional arousal and lasting declarative memory. *Trends in Neurosciences, 21*(7), 294-299.

Christ, T. (2025, February 10). *The psychology of fear in advertising: How to effectively tap into consumer emotions.* Digital Marketing Strategy & Insights. https://christhompson.blog/2025/02/10/the-psychology-of-fear-in-advertising-how-to-effectively-tap-into-consumer-emotions/

Cohen, J. (2001). Defining identification: A theoretical look at the identification of audiences with media characters. *Mass Communication & Society, 4*(3), 245-264

Commonlit (2017). The power of 'like'. https://www.commonlit.org/texts/the-power-of-like

Damasio, A. R. (1994). *Descartes' error: Emotion, reason and the human brain.* Putnam.

Decety, J., & Jackson, P. L. (2004). The functional architecture of human empathy. *Behavioral and Cognitive Neuroscience Reviews, 3*(2), 71-100.

Edell, J. A., & Burke, M. C. (1987). The power of feelings in understanding advertising effects. *Journal of Consumer Research, 14*(3), 421-433.

EyeSee (2023, February 14). Breaking the social media clutter: Which ads make an impact?. https://eyesee-research.com/knowledge/breaking-the-social-media-clutter-which-ads-make-an-impact/

Gallese, V. (2003). The roots of empathy: The shared manifold hypothesis and the neural basis of intersubjectivity. *Psychopathology, 36*(4), 171-180.

Gallese, V., & Goldman, A. (1998). Mirror neurons and the simulation theory of mind-reading. *Trends in Cognitive Sciences, 2*(12), 493-501.

Greenwald, A. G., & Banaji, M. R. (1995). Implicit social cognition: Attitudes, self-esteem, and stereotypes. *Psychological Review, 102*(1), 4-27.

Haidt, J. (2001). The emotional dog and its rational tail: A social intuitionist approach to moral judgment. *Psychological Review, 108*(4), 814-834.

Heath, R. (2012). *Seducing the subconscious: The psychology of emotional influence in advertising.* John Wiley & Sons.

Hong, S. (2022). *The Instagram Reels effect: How the viewing order and valence of emotions impact willingness-to-pay and perception of advertisements.* University of Michigan.

Iacoboni, M. (2009). Imitation, empathy, and mirror neurons. *Annual Review of Psychology, 60*(1), 653-670.

Jalli, N., Unggraini, I. N., & Setianto, Y. P. (2025). How TikTok's visual politics shaped Indonesia's 2024 election. ISEAS-Yusof Ishak Institute.

https://www.iseas.edu.sg/wp-content/uploads/2025/06/ISEAS_Perspective_2025_52.pdf

Keller, K. L. (1993). Conceptualizing, measuring, and managing customer-based brand equity. *Journal of Marketing, 57*(1), 1-22.

Knutson, B., & Greer, S. M. (2008). Anticipatory affect: Neural correlates and consequences for choice. *Philosophical Transactions of the Royal Society B: Biological Sciences, 363*(1511), 3771-3786.

LaBar, K. S., & Cabeza, R. (2006). Cognitive neuroscience of emotional memory. *Nature Reviews Neuroscience, 7*(1), 54-64.

Lazarus, R. S. (1991). *Emotion and adaptation*. Oxford University Press.

LeDoux, J. E. (2000). Emotion circuits in the brain. *Annual Review of Neuroscience, 23*(1), 155-184.

Lee, B. (2006). Empathy, androids and 'authentic experience'. *Connection Science, 18*(4), 419-428.

Ling, C., Blackburn, J., De Cristofaro, E., & Stringhini, G. (2022, June). Slapping cats, bopping heads, and oreo shakes: Understanding indicators of virality in Tiktok short videos. In *Proceedings of the 14th ACM Web Science Conference 2022* (pp. 164-173).

Lipsman, A., Mudd, G., Rich, M., & Bruich, S. (2012). The power of "like": how brands reach (and influence) fans through social-media marketing. *Journal of Advertising Research, 52*(1), 40-52.

Liu, Y., & He, J. (2021). "Why are you running away from social media?" Analysis of the factors influencing social media fatigue: An empirical data study based on Chinese youth. *Frontiers in Psychology, 12*, 1-13.

Murphy, S. T., & Zajonc, R. B. (1993). Affect, cognition, and awareness: Affective priming with optimal and suboptimal stimulus exposures. *Journal of Personality and Social Psychology, 64*(5), 723-739.

Phelps, E. A. (2004). Human emotion and memory: Interactions of the amygdala and hippocampal memory systems. *Current Opinion in Neurobiology, 14*(2), 198-202.

Rejer, I., Jankowski, J., Dreger, J., & Lorenz, K. (2024). Viewer engagement in response to mixed and uniform emotional content in marketing videos—An electroencephalographic study. *Sensors, 24*(2), 517.

Rizzolatti, G., & Craighero, L. (2004). The mirror-neuron system. *Annual Review of Neuroscience, 27*, 169-192.

Schultz, W. (1998). Predictive reward signal of dopamine neurons. *Journal of

Neurophysiology, 80(1), 1-27.

Socialinsider. (2025). How to crack the Instagram Reesl algorithm to increase engagement and reach. https://www.socialinsider.io/blog/instagram-reels-algorithm/

Stewart, D. W., Morris, J. D., & Grover, A. (2007). Emotions in advertising. In G. J. Tellis & T. Ambler (Eds.), *The Sage handbook of advertising* (pp. 120-134). Sage Publications.

Vuilleumier, P. (2005). How brains beware: neural mechanisms of emotional attention. *Trends in Cognitive Sciences, 9*(12), 585-594.

Witte, K. (1992). Putting the fear back into fear appeals: The extended parallel process model. *Communication Monographs, 59*(4), 329-349.

Zajonc, R. B. (1980). Feeling and thinking: Preferences need no inferences. *American Psychologist, 35*(2), 151-175.

Zeelenberg, M., & Pieters, R. (2007). A theory of regret regulation 1.0. *Journal of Consumer Psychology, 17*(1), 3-18.

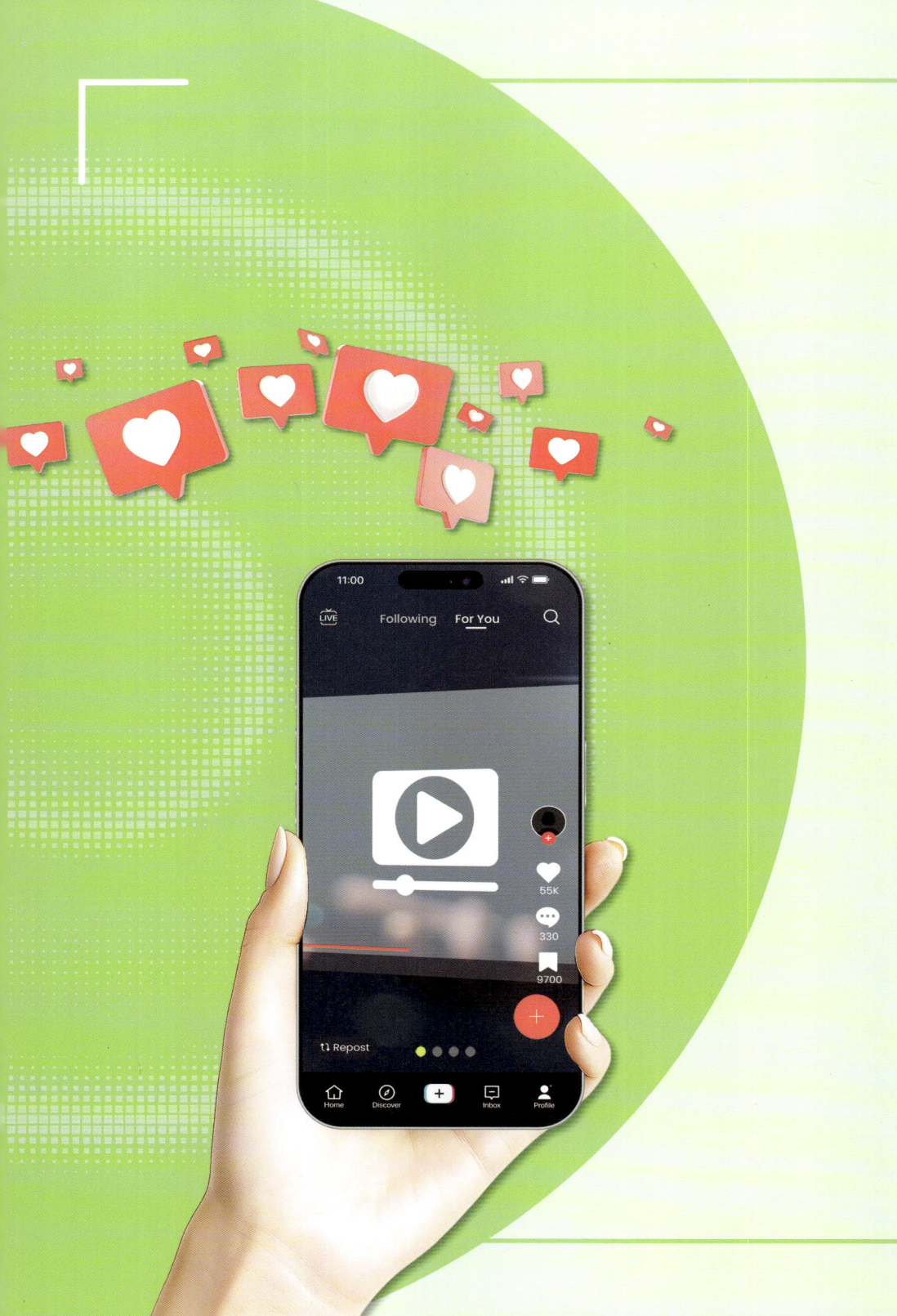

제 7 장

숏폼의 비주얼 및 청각 요소의 광고효과

성윤택 수석연구위원 | 한국방송광고진흥공사

이 장에서는 숏폼의 비주얼 및 청각 요소의 광고효과에 대해서 논의하고자 한다. 숏폼 광고는 시각적 요소와 청각적 요소를 전략적으로 결합함으로써 사용자의 즉각적인 주목을 유도하고, 감정적 반응을 이끌어 내며, 궁극적으로 소비자의 행동 변화까지 유발하는 데 중요한 역할을 한다. 연구에 따르면, 시각적 정보는 뇌에서 빠르게 처리되어 브랜드 인지도와 기억에 강한 영향을 미치며, 많은 사용자가 소리를 끄고 영상을 시청하는 환경에서는 자막, 시각적 스토리텔링, 움직임, 색상 등 시각적 요소의 중요성이 더욱 커지고 있다. 한편, 음악과 음향 등 청각적 요소는 감정적 몰입과 분위기 조성에 기여하며, 시각적 메시지와 조화를 이룰 때 광고효과를 극대화할 수 있을 것으로 기대된다. 이처럼 숏폼 광고는 시각과 청각의 상호작용을 통해 사용자의 참여와 브랜드 인지, 구매 행동까지 이끄는 핵심적인 디지털 마케팅 수단으로 자리 잡고 있다.

숏폼 광고의 핵심 과제는 단 15초라는 짧은 시간 안에 어떻게 브랜드를 소비자의 기억에 효과적으로 남길 수 있느냐는 점이다. 그 답은 비주얼과 청각 요소를 전략적으로 조합하는 데 있다. 인간의 뇌는 색채 정보를 순식간에 처리하며, 익숙한 소리를 들었을 때 즉각적으로 특정 브랜드를 연상하게 된다. 이러한 인지적 특성을 이해하고 효율적으로 적용하는 브랜드만이 숏폼 시대의 승자가 될 수 있다.

1. 숏폼의 비주얼 요소와 광고효과

1) 색채로 브랜드 각인시키기

숏폼 콘텐츠의 비주얼 요소 가운데 색채는 시각적 정보 중에서도 가장 즉각적이고 강한 영향력을 발휘한다. 인간의 뇌는 색채 정보를 약 0.2초 만에 처리하는데, 이처럼 빠른 인지가 가능하다는 점은 짧은 시간 안에 시선을 사로잡아야 하는 숏폼 환경에서 색채가 특히 결정적 역할을 함을 보여 준다. 실제로 색상은 브랜드나 제품에 대한 소비자의 첫인상을 좌우하며, 제한된 시간 내 브랜드의 이미지를 효과적으로 각인시키는 핵심 수단이다. 브랜드 컬러의 일관된 활용은 브랜드 아이덴티티를 강화하고 소비자의 즉각적인 브랜드 연상을 유도하는 데 효과적이다.

특정 색상이 불러일으키는 감정적 이미지는 숏폼에서도 중요하게 작용한다. 예를 들어, 페이스북이나 X(구 트위터) 같은 소셜미디어 기업들이 파란색을 브랜드 컬러로 선택한 것은 신뢰감, 안정성, 지혜, 강인함의 이미지를 소비자에게 전달하기 위함이며, 이는 방대한 데이터를 다루는 플랫폼의 신뢰를 확보하는 데 중요한 전략이다. 녹색 역시 풀, 나무, 덤불과 같은 자연을 떠올리게 하여 휴식, 건강, 번영, 신선함 이미지를 부여하며, 미국의 홀푸드(Whole Foods)는 이러한 색채 연상을 활용해 친환경·건강 브랜드 이미지를 구축한다.

색상은 브랜드 연상뿐만 아니라 소비자의 감정 상태와 구매 의도에도 큰 영향을 미친다. 예를 들어, 빨간색은 긴급성과 열정을 자극해 충동구매를 촉진하는 경향이 있고, 파란색은 안정감과 신뢰를 조성해 브랜드 충성도를 높이는 효과가 있다는 연구가 있다(Elliot & Maier, 2014). 이처럼 글로벌 브랜드들은 일관된 색채 전략을 통해 전 세계 어디에서나 즉시적인 브랜드 식별과 감정적 연상을 유도하고자 노력한다. 하지만 색채의 의미와 연상이 문화권마다 다를 수 있으므로 글로벌 시장에서는 현지 문화에 대한 이해가 필수적이다. 예를 들어, 동일한 흰색도 서구권에서는 순수함과 고급스러움을, 동아시아 일부 지역에서는 슬픔이나 불길함을 상징할 수 있으며(Kawai et al., 2022), 이런 차이는 브랜드 이미지나 신뢰에 영향을 미칠 수 있다.

더불어, 숏폼 콘텐츠에서 색상의 대비(contrast)와 채도(saturation)는 모바일 화면의 작은 공간에서도 가독성과 주의를 극대화하는 데 효과적이다. 선명하고 명확한 고대비 색상 조합은 사용자가 빠르게 스크롤하는 환경에서도 브랜드 캠페인이나 주요 메시지가 쉽게 인식되도록 도와주며, 채도 역시 브랜드가 추구하는 감성적 톤앤매너를 효과적으로 전달한다. 짧은 시간 동안 강렬한 인상을 남기는 것이 중요한 숏폼 환경에서는 순간적으로 눈길을 끌 수 있는 색감과 조화가 그 어느 때보다 중요하다.

2) 세로 화면의 정복 전략

세로형 화면(9:16)은 숏폼 콘텐츠의 독특한 특성 중 하나로, 기존의 가로형 영상과는 완전히 다른 시각적 접근이 필요하다. 인물 중심 프레이밍에서 세로형의 비율은 특별한 장점을 가지는데, 전신 샷보다는 상반신이나 얼굴 클로즈업이 더 효과적이며, 이는 감정적 연결감을 높이는 데 기여한다.

클로즈업과 익스트림 클로즈업은 숏폼에서 특히 효과적이다. 작은 모바일 화면에서도 디테일을 명확히 보여 줄 수 있으며, 감정적 효과를 극대화할 수 있다. 얼굴 중심의 구도는 인간의 본능적인 얼굴 인식 능력을 활용하여 즉각적인 주의 집중을 유도하며, 제품 강조를 위한 프레이밍에서는 배경과의 명확한 분리를 통해 제품의 특징을 부각시킬 수 있다.

시각적 흐름 설계의 전통적인 법칙인 Z-패턴[01]과 F-패턴[02]은 가

---

01 사용자의 시선이 페이지의 좌측 상단 → 우측 상단(가로 이동) → 좌측 하단(대각선 이동) → 우측 하단(가로 이동)으로 자연스럽게 이동하는 시각 흐름으로, 주로 비주얼과 행동 유도가 명확한 랜딩페이지 등에 효과적이다.

02 사용자가 페이지 상단에서 좌 → 우로 정보를 읽고, 약간 아래로 내려가 짧은 수평 이동을 반복하다가 점차 왼쪽을 세로로 스캔하는 시각 흐름으로, 주로 텍스트가 많고 정보 위주의 페이지에 적용한다.

로형 화면에 최적화되어 있다. 모바일과 같은 세로형 환경에서는 사용자의 시선 이동이 완전히 달라지므로 이에 맞는 새로운 설계 원칙이 필요하다. 시선 추적 연구에 따르면, 세로형 화면에서 사용자들은 상단에서 시작하여 하단으로 이동하는 수직적 시선 흐름을 보이며, 중간중간 좌우로 시선을 이동시키는 패턴을 보인다. 세로형 화면에서는 가로 스캔이 적고, 각 섹션별로 중요 정보, 행동 유도, 비주얼을 배치하여 시선을 하단으로 자연스럽게 이끈 후, 포인트마다 좌우에 주목 요소를 활용하는 방식이 적합하다(강민구, 2024).

3) 텍스트를 춤추게 하라

텍스트 요소는 숏폼 광고에서 시각적 정보 전달의 핵심 역할을 담당한다. 자막과 화면 위의 텍스트 요소들은 소음이 많은 환경이나 무음 시청 상황에서도 메시지 전달을 가능하게 함으로써 숏폼의 접근성을 크게 향상시킨다.

숏폼 콘텐츠는 빠른 시간 내에 시선을 끌어야 하기에 텍스트 요소의 디자인과 가독성이 핵심이다. 특히 화면 하단에 등장하는 자막은 단순히 정보 전달을 넘어 감정과 브랜드의 개성을 표현하는 시각 언어로 기능한다(강홍민, 2025. 8. 2.).

모바일 환경에서 타이포그래피(typography)는 가독성뿐만 아니라 브랜드의 개성을 표현하는 핵심 도구로 작용한다. 이러한 표현력은 텍스트에 움직임을 더할 때 극대화되는데, 키네틱 타이포그래피(kinetic typography)로 알려진 텍스트 애니메이션은 정적인 텍스트보다 훨씬 강한 시각적 임팩트를 제공한다. 텍스트의 등장, 변형,

[그림 7-1] 키네틱 타이포그래피

출처: Mario, C. (2020, June 2).

강조 등의 모션 효과는 정적 텍스트보다 훨씬 오래 주의를 끌고 유지할 수 있다(Lau & Chu, 2015; Thiessen et al., 2020). 텍스트 등장 타이밍을 음악이나 내러티브와 동기화시키면 통합적인 시청각 경험을 창출할 수 있으며, 이는 정보 보유율과 텍스트 이해력을 크게 향상시킨다(Jin, 2013).

4) 움직임으로 이야기하라

모션 그래픽은 숏폼 광고에서 정보 전달의 효율성을 극대화하는 핵심 도구이다. 정적인 이미지로는 전달하기 어려운 복잡한 개념이나 프로세스를 시각적으로 명확하게 표현할 수 있으며, 시청자의 시각적 흥미를 지속적으로 유지하는 역할을 한다. 브랜드 아이덴티티 강화 측면에서 모션 그래픽은 일관된 시각적 언어를 통해 브랜드의 개성을 효과적으로 표현할 수 있다.

전환 효과 기법의 선택은 콘텐츠의 톤앤매너와 밀접한 관련이 있다. 페이드 효과는 부드럽고 우아한 느낌을, 와이프 효과는 역동적이고 현대적인 느낌을, 푸시 효과는 강렬하고 직접적인 느낌을 연출한다. 3D 전환과 파티클 효과(particle effect)[03]는 더욱 화려하고 현대적인 느낌을 주지만, 과도한 사용은 오히려 콘텐츠의 핵심 메시지를 흐릴 수 있으므로 신중하게 활용해야 한다. 특히 젊은 층을 대상으로 하는 숏폼에서 이모지의 활용은 친근감과 재미를 더하는 효과적인 수단이다. 인포그래픽 요소의 통합은 복잡한 정보를 시각적으로 단순화하여 전달할 수 있게 하며, 브랜드 로고의 적절한 배치는 브랜드 인지도 향상에 직접적으로 기여한다. 행동 유도 설계에서는 명확한 행동 유도 문구와 시각적 강조 기법을 통해 사용자의 구체적인 행동을 유도할 수 있다.

숏폼 광고에서 비주얼 스토리텔링은 제한된 시간 내에 완결된 내러티브를 구성해야 하는 독특한 도전을 안고 있다. 효과적인 숏폼 비주얼 스토리텔링은 ① 즉시 주의를 끄는 시각적 훅(hook), ② 감정적 몰입을 유도하는 갈등 또는 변화, ③ 브랜드 메시지와 연결되

---

03 수많은 작은 조각이 흩어지거나 모이면서 만들어 내는 동적인 효과로, 불꽃놀이에서 흩어지는 불꽃들, 민들레 홀씨가 바람에 날리는 모습 등을 가리킨다.

는 해결 또는 만족감의 3단계 구조를 따른다(Chae & Park, 2023; Cho & Hong, 2022; Lee & Kim, 2022).

나이키(Nike)의 'Just Do It' 숏폼 시리즈는 이러한 원리의 성공적 적용 사례이다. 일상의 평범한 순간으로 시작하여 개인적 도전과 극복 과정을 거쳐 성취감으로 마무리되는 구조를 15초 내에 완성한다. 각 시퀀스의 시각적 요소는 브랜드의 핵심 가치인 '도전 정신'과 긴밀하게 연결되며, 이는 뛰어난 브랜드 메시지 전달 효과를 보여 준다.

2. 숏폼의 청각 요소와 광고효과

1) 들리는 순간 알아차리는 브랜드

청각 요소는 숏폼 광고에서 종종 부차적으로 여겨지지만, 실제로는 브랜드 기억과 감정적 연결에서 시각 요소만큼이나 중요한 역할을 한다. 인간의 청각 기억은 시각 기억보다 오래 지속되는데, 특히 음악적 패턴은 장기 기억에 매우 효과적으로 저장된다. 뇌과학 연구에 따르면, 청각 자극은 뇌의 변연계를 직접적으로 활성화하여 감정과 기억 형성에 강력한 영향을 미친다. 많은 연구에서 일관된 브랜드 사운드에 노출된 소비자들이 해당 브랜드에 대해 더 강한 감정적 애착을 보이며, 이는 구매 의도로 직접 연결된다고 실증적으로 분석하였다(Hultén, 2011; Jackson & Fulberg, 2003; Park et al.,

2010; Thompson et al., 2006). 이러한 사운드 브랜딩의 과학적 기초는 숏폼 환경에서 더욱 중요한데, 제한된 시간 내에 브랜드의 독특한 청각적 아이덴티티를 각인시켜야 하기 때문이다.

오디오 로고의 효과는 특히 주목할 만하다. 짧고 기억하기 쉬운 음향 패턴은 브랜드 식별의 강력한 도구가 된다. 오디오 브랜딩(브랜드 사운드, 오디오 로고 등)이 브랜드 기억(비보조 회상 포함)과 브랜드 선호, 소비자의 행동에 긍정적 영향을 준다는 연구 결과(Huang & Shiu, 2019)와 더불어 맥도날드의 'I'm Lovin' It' 사운드 로고는 이러한 원리를 완벽하게 적용한 사례이다. 5음으로 구성된 간단한 멜로디는 전 세계 어디서나 즉각적인 브랜드 인지를 가능하게 한다.

배경음악은 숏폼 광고에서 감정적 톤을 설정하는 강력한 도구 중 하나이다. 음악은 언어적 장벽을 뛰어넘어 보편적인 감정 반응을 유도할 수 있으며, 브랜드가 추구하는 분위기를 즉각적으로 조성할 수 있다. 음악 장르별 효과는 타깃 오디언스와 브랜드 포지셔닝에 따라 전략적으로 선택되어야 한다. 팝 음악은 에너지와 친근감을 전달하여 젊은 층에게 어필하며, 클래식 음악은 고급스러움과 신뢰성을 강조하여 프리미엄 브랜드에 적합하다. 힙합은 젊음과 트렌디함을 표현하는 데 효과적이며, 어쿠스틱 음악은 자연스러움과 진정성을 전달하는 데 유용하다.

2) 목소리로 신뢰를 설계하다

브랜드 음성 정체성(brand voice identity)은 사운드 브랜딩의 새로운 차원이다. 단순한 음향 효과를 넘어서 브랜드의 개성과 가치를 음성으로 표현하는 전략적 접근이다. 음성의 특성은 브랜드 메시지의 신뢰도와 호감도에 직접적인 영향을 미친다. 광고 맥락에서 저음의 목소리는 일반적으로 더 자연스럽고 매력적이며 신뢰할 수 있는 것으로 인식되어 브랜드 태도와 구매 의도를 높이는 것으로 나타났다(Rodero, 2024). 이는 저음의 목소리가 정서적·생리적 활성화와 회상력을 향상시킨다는 연구 결과로 뒷받침된다. 다만 이러한 효과는 맥락과 성별에 따라 달라질 수 있다. 경제적 거래나 AI 음성 서비스에서는 음이 높은 목소리가 더 신뢰받기도 하며(O'Connor & Barclay, 2017), 제품 카테고리와 타깃 오디언스에 따라 최적의 음성 전략이 달라진다는 점을 고려해야 한다.

내레이션 스타일의 선택은 브랜드 포지셔닝과 일치해야 한다. 전문적인 톤은 전문성과 신뢰성을 강조하는 브랜드에 적합하며, 친근한 톤은 일상적이고 접근하기 쉬운 브랜드 이미지를 구축하는 데 효과적이다. 1인칭 관점의 내레이션은 개인적인 경험과 감정을 강조하여 감정적 연결을 높이며, 3인칭 관점은 객관적이고 신뢰할 만한 정보 전달에 적합하다.

다국어 고려 사항은 글로벌 브랜드에게 특히 중요하다. 로컬라이제이션 전략을 통해 각 지역의 문화적 특성과 언어적 뉘앙스를 반영할 수 있으며, 자막과 음성의 조화를 통해 언어적 장벽을 효과적으로 극복할 수 있다. 텍스트 음성 변환(Text-to-Speech: TTS) AI 기술의 발전은 기술의 품질을 크게 향상시켰으며, 개인화된 음성 생성을 통해 더욱 자연스럽고 매력적인 내레이션을 제작할 수 있게 되었다.

3) BPM으로 감정을 조종하라

광고에서 음악의 리듬과 템포는 소비자의 심리 상태와 행동에 상당한 영향을 미칠 수 있어 숏폼 광고에서 원하는 감정적 반응을 유도할 수 있는 강력한 도구가 된다. 연구에 따르면, 음악은 광고 전략의 중요한 요소인 소비자의 감정, 브랜드 인지도, 구매 의도에 영향을 미칠 수 있는 것으로 나타났다. 음악 템포는 소비자의 정서적 반응과 전반적인 기분 상태에 직접적인 영향을 미치는 것으로 밝혀졌는데, 빠른 템포는 흥분과 각성을 불러일으킬 수 있는 반면, 느린 템포는 이완과 평온을 유도할 수 있다. 이러한 감정적 반응은 브랜드와 광고 자체에 대한 태도에 영향을 미칠 수 있다(Morris & Boone, 1998; Stewart & Koh, 2017). 뇌파 검사에 따르면, 빠른 템포의 음악은 베타파 활동을 증가시켜 각성 상태를 높이고, 느린 템포는 알파파를 증가시켜 이완 상태를 유도한다(Yang et al., 2025; Zhang et al., 2024). 이러한 뇌파 변화는 소비자의 감정 상태와 직접적으로 연관되어 광고에 대한 태도 형성에 영향을 미친다.

템포 변화를 통한 스토리텔링은 숏폼 광고의 고급 기법이다. 느린 템포로 시작하여 점진적으로 빨라지는 구조는 긴장감과 기대감을 조성하며, 클라이맥스에서의 급격한 템포 변화는 강력한 감정적 임팩트를 만든다. 이러한 기법은 행동 유도의 효과를 극대화하는 데 특히 유용하다.

음향 심리학의 원리를 이해하는 것은 효과적인 숏폼 광고 제작의 핵심이다. 주파수와 감정 반응의 관계에서 낮은 주파수는 안정감과 신뢰감을, 높은 주파수는 흥미와 주의집중을 유발한다. 리듬과 각성 수준의 관계를 보면, 빠른 리듬은 활력과 에너지, 흥분을 유발하는 반면, 느린 리듬은 평온함과 안정, 혹은 긴장 완화를 이끈다는 점을 알 수 있다. 하모니와 안정감의 관계에서 협화음은 편안함과 조화를, 불협화음은 긴장감과 불안을 조성한다.

감정별 음향 설계는 브랜드가 전달하고자 하는 특정 감정에 따라 전략적으로 접근해야 한다. 기쁨을 표현할 때는 밝은 메이저 스케일과 빠른 템포를 활용하며, 슬픔이나 진지함을 전달할 때는 어두운 마이너 스케일과 느린 템포가 효과적이다. 긴장감을 조성할 때는 불협화음과 급격한 변화를 활용하고, 평온함을 표현할 때는 자연음과 일정한 리듬을 사용한다.

4) 귓속을 파고드는 친밀감

자율감각쾌락반응(Autonomous Sensory Meridian Response: ASMR) 요소를 광고에 활용하는 것은 최근 주목받는 트렌드이다. 유튜브 등 온라인 플랫폼에서 큰 인기를 얻은 ASMR 현상은 이제 브랜드들이 소비자의 참여와 회상률을 높이기 위한 전략 도구로 적극적으로 탐색하는 대상이 되었다. ASMR의 광고적 가치는 브랜드 인식과 소비자의 행동에 긍정적 영향을 줄 수 있는 몰입형 경험을 창출한다는 점에 있다.

ASMR의 광고 회상률과 소비자 참여도 증진 효과는 실험을 통해 입증되고 있다. 연구에 따르면, ASMR 오디오는 일반 오디오보다 광고 메시지의 기억 유지력을 크게 높이는 것으로 나타났다. 이러한 효과는 ASMR 경험의 강도, 몰입감, 그리고 내러티브 전달 방식에 의해 매개되며, 궁극적으로 시청자의 광고 참여도를 종합적으로 향상시킨다(Sands et al., 2022). 더불어 광고에 ASMR을 활용하면 소비자의 관심도가 증대되고 구매 의향도 강화된다. 실제로 ASMR 오디오는 피부 전도도[04] 증가 및 뇌파 변화 등 생리적 반응을 유발하며, 주의력과 몰입도 향상과 같은 심리적 효과와 연관되어 있음이 보고되고 있다(Liang & Li, 2023). 이러한 생리적 반응은 주로 심박수 감소, 피부 전도도의 유의한 증가 그리고 알파파 활성화 등으로 나타나며, 이로 인해 이완 및 각성 상태가 증진됨이 실험적 연구에서 확인되었다.

ASMR은 브랜드 인지도를 높이고 소비자와의 정서적 유대감을 강화하는 데에도 뚜렷한 효과를 보인다. ASMR 아티스트와 기존의 인플루언서를 비교한 연구에서는 ASMR 메시지가 브랜드 인지도 향상과 잠재고객과의 유대 강화에 효과적임을 시사했다(Gotsch & Gasser, 2024). 이로써 ASMR 아티스트가 브랜드 앰배서더로서도 경쟁력을 가질 수 있음을 알 수 있다. 아울러 ASMR을 관계 마케팅에 적용할 경우에 인지된 고객의 친밀감이 높아지는 것이 확인되었다. 이러한 효과는 개인의 성격 특성(예: 외향성, 호감성)에 따라 차이가 있는데, ASMR은 보다 긴밀한 고객 관계 구축에 유용하게 활용될 수 있다(Pilny et al., 2022).

ASMR의 전략적 마케팅 활용 가능성은 슬로우 투어리즘 프로모션 등 다양한 분야로 확장되고 있다. ASMR 콘텐츠를 자연이나 웰

---

04 피부 전도도는 자율신경계의 심리·생리 반응을 신속하게 파악할 수 있는 대표적인 생체 신호 지표이다. 실험실, 임상, 제품 사용 경험, 웨어러블 디바이스 등 다양한 현장에서 폭넓게 활용된다.

빙 테마와 접목하면 여행지나 브랜드는 ASMR 커뮤니티의 관심을 끌고 마케팅 믹스를 한층 강화할 수 있다(Bode, 2019). 기업들은 유튜브 등 디지털 플랫폼 콘텐츠에 ASMR 트리거를 전략적으로 삽입하고, 시청자 선호를 분석해 광고효과를 극대화하기 위해 노력하고 있다.

물론 ASMR을 광고에 활용하는 데에는 과제와 주의점도 존재한다. 속삭임 등의 특정 청각 자극은 일부 시청자에게 거부감을 줄 수 있으므로 콘텐츠 설계에는 각별한 신중함이 필요하다. 또 ASMR의 광고효과에 관한 연구는 아직 충분하지 않으며, 효과는 상황과 실행 방법에 따라 달라질 수 있다. 따라서 브랜드가 ASMR을 마케팅 전략에 통합할 때는 이러한 점을 종합적으로 고려해야 한다(Danişman, 2023).

결론적으로, ASMR은 감각적 경험을 적극적으로 활용하여 소비자의 참여와 브랜드 인지도를 끌어올리는 광고의 새로운 접근 방식을 제공한다. 앞으로 관련 연구가 발전함에 따라 브랜드들은 ASMR을 통해 더욱 인상적이고 효과적인 광고 캠페인을 구축하게 될 것이다.

3. 숏폼의 시청각 통합과 광고효과

1) 1+1=3, 시청각 시너지의 비밀

인간의 뇌는 시각과 청각 정보를 따로따로 처리하지 않는다. 두 감각을 통합적으로 받아들여서 더 풍부하고 기억에 남는 경험을 만들어 낸다. 이러한 멀티모달 인지 처리가 바로 숏폼의 광고효과를 극대화하는 핵심 메커니즘이다. 앨런 페비오(Allan Paivio)의 이중 부호화 이론에 따르면, 시각적 정보와 청각적 정보가 동시에 제시될 때 각각 독립적인 기억 창고에 저장되면서도 서로 도와주는 역할을 한다. 숏폼 콘텐츠에서 브랜드 메시지를 시각과 청각으로 동시에 전달하면 소비자의 뇌는 서로 다른 두 개의 기억 경로에 정보를 저장하게 된다. 결과적으로 브랜드 메시지가 더 오래, 더 생생하게 기억된다.

현대 뇌과학 연구에서는 이 현상을 뇌의 여러 영역이 동시에 활성화되고 신경 연결이 강화되는 관점에서 설명한다. 멀티모달 처리에서 나타나는 감각 간 상호작용은 단순히 덧셈이 아니다. 시너지 효과를 만들어 낸다. 예를 들어, 시각적으로 따뜻한 느낌을 주는 색상(주황, 빨강 계열)과 청각적으로 따뜻함을 전달하는 목소리 톤(낮고 부드러운 음성)이 함께 나올 때 개별 요소들을 단순히 합친 것보다 훨씬 강한 '따뜻함'의 인상을 만들어 낸다. 눈으로 보면서 동시에 듣는 정보는 두 배로 기억에 남는다. 뇌가 시각 정보와 청각 정보를 각각 다른 영역에서 처리하기 때문에 두 가지를 함께 사용하면 기억의 그물망이 더 촘촘하게 된다. 숏폼 광고에서 영상과 소리를 전략적으로 결합하면 브랜드 메시지의 기억률이 눈에 띄게 높아진다.

에피소드 기억의 형성은 시각적·청각적 통합 경험이 전체 맥락과 연관되어 저장되는 과정으로 설명할 수 있다. 이러한 맥락적 단서는 브랜드와 관련된 특정 상황이나 감정이 함께 기억 속에 각인되는 역할을 하며, 이는 추후에 브랜드 회상 시 긍정적 연상을 유발한다. 특히 강렬하고 압축적인 숏폼 콘텐츠는 이러한 에피소드 기억 형성에 매우 효과적인 환경을 제공한다. 한편, 감정 기억의 강화는 시청각 자극이 감정적 반응과 결합되어 더욱 생생하고 지속적인 기억을 형성하는 과정을 의미한다. 브랜드와 감정의 연결이 구축될 경우, 단순한 인지적 기억을 넘어 감정적 애착으로 발전할 수 있는 기반이 마련된다. 아울러 암묵적 학습 효과 역시 중요한데, 이는 반복 노출을 통해 의식하지 못하는 사이에 브랜드 친숙도가 증가하는 현상을 말한다. 이러한 친숙성 증가는 브랜드에 대한 호감도 향상과 구매 결정에 긍정적인 영향을 미치며, 숏폼의 반복 시청 구조는 암묵적 학습이 촉진되는 데 매우 적합하다.

2) 소리와 영상의 찰떡궁합 만들기

시청각 동기화는 브랜드 커뮤니케이션의 품질을 좌우하는 결정적 요소로 간주된다. 특히 소리와 영상이 정확히 일치하는 순간 소비자는 자연스럽고 몰입감 있는 경험을 하게 되며, 이는 광고 메시지와 브랜드 이미지의 효과적 각인으로 이어진다. 인간의 뇌는 시청각 자극이 40밀리초(ms) 내로 동기화될 때를 가장 자연스럽게 인식하며, 이 임계점을 넘어서는 순간부터 오히려 이질감이나 인지적 피로가 증가할 수 있다. 최근 뇌과학 및 뉴로마케팅 연구에서는 이처럼 완벽하게 일치하는 시청각 통합이 감정 처리와 기억 관련 뇌 영역의 활성에 긍정적인 영향을 미침을 보고하였다(Biau et al., 2025).

한편, 광고 기획에서 의도적으로 미세한 시청각 비동기화가 전략적으로 활용되는 경우도 있다. 예컨대, 애플의 아이폰 광고는 터치 사운드를 시각적 동작보다 아주 약간 먼저 등장시키는 방식을 통해 제품의 뛰어난 반응성, 그리고 프리미엄 감성을 강조한다. 이러한 연출은 시청자에게 무의식적으로 고급스러움과 기술적 우수성을 전달한다는 분석이 가능하다.

실제 광고 집행 단계에서는 또 하나의 현실적인 고려 요소가 있다. 바로 플랫폼별 동기화 지연이다. 각 소셜미디어 플랫폼이 각각의 압축 및 인코딩 알고리즘, 그리고 전송/디코딩 방식을 적용하고 있기 때문에 원본과 서비스 최종 영상 사이에는 수십 밀리초 단위의 오디오-비주얼 비동기화가 발생할 수 있다. 이런 미세한 시간차 역시 최적의 브랜드 경험 제공을 위해서는 반드시 사전에 보정이 수반되어야 한다.

광고 실무에서는 시청각 동기화를 활용해서 메시지의 임팩트를 극대화하는 다양한 전략이 존재한다. 브랜드 로고가 화면에 나타날 때 정확히 일치하는 브랜드 사운드를 재생하거나, 제품명을 말하는 순간 해당 제품 이미지를 함께 노출하는 방식은 소비자의 청각과 시각을 동시에 자극함으로써 브랜드 메시지를 더욱 강렬하게 각인시킨다. 특히 스토리의 절정, 즉 감정의 클라이맥스 순간에 시각적 하이라이트(예: 화면 전환, 컬러 변화)와 청각적 강조(예: 음악의 상승 혹은 효과음)가 완벽하게 결합될 때 광고의 몰입도는 극대화되며, 소비자는 해당 브랜드와 메시지를 감정적으로 더욱 깊이 연관 짓게 된다.

이처럼 시청각 결합을 통한 멀티모달 전달 전략은 브랜드 메시지와 인식의 강화에 기여할 수 있음을 뇌과학, 심리학, 마케팅 등 다양한 분야의 연구가 뒷받침하고 있다(Bosshard et al., 2024; Tibon et al., 2019). 뛰어난 광고 크리에이티브는 시각, 청각 등 감각 요소의 미세한 타이밍까지 관리하여 브랜드의 차별화된 경험과 감정적 울림을 제공해야 한다.

3) 감각의 주도권 싸움 활용하기

감각 정보의 우선순위와 그 활용은 브랜드 마케팅에서 전략적 차별화의 중요한 열쇠로 작용한다. 그중에서도 시각 우세성 효과(visual dominance effect)는 대부분의 상황에서 시각 정보가 청각 정보보다 먼저 처리되고, 더 강력한 영향력을 발휘하는 현상을 의미한다. 예컨대, 영상 광고에서 자막과 음성이 불일치할 경우 시청자는 보통 시각 정보를 더 신뢰하게 되는데, 이는 숏폼 광고에서 자막의 정확성 관리가 왜 중요한지를 잘 보여 준다. 브랜드 로고의 강렬한 시각적 이미지는 청각적 슬로건이나 징글(jingle)보다 소비자들에게 훨씬 더 빠르고 강렬한 인상을 남길 수 있다.

반면, 모든 상황에서 시각 정보가 항상 앞서는 것은 아니다. 특정 조건이나 맥락에서는 청각 정보가 핵심적인 역할을 하는데, 이른바 청각 우세성 효과(auditory dominance effect)가 나타날 수 있다. 브랜드 징글이나 독특한 시그니처 사운드는 소비자의 뇌리에 깊게 각인되어 시각적 요소만으로는 이룰 수 없는 감정적 연결을 형성한다. 특히 음악적 기억은 개인의 감정과 강하게 결합해서 브랜드를 장기적으로 인식하고 떠올리는 데 기여한다.

또한 감각 정보 간의 전환 전략, 즉 모달리티 전환 효과(modality shift effect)는 주의를 한 감각에서 다른 감각으로 효율적으로 이동시킬 수 있음을 시사한다. 예를 들어, 강렬한 시각 자극에서 은은한 배경음악으로 자연스럽게 주의를 옮기거나, 중요한 음성 메시지 순간에 이미지를 단순화하면 정보 전달 효율이 향상된다. 이는 제한된 시간 안에 최대 효과를 내야 하는 숏폼 광고 환경에서 더욱 중요하게 작용한다.

인지 부조화 현상(cognitive dissonance effect)은 시청각 요소의 불일치 시 발생하는 소비자의 혼란을 가리킨다. 광고 크리에이티브에서는 이러한 불일치를 통해 일시적인 관심을 끌 수 있지만, 일관성 없는 시청각 메시지는 오히려 브랜드 신뢰도를 해칠 수 있으므로 통일된 브랜딩이 유지되어야 한다. 단, 명확한 전략 아래에서 제한적으로 사용될 때는 브랜드의 독특함을 부각시키는 창의적 무기가 될 수도 있다.

브랜드 재인(brand recognition)은 시청각 통합을 통해 크게 강화될 수 있다. 이를테면 브랜드 고유의 로고와 사운드를 동시에 지속적으로 노출할 경우, 두 감각을 굳이 동시에 활용하지 않아도 하나의 단서만으로도 전체 브랜드 이미지를 떠올릴 수 있게 된다. 실제로 글로벌 브랜드들은 시각적 심벌과 청각적 징글을 일관되게 결합하여 경쟁사와의 차별화 및 기억 우위를 확보하고 있다.

브랜드 회상(brand recall)에서도 다중 감각 단서는 소비자의 기억을 촉진하는 역할을 한다. 명확하게 구분되는 브랜드 음향과 시각적 상징은 짧은 노출에도 강한 인상을 남겨서 경쟁 브랜드 대비 지속적이고 반복적인 회상을 가능하게 한다. 이는 짧은 노출 시간이 특징인 숏폼 콘텐츠 환경에서도 유효하게 작동하여 브랜드 차별화와 기억 우위의 기반이 된다.

마지막으로, 브랜드 연상 네트워크는 시각, 청각 등 다중 감각적 요소와 브랜드의 고유 속성, 나아가 소비자의 라이프스타일이나 가치관까지 아우르는 복합적 구조로 작동한다. 감정적 연상의 폭이 넓어질수록 브랜드는 단순히 제품 정보를 넘어 삶의 방식이나 정체성의 일부로 자리매김할 수 있다. 이 과정에서 일관된 시청각 전략은 소비자의 신뢰와 감정적 애착의 기반을 강하게 다지고, 장기적인 브랜드-소비자 관계 구축에 핵심적 역할을 한다.

이와 같은 통합적 감각 전략을 잘 활용하는 브랜드는 단기적 효과를 넘어 소비자의 마음속에 오랜 시간 강렬하게 남는 브랜드로 성장할 수 있다. ▶

참고문헌

강민구(2024). 세로형 교육 영상콘텐츠의 디자인 구성요소 활용 제안. 한국디자인리서치학회, 9(1), 210-219.

강홍민(2025. 8. 2.). '숏폼' 뜨니 '폰트산업'도 덩달아 ↑… 기업들도 '눈독'. 한경비즈니스 https://v.daum.net/v/20250802082103215

Biau, E., Wang, D., Park, H., Jensen, O., & Hanslmayr, S. (2025). Neocortical and hippocampal theta oscillations track audiovisual integration and replay of speech memories. *Journal of Neuroscience, 5*(21), 1-14.

Bode, M. I. (2019). Autonomous Sensory Meridian Response (ASMR) as a marketing tool: An examination of the online phenomenon's potential in the promotion mix of slow tourism destinations. *Journal of Tourism Futures, 5*(1), 73-80.

Bosshard, S., Rodero, E., Rodríguez-de-Dios, I., & Brickner, J. (2024). Radio, podcasts, and music streaming—An electroencephalography and physiological analysis of listeners' attitude, attention, memory, and engagement. *Brain Sciences, 14*(4), 330.

Chae, S., & Park, Y. (2023). Visual storytelling techniques for short video advertising: Analysis of narrative patterns on social media. *Journal of Marketing Communications, 29*(1), 53-72.

Cho, E., & Hong, J. (2022). Narrative and emotional appeal in short-form video advertising: The role of story structure. *International Journal of Advertising, 41*(6), 1125-1143. https://doi.org/10.1080/02650487.2022.2135460

Danişman, G. T. (2023). Determining Autonomous Sensory Meridian Response (ASMR) effect on advertising effectiveness by using content analysis. *Ege Academic Review, 23*(4), 589-604.

Elliot, A. J., & Maier, M. A. (2014). Color psychology: Effects of perceiving color on psychological functioning in humans. *Annual Review of Psychology, 65*, 95-120.

Gkaintatzis, A., Van Der Lubbe, R., Karantinou, K., & Constantinides, E. (2019, September). Consumers' cognitive, emotional and behavioral responses towards background music: An EEG study. In *Proceedings* of the 15th International Conference on Web Information Systems and Technologies (WEBIST 2019) (pp. 314-318). SCITEPRESS.

Gotsch, M. L., & Gasser, F. (2024). The effect of Autonomous Sensory Meridian Response (ASMR) messages on consumer brand perceptions and intentions. *Journal of Consumer Behaviour*.

Huang, M.-H., & Shiu, E. M. (2019). The impact of audio branding on brand recognition and consumer behavior. *Journal of Marketing Communications, 25*(3), 324-342.

Hultén, B. (2011). Sensory marketing: The multi-sensory brand-experience concept. *European Business Review, 23*(3), 256-273.

Jackson, D., & Fulberg, P. (2003). Sonic branding: An introduction. In P. Fulberg (Ed.), *Sonic branding* (pp. 1-12). Palgrave Macmillan.

Jin, S. H. (2013). Visual design guidelines for improving learning from dynamic and interactive digital text. *Computers & Education, 63*, 248-258.

Kawai, C., Zhang, Y., Lukács, G., Chu, W., Zheng, C., Gao, C., Gozli, D., Wang, Y., & Ansorge, U. (2023). The good, the bad, and the red: Implicit color-valence associations across cultures. *Psychological Research, 87*(3), 704-724.

Lau, N. M., & Chu, V. H. (2015). Enhancing Children's Language Learning and Cognition Experience through Interactive Kinetic Typography. *International Education Studies, 8*(9), 36-45.

Lee, J., & Kim, H. (2022). Short-form video storytelling strategies for brand communication on TikTok and Instagram Reels. *Journal of Interactive Advertising, 22*(3), 178-195.

Liang, C., & Li, C. (2023). Attention and purchase intention of sounding advertisements—A study on autonomous sensory meridian response of towel sound. *Journal of Sensory Studies, 39*(1).

Mario, C. (2020, June 2). *Kinetic typography with Three.js*. https://tympanus.net/codrops/2020/06/02/kinetic-typography-with-three-js/

Maybray, B. (2022. 8. 16.). Color psychology: How to use it in marketing and branding. https://blog.hubspot.com/the-hustle/psychology-of-color

Morris, J. D., & Boone, M. A. (1998). The effects of music on emotional response, brand attitude, and purchase intent in an emotional advertising condition. In *Advances in consumer research* (Vol. 25, pp. 518-526). Association for Consumer Research. https://www.acrwebsite.org/volumes/8207/volumes/v25/NA-25

O'Connor, J. J., & Barclay, P. (2017). The influence of voice pitch on perceptions of trustworthiness across social contexts. *Evolution and Human Behavior, 38*(4), 506–516.

Park, C. W., MacInnis, D. J., Priester, J., Eisingerich, A. B., & Iacobucci, D. (2010). Brand attachment and brand attitude strength: Conceptual and empirical differentiation of two critical brand equity drivers. *Journal of Marketing, 74*(6), 1–17.

Pilny, H. L., Papen, M.-C., & Niemand, T. (2022). Transfer of Autonomous Sensory Meridian Response (ASMR) to relationship marketing: Potential Effects on perceived customer intimacy. *Journal of Relationship Marketing, 22*(1), 29–61.

Rodero, E. (2024). The voice of the announcers effects on perception, physiological arousal, attitudes toward the ad, Intent to buy, and recall. *Journal of Radio & Audio Media,* 1–19.

Sands, S., Campbell, C., Mavrommatis, A., & Kadomskaia, V. (2022). Can a whisper boost recall of video advertisements?. *Journal of Advertising Research, 62*(3), 287–296.

Stewart, K., & Koh, H. E. (2017). Hooked on a feeling: The effect of music tempo on attitudes and the mediating role of consumers' affective responses. *Journal of Consumer Behaviour, 16*(6), 550–564.

Thiessen, M., Beier, S., & Keage, H. (2020). A review of the cognitive effects of disfluent typography on functional reading. *The Design Journal, 23*(5), 797–815.

Thompson, D., Rindfleisch, A., & Arsel, Z. (2006). Emotional branding and the new consumer: The role of emotional attachment to brands in consumer decision making. *Journal of Consumer Research, 32*(3), 507–516.

Tibon, R., Fuhrmann, D., Levy, D. A., Simons, J. S., & Henson, R. (2019). Multimodal integration and vividness in the angular gyrus during episodic encoding. *Journal of Neuroscience, 39*(22), 4365–4374.

Yang, Z., Su, Q., Xie, J., Su, H., Huang, T., Han, C., Zhang, S., Zhang, K., & Xu, G. (2025). Music tempo modulates emotional states as revealed through EEG insights. *Scientific Reports, 15*(1), 8276.

Zhang, J., Huang, Y., Dong, Y., Li, J., Zhu, L., & Zhao, M. (2024). The effect of music tempo on movement flow. *Frontiers in Psychology, 15,* 1292516.

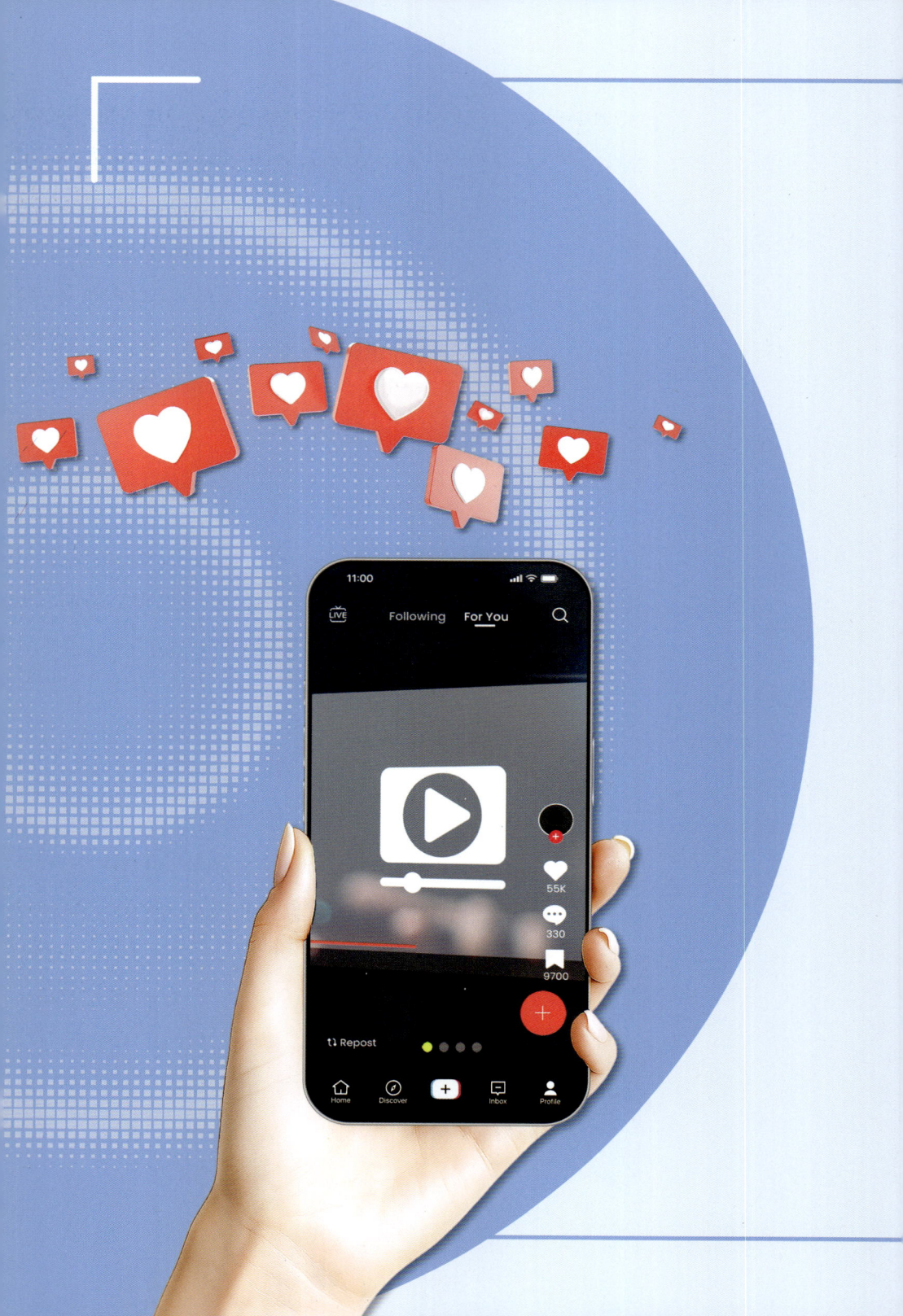

제8장

숏폼 광고의 상호작용과 경험 설계 알고리즘

문장호 교수 | 숙명여자대학교 홍보광고학과

   이 장에서는 숏폼 콘텐츠 플랫폼에서 광고가 단순히 노출을 넘어서 어떻게 사용자의 경험을 설계하고 브랜드와의 상호작용을 유도하는지를 살펴본다. 특히 알고리즘 기반의 추천과 타깃팅이 광고 콘텐츠에 어떤 방식으로 반영되고, 사용자는 이를 어떤 경험으로 받아들이는지를 중심으로 다룬다. 숏폼 환경에서는 광고와 일반 콘텐츠가 유사한 형식으로 제공되기 때문에 사용자가 광고임을 인지하는 과정, 광고를 추천받는 이유를 이해하는 경험, 광고를 건너뛰거나 피드백을 주는 등의 상호작용 방식이 매우 중요하다. 이 장에서는 이러한 일련의 경험의 흐름 속에서 광고 알고리즘의 설명 가능성과 사용자 통제 가능성이 어떤 역할을 하는지를 중심으로 몰입, 신뢰, 피로감, 광고 수용 등 다양한 사용자의 반응을 함께 살펴본다. 또한 사용자의 알고리즘 리터러시 수준에 따라 광고에 대한 태도와 반응 방식이 달라질 수 있다는 점에 주목한다. 알고리즘을 잘 이해하고 활용하는 사용자와 그렇지 않은 사용자는 한 플랫폼 내에서 서로 다른 광고 경험을 할 수 있다. 이 장에서는 광고 실무자와 숏폼 플랫폼에게 숏폼 광고를 보다 효과적으로 설계하기 위한 실질적인 인사이트를 제공하고자 하며, 동시에 독자에게는 디지털 환경 속에서 광고 경험을 어떻게 만들고 작동하는지에 대한 이해의 폭을 넓힐 수 있는 기회를 제시한다.

1. 들어가며: 내 피드에 뜬 이 숏폼, 대체 왜 보이는 걸까?

오늘도 우리는 스마트폰을 손에 들고 틱톡, 인스타그램 릴스, 유튜브 쇼츠의 무한한 콘텐츠 바다를 유영한다. 짧고 강렬한 영상들이 쉴 새 없이 스크롤되며 우리의 시선을 사로잡는다. 그런데 문득 어제 친구와 나눴던 대화나 잠시 검색해 봤던 상품이 귀신같이 광고로 나타나는 경험을 한 적이 없는가? 때로는 소름 돋을 만큼 정확하고, 때로는 전혀 상관없어 보이는 광고가 내 피드를 차지하는 이 현상 뒤에는 무엇이 있을까? 바로 '알고리즘'이라는 보이지 않는 손이 존재한다.

현대 디지털 광고의 세계는 개인화(personalization)라는 강력한 무기와 불투명성(opacity)이라는 그림자를 동시에 품고 있다. 플랫폼들은 사용자의 시청 이력, 검색 기록, '좋아요' 반응 등 수많은 데이터를 실시간으로 분석하여 개개인에게 가장 매력적일 콘텐츠와 광고를 추천한다. 이러한 알고리즘은 틱톡이나 메타와 같은 거대한 플랫폼이 막대한 광고 수익을 창출하는 핵심 엔진이다. 하지만 대부분의 사용자에게 이 알고리즘은 그 작동 원리를 알 수 없는 '블랙박스(black box)'와 같다. 우리는 알고리즘이 제시하는 결과물을 받아 볼 뿐, 왜 그런 추천이 이루어졌는지, 나의 어떤 정보가 어떻게 활용되었는지 정확히 알기가 어렵다.

이러한 불투명성은 사용자들에게 단순히 호기심을 넘어 불신과 피로감을 안겨 주기도 한다. 내가 원치 않는 광고가 반복적으로 노출될 때의 짜증, 나의 사적인 정보가 감시당하는 듯한 불안감은 알고리즘에 대한 부정적인 태도로 이어진다. 실제로 소비자들의 광고에 대한 신뢰도는 전반적으로 낮은 수준에 머물러 있는데, 특히 소셜 미디어 광고에 대한 불신은 더욱 깊다. 이러한 상황은 단순히 사용자의 경험의 문제를 넘어 플랫폼과 광고주 모두에게 심각한 위협이 된다. 허위·과장 광고가 알고리즘을 통해 확산되면서 규제 당국이 직접 개입하는 사례도 늘고 있는데, 이는 플랫폼의 신뢰도에 직접적인 타격을 준다.

이러한 배경 속에서 '투명성(transparency)'은 더 이상 선택이 아닌 필수가 되고 있다. 유럽연합의 「디지털 서비스법(Digital Services Act)」을 비롯한 전 세계적인 규제의 움직임은 플랫폼에게 알고리즘의 작동 방식을 공개하고 사용자에게 더 많은 통제권을 부여하라고 강력히 요구하고 있다. 이제 "왜 이 광고가 보이나요?"라는 사용자의 질문은 단순히 기술적 궁금증을 넘어 알고리즘 사회를 살아가는 우리 모두의 권리에 대한 외침이자 투명성과 책임성을 요구하는 시대적 흐름이 되었다.

이 장에서는 바로 이 '블랙박스'를 열어 보고자 한다. 최신 학술 연구를 바탕으로 숏폼 광고 알고리즘과 사용자 사이의 복잡한 상호작용을 파헤칠 것이다. 알고리즘에 대한 '설명'과 '통제'가 사용자의 인식에 어떤 영향을 미치는지, 그리고 사용자가 알고리즘을 '이해하는 능력'이 이 모든 관계에서 얼마나 결정적인 역할을 하는지 살펴본다. 이를 통해 소비자들에게는 자신의 디지털 환경을 주체적으로 이해할 수 있는 지식을, 마케팅 실무자에게는 불신의 시대를 넘어 신뢰를 구축할 수 있는 광고 전략에 대한 통찰을, 플랫폼에게는 알고리즘 기반 숏폼 생태계의 책임 있는 설계와 운영을 위한 방향성을 제공하고자 한다.

2. '왜 이 광고가 보이나요?': 알고리즘 설명 가능성의 힘과 한계

숏폼 플랫폼을 스크롤하다 보면 광고 영상 한편에 작은 아이콘이나 'About this ad' '이 광고가 표시되는 이유'와 같은 문구를 발견할 수 있다. 이를 클릭하면 왜 이 광고가 나에게 추천되었는지에 대한 간략한 설명이 나타난다. 예를 들어, "최근 비슷한 웹사이트를 방문했습니다" "이 광고주는 20대 남성에게 도달하려고 합니다"와 같은 내용이다. 글로벌 숏폼 플랫폼들은 이러한 기능들을 '알고리즘 설명 가능성(algorithmic explainability)'을 높여 사용자와의 신뢰를 구축하기 위한 투명성 도구로 제공 중이다.

예를 들어, 틱톡은 2022년 'Why this video(이 영상이 추천된 이유)' 기능을 출시하여 사용자가 자신의 For You 피드에 표시된 콘텐츠가 어떤 기준에 의해 추천되었는지를 팝업을 통해 설명받을 수 있도록 했다(TikTok, 2022). 이 기능은 사용자로 하여금 플랫폼의 추천 시스템이 임의적이지 않음을 인식하도록 도와주는 투명성 전략의 일환으로 전개되었다. 메타 역시 페이스북과 인스타그램의 'Why am I seeing this ad?' 및 'Why am I seeing this post?' 기능

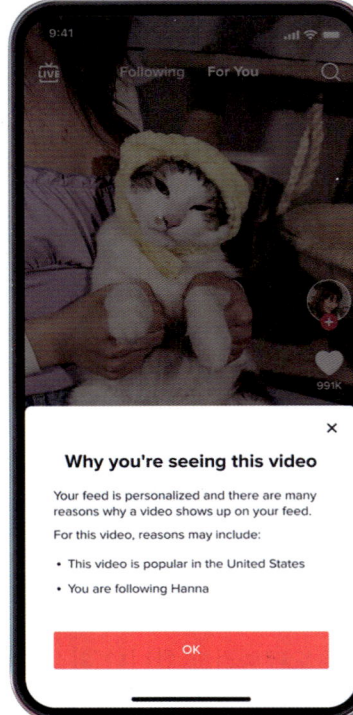 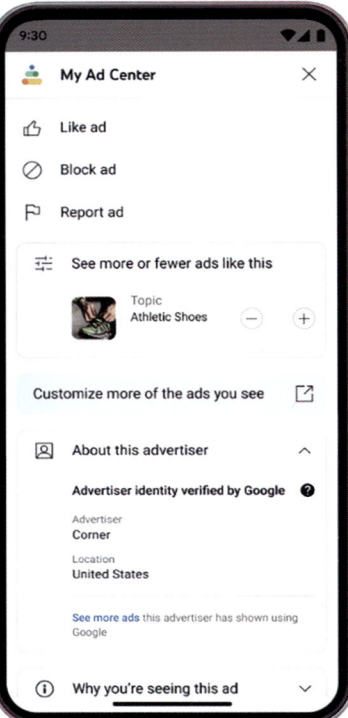

틱톡의 추천 설명 메뉴　　　　　유튜브의 My Ad Center

[그림 8-1] 알고리즘의 투명성을 위한 플랫폼 기능 사례

출처: Google (2022, October 20); Tiktok (2022, December 20).

을 통해 사용자에게 광고 및 콘텐츠가 노출되는 개인화 기준을 제공하고 있다. 또한 이용자의 나이, 지역, 관심사, 친구 활동 내역 등 더욱 구체적인 타깃팅 요인뿐만 아니라 서드파티 데이터 등 상세한 이유를 근거로 설명을 제공함으로써 알고리즘 작동의 맥락을 이해시키고자 했다(Sethuraman, 2019). 구글(Google) 역시 'About this Ad' 기능을 확장하여 광고 노출에 영향을 준 타깃팅 기준과 광고주의 인증 정보를 함께 제공하는 방식으로 알고리즘 기반 광고 시스템의 구조를 보다 명확히 전달하고 있다. 이러한 알고리즘 설명 가능성을 강화하는 투명성 기능은 단지 사용자의 호기심을 해소하는 차원을 넘어 설명에 기반한 신뢰 형성이라는 실무적으로 명확한 목표하에 실행되었다(Google, 2022).

알고리즘 설명 가능성(algorithmic explainability)이란 AI나 알고리즘이 내린 결정의 근거와 과정을 인간이 이해할 수 있는 형태로 제시하는 능력을 의미한다. 오늘날의 알고리즘은 내부 작동 방식이 매우 복잡하여 개발자조차 특정 결과가 나온 구체적인 이유를 하나하나 추적하기 어려운 상태에 이르렀다. 설명 가능성은 바로 이 블랙박스를 열어 "왜 이런 결과를 도출했는가?"라는 근본적인 질문에 대해 명확하고 논리적인 답변을 제공하려는 모든 기술적·방법론적 노력을 포함한다. 이는 단순히 특정 데이터가 결과에 영향을 미쳤다고 말하는 것을 넘어 해당 결정이 어떤 기준과 맥락에 따라 이루어졌는지 사용자가 납득할 수 있도록 돕는 것을 핵심 목표로 한다.

그렇다면 이러한 알고리즘이 사용자에게 제시하는 설명은 실제로 효과가 있을까? 최근 연구 결과는 '그렇다'고 말한다(Moon et al.,

2025a, 2025b). 사용자가 광고 추천의 이유를 명확하고 이해하기 쉽게 제공받을수록 해당 알고리즘이 공정하고 타당하게 작동한다고 인식하는 '알고리즘 정당성(algorithmic legitimacy)'이 높아지는 것으로 나타났다. 그리고 이렇게 형성된 정당성은 알고리즘과 플랫폼에 대한 전반적인 '긍정적 태도(positive attitude)'로 이어진다. 즉, 사용자는 자신이 이해할 수 없는 깜깜이 방식이 아니라 합리적인 이유에 근거해서 광고가 노출된다고 느낄 때 플랫폼을 더 신뢰하고 긍정적으로 평가하는 것이다. 이는 사용자가 추천 과정의 공정성을 인지할 때 만족도가 높아진다는 절차적 정의 이론(Procedural Justice Theory)의 관점과 일치한다(Tyler & Lind, 1992). 나아가 알고리즘의 투명성은 기업에 대한 신뢰의 신호로 작동하여 일반적으로 AI에 부정적 태도를 지닌 소비자들조차 투명성이 높은 조직에는 더 우호적인 태도를 보이는 경향이 있다는 연구도 존재한다(Park & Yoon, 2025). 다시 말해, 알고리즘 설명 기능은 소비자의 불신을 완화하고 신뢰를 구축하는 데 중요한 역할을 할 수 있다는 것이다.

하지만 현실은 그리 간단하지 않다. 여기서 우리는 '투명성의 역설(transparency paradox)'이라고 부를 수 있는 현상과 마주하게 된다. 신뢰를 구축하기 위해 만들어진 설명 기능이 오히려 사용자의 불신을 키우거나, 최소한 그들의 궁금증을 완전히 해소해 주지 못하는 경우가 많기 때문이다.

먼저, 많은 사용자가 이 설명 기능을 아예 사용하지 않거나 존재 자체를 모른다. 설령 사용하더라도 제공되는 정보가 너무 추상적이거나 일반적이어서 실질적인 도움이 되지 않는 경우도 있다. 예를 들어, '회원님의 활동을 기반으로 함'과 같은 설명은 사실상 아

무엇도 설명해 주지 않는 것과 마찬가지이다. 사용자들은 "내가 여성이라서 이 보석 광고가 뜨는 걸까?"와 같이 구체적인 가설을 세우지만, 플랫폼이 제공하는 모호한 설명만으로는 이를 확인할 길이 없다. 실제 페이스북의 '왜 이 광고를 보는가(Why am I seeing this ad?)'라는 설명은 종종 불완전하거나 오해의 소지가 있다는 분석도 존재한다(Andreou et al., 2018). 설명이 형식적으로는 제공되지만, 너무 일반적이어서 사용자가 자신의 데이터가 실제로 어떻게 활용되었는지를 제대로 이해하지 못할 경우에 이러한 피상적인 투명성은 오히려 이용자에게 더 큰 불신과 답답함을 초래할 수 있다.

두 번째 문제는 더욱 복잡한 AI 기반의 타깃팅 시대에 심화된다. 과거의 광고 타깃팅은 '20대, 서울 거주, 축구에 관심 있음'과 같이 명확한 카테고리를 기반으로 했다. 하지만 오늘날의 알고리즘은 사용자의 수많은 온라인 활동을 분석하여 스스로 '곧 이사할 가능성이 높은 사람' '다이어트에 관심이 있지만 의지가 약한 사람'과 같은 복잡하고 미묘한 특성을 '추론(inferred)'해 낸다. 이러한 AI의 추론 과정은 매우 복잡해서 개발자조차 완벽하게 설명하기가 어렵다. 따라서 플랫폼이 제공하는 '왜 이 광고가 보이나요?'의 기능은 AI의 실제 작동 방식의 극히 일부만을 보여 주는, 의도적으로 단순화된 버전에 불과할 가능성이 높다. 결과적으로 사용자들은 여전히 자신에게 맞춤화된 광고가 정확히 어떤 이유로 노출되는지 알기 힘들다. 알고리즘이 몇 가지 단서만 흘릴 뿐, 속내를 모두 드러내지는 않는 셈이다.

결국 투명성의 약속과 현실 사이에는 큰 괴리가 존재한다. 플랫폼은 설명을 제공함으로써 투명하다는 명분을 얻지만, 사용자는 피상적인 정보만을 얻을 뿐 진정으로 알고리즘을 이해하고 통제할 힘을 갖지는 못한다. 이 역설은 설명만으로는 충분하지 않다는 점을 명확히 보여 준다. 더욱이 경우에 따라서는 설명 기능의 존재 자체가 사용자로 하여금 "이제 이해했다"는 착각을 불러일으켜서 정작 제대로 알지 못하면서도 알고리즘을 맹신하게 만드는 부작용도 지적된다. 실제 연구에 따르면 단지 설명이 제공될 수 있다는 가능성만으로도 사용자는 알고리즘을 이해했다고 느끼지만, 이는 일종의 허상에 불과하며 오히려 근거 없는 신뢰를 형성할 수 있다(Ostinelli, Bonezzi, & Lisjak, 2024).

이처럼 투명성 도구는 그 긍정적인 효과가 분명하지만, 제 기능을 다하지 못하거나 의도치 않은 결과를 낳을 수 있으며, 이를 보완하기 위해서는 보다 근본적인 접근이 필요하다. 진정한 투명성은 사용자가 설명을 듣는 것을 넘어 직접 경험을 바꿀 수 있는 '통제'의 영역으로 나아가야만 완성될 수 있다.

3. '이런 숏폼 광고는 그만 볼게요': 알고리즘 통제 가능성의 환상과 현실

숏폼 플랫폼들은 사용자에게 광고 경험을 직접 통제할 수 있는 다양한 도구를 제공한다. 틱톡은 '관심 없음(Not Interested)' 표시, 팔로우/언팔로우, 콘텐츠 필터링 등 다양한 피드백 도구를 통해 사용자가 자신의 피드를 능동적으로 조정할 수 있도록 했다. 이러한 통제 옵션은 단순한 사용자 경험(User Experience: UX) 기능을 넘어서 사용자의 피드백을 반영하는 알고리즘 조정의 실질적 기반으로 작동한다(TikTok, 2022). 또한 일부 플랫폼들은 사용자가 자신의 피드를 완전히 새로고침하여 알고리즘 추천을 리셋할 수 있는 옵션을 도입하여 운영 중이기도 하다(TokTok, 2023).

메타는 페이스북과 인스타그램에서 사용자 통제 기능을 통합적으로 설계하고 있으며, 특히 '숨기기' '팔로우 해제' '우선 보기' 등의 기능을 한 인터페이스 내에서 바로 실행할 수 있도록 하여 사용자 조작의 효율성과 주도권을 강화하고 있다. 인스타그램은 특정 광고 카테고리나 광고주 계정을 차단하는 기능을 제공하는 한편, 2024년에는 '추천 초기화(recommendations reset)' 기능을 시범 도입하여 사용자가 알고리즘 추천을 초기 상태로 되돌릴 수 있게 하였다(Instagram, 2024). 이는 개인화 피드로 인한 피로감과 통제 상실감을 줄이고자 한 실험적 시도로 평가된다.

구글의 'My Ad Center'는 광고의 개인화 설정을 사용자에게 전면적으로 개방한 사례이다. 사용자는 광고 카테고리별로 노출 여부를 조정할 수 있으며, '이 광고 더 보기/덜 보기' '광고주 차단' '신고' 등의 실시간 피드백 도구를 통해 자신의 광고 환경을 직접 조율할 수 있다(Google, 2022). 주류, 데이팅, 체중 감량 등 민감할 수 있는 주제의 광고 노출을 제한하는 세밀한 설정도 가능하다. 이러한 기능들은 '사용자 통제성(user control)'을 높여서 사용자에게 자신의 디지털 환경을 스스로 만들어 간다는 주도권을 부여하는 것을 목표로 하며, 이처럼 실질적 통제권이 보장될 때 사용자는 알고리즘 환경에 대한 무력감을 덜고 보다 능동적인 디지털 소비자가 될 수 있다.

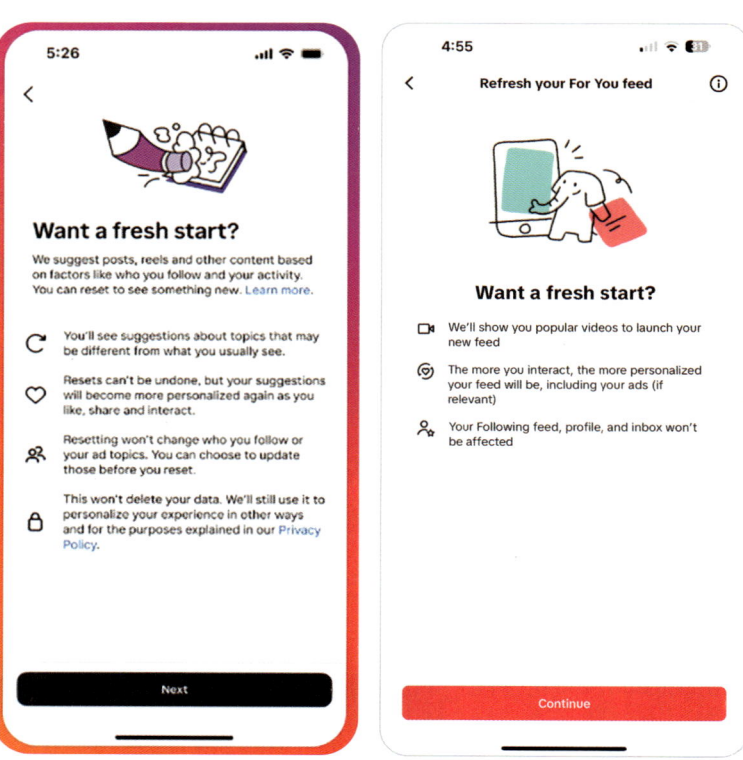

인스타그램의 알고리즘 리셋 기능　　　틱톡의 알고리즘 리셋 기능

[그림 8-2] 알고리즘의 통제 가능성을 위한 플랫폼 기능 사례

출처: Instagram (2024, November, 19); TikTok (2023, March, 16).

다시 말해, 이용자가 원한다면 개인화된 광고의 흐름에서 벗어나거나 불편한 주제의 광고를 보지 않을 권리를 행사할 수 있도록 설계된 것이다.

여기서 말하는 통제란 단순히 버튼을 누르는 행위를 넘어 '알고리즘 통제 가능성(controllability)'의 개념으로 이해할 수 있다. 통제 가능성이란 사용자가 자신의 의도에 따라 시스템의 상태나 행동을 원하는 방향으로 이끌고, 궁극적으로 자신의 목표를 달성할 수 있는 정도를 의미한다. 즉, '이 광고주 차단하기' 버튼을 눌렀을 때 실제로 해당 광고주가 다시는 나타나지 않도록 시스템의 결과에 실질적인 영향을 미칠 수 있어야 진정한 의미의 통제 가능성이 확보되는 것이다. 플랫폼들이 제공하는 다양한 기능은 바로 이 통제 가능성을 사용자에게 부여하는 것을 목표로 한다.

연구에 따르면, 이러한 통제권에 대한 인식은 사용자의 만족도에 매우 중요한 영향을 미친다(Moon et al., 2025a, 2025b). 스스로가 알고리즘의 추천 결과를 조절하고 맞춤화할 수 있다고 느낄 때, 사용자들은 알고리즘을 더 정당하다고 여기고 플랫폼에 대해 긍정적인 태도를 보인다. 이는 인간의 자율성(autonomy)과 유능성(competence)에 대한 욕구가 충족될 때 동기가 부여된다는 자기결정 이론(Self-Determination Theory)으로 설명할 수 있다(Ryan & Deci, 2000). 즉, 사용자는 알고리즘에 의해 일방적으로 콘텐츠를 소비하는 수동적인 존재가 아니라 자신의 의지에 따라 경험을 능동적으로 만들어 가는 주체라고 느낄 때 더 큰 만족감을 얻는 것이다.

하지만 여기서도 우리는 설명의 경우와 마찬가지로, 약속과 현실 사이의 깊은 골을 발견하게 된다. 바로 '통제의 환상'이다. 많은 사용자가 플랫폼이 제공하는 통제 기능이 실제로는 제대로 작동하지 않는다고 느낀다.

가장 대표적인 예가 '이런 광고 그만 보기' 또는 '관심 없음' 버튼이다. 사용자들이 특정 주제에 대한 광고에 대해 반복적으로 '덜 보기(See less)'를 선택했음에도 불구하고 관련 광고가 계속해서 피드에 나타나는 현상이 관찰된다거나 유튜브의 '관심 없음' '싫어요' 피드백이 추천 알고리즘에 거의 영향을 못 미친다는 조사 결과도 보고되었다(Perez, 2022). 즉, 플랫폼이 제공하는 숏폼 광고 통제 기능은 사용자의 기대에 못 미치며, 대부분 효과 없음은 사용자 패널 데이터를 통한 연구에서 보고된 것이다.

이러한 현상은 사용자에게 단순히 불편함을 넘어 무력감과 심리적 고통을 안겨 줄 수 있다. 특히 과거의 트라우마와 관련된 광고가 통제 불가능하게 나타날 때 그 피해는 더욱 심각하다. '차단'과 '숨기기'를 누르고도 되풀이되는 원치 않는 광고들은 사용자로 하여금 내 데이터도, 피드도 내가 통제할 수 없다는 좌절감을 느끼게 만들 수 있다.

왜 이런 일이 발생하는 것일까? 이는 광고 전달 기술과 사용자 통제 기술 사이의 괴리로 설명할 수 있다. 광고주들은 생성형 AI와 같은 최첨단 기술을 활용하여 점점 더 정교하고 복잡한 방식으로 사용자를 타깃팅한다. 광고 알고리즘은 사용자가 직접 밝힌 관심사뿐만 아니라, 수많은 행동 데이터를 기반으로 추론된 잠재적 욕구에 따라 작동한다. 반면, 사용자에게 제공되는 통제 도구는 '이 주제 싫어요'와 같은 매우 단순한 수준에 머물러 있다. 학계의 연구에서도 지적하였듯, 사용자의 명시적 피드백은 광고 노출을 결정하는 수많은 다른 변수에 비해 그 영향력이 미미한 구조적 한계를 가진다(Andreou et al., 2018). 이는 마치 최첨단 우주선을 자전거 핸들로 조종하려는 것과 같다. 시스템의 복잡성을 고려할 때 사용자의 단순한 입력 신호가 전체 알고리즘에 미치는 영향은 미미할 수밖에 없다.

더욱이 플랫폼의 비즈니스 모델 자체가 사용자의 통제권을 제한하는 방향으로 작동하기도 한다. 광고주의 목표는 결국 전환율(conversion rate)을 높이는 것이며, 플랫폼은 이를 위해 최적화된 알고리즘을 운영한다. 만약 사용자의 '관심 없음' 설정이 광고주의 목표 달성에 방해가 된다고 판단되면 알고리즘은 사용자의 의사를 무시하고 광고를 노출할 유인이 충분하다. 다시 말해, 알고리즘 입장에서는 사용자 만족보다는 광고 실적이 더 중요한 셈이다. 실제로 플랫폼이 표면적으로는 통제권을 준다고 하지만, 궁극적으로는 광고 노출량을 크게 해치지 않는 선에서만 제한이 이루어지는 것이 아니냐는 의심도 제기된다.

이러한 상황은 신뢰에 치명적인 영향을 미친다. 사용자가 명시적으로 자신의 의사를 밝혔음에도 플랫폼이 이를 무시할 때 사용자는 이를 기술적 한계로 받아들이기보다는 '의도적인 무시'로 해석할 가능성이 높다. 이는 통제 기능이 본래 의도했던 정당성 구축 효과를 완전히 뒤엎고, 오히려 플랫폼에 대한 불신과 냉소를 키우는 역효과를 낳는다. 결국 설명과 통제만으로는 충분하지 않다는 결론에 이르게 된다. 이 두 가지 강력한 도구가 제대로 작동하기 위해서는 사용자의 '이해력', 즉 알고리즘 리터러시라는 마지막 열쇠가 필요하다.

4. 아는 만큼 보인다: 알고리즘을 이해하는 리터러시의 중요성

지금까지 우리는 알고리즘에 대한 '설명'과 '통제'가 사용자의 신뢰와 만족도를 높이는 중요한 열쇠임을 확인했다. 하지만 동시에 이 열쇠들이 종종 제대로 작동하지 않는 현실도 목격했다. 그렇다면 무엇이 이 차이를 만드는가? 두 편의 연구(Moon et al., 2025a, 2025b)에서는 그 해답이 바로 '알고리즘 리터러시'에 있다고 명확히 제시한다.

알고리즘 리터러시(algorithmic literacy)란 온라인 환경에서 알고리즘의 역할과 영향력을 인식하고, 그 작동 방식을 이해하며, 비판적으로 평가하고, 나아가 자신의 경험에 영향을 미칠 수 있는 능력을 총체적으로 의미한다. 쉽게 말해, 디지털 세상의 보이지 않는 규칙을 읽어 내는 능력이다. 미디어 및 커뮤니케이션 학자들은 이를 사용자의 인지적·정서적·행동적 차원을 아우르는 복합 개념으로 정의하며, 특히 소셜미디어 맥락에서 알고리즘에 대한 이해와 인식, 그리고 이에 대응할 수 있는 역량을 강조한다(Dogruel, Masur, & Joeckel, 2022; Oeldorf-Hirsch & Neubaum, 2023). 연구 결과는 이 리터러시 수준에 따라 설명과 통제 기능의 효과가 극적으로 달라진다는 점을 보여 주는데, 이 결과를 쉽게 이해하기 위해 자동차 엔진에 비유해 보자.

여기 아주 복잡한 고성능의 엔진(알고리즘)이 있다. 누군가 당신에게 이 엔진의 상세한 설계도(설명 가능성)와 정비 도구 세트(사용자 통제)를 주었다고 상상해 보자. 만약 당신이 전문 정비사(높은 리터러시)라면 설계도를 읽고 도구를 사용하여 엔진의 성능을 미세하게 조정하여 문제를 진단할 수 있을 것이다. 설계도와 도구는 당신에게 엄청난 힘을 실어 준다. 반면, 당신이 운전만 해 본 초보자(낮은 리터러시)라면 어떨까? 설계도는 암호처럼 보이고, 도구는 어떻게 써야 할지 막막할 것이다. 눈앞에 모든 것이 주어져도 이를 활용할 능력이 없기 때문에 아무런 혜택도 얻지 못한다. 만약 설계도와 도구가 아예 없다면(투명성 기능 부재) 전문 정비사이든, 초보자이든 엔진 내부를 들여다볼 수 없기는 마찬가지이다. 둘 다 깜깜한 상태에 놓이게 된다.

연구 결과가 보여 주는 것이 바로 이것이다. 플랫폼이 설명이나 통제 기능을 전혀 제공하지 않을 때는 사용자의 리터러시 수준과 상관없이 모두가 알고리즘을 불투명하고 불만족스럽게 느낀다. 하지만 설명과 통제 기능이 제공되기 시작하면 리터러시 수준에 따라 경험이 달라진다. 알고리즘 리터러시가 높은 사용자는 이 기능들을 효과적으로 활용하여 알고리즘이 더 투명하고 정당하다고 느끼며, 플랫폼 만족도 역시 크게 상승한다. 반면, 리터러시가 낮은 사용자는 이러한 기능이 있어도 그 의미를 제대로 이해하거나 활용하지 못해 혜택을 거의 누리지 못한다. 특히 설명과 통제 기능이 '함께' 제공될 때, 높은 리터러시를 가진 사용자 그룹에서는 긍정적 효과가 폭발적으로 증가하는 것으로 나타났다.

이러한 현상은 '알고리즘 격차(algorithmic divide)'라는 새로운 형태의 디지털 불평등을 시사한다. 과거의 디지털 격차가 인터넷 접속이나 기기 사용 능력의 차이였다면, 이제는 알고리즘을 이해하고 활용하는 능력의 차이가 새로운 격차를 만들어 내고 있다(Oeldorf-Hirsch & Neubaum, 2023). 어떤 사용자는 투명성 도구를 통해 자신의 디지털 경험을 주체적으로 관리하고 혜택을 누리는 반면, 다른 사용자는 여전히 알고리즘의 보이지 않는 힘에 이끌려 다니면서 혼란과 잠재적 조작의 위험에 더 많이 노출되는 것이다. 알고리즘의 접근성과 활용 능력의 차이가 개인 간, 집단 간 정보 복지의 격차로 이어지는 이 그림자는 앞으로 디지털 사회에서 중요한 이슈가 될 것으로 보인다.

이 분석이 우리에게 주는 가장 중요한 교훈은 이것이다. 알고리즘 리터러시는 투명성의 가치를 실현하는 열쇠이다. 따라서 플랫폼과 마케터가 단순히 투명성 도구를 제공하는 데 그치는 것은 수동적이고 불완전한 전략이다. 모든 사용자가 투명성의 혜택을 누리게 하려면 알고리즘 격차를 해소하기 위한 적극적인 '교육' 노력이 반드시 병행되어야 한다. 예를 들어, 틱톡은 미디어 리터러시 기관과 파트너십을 맺고 자사 사용자들에게 알고리즘에 대한 알기 쉽고 직관적인 설명을 제공하려는 노력을 기울이고 있다(TikTok, 2024). 사용자의 눈높이에 맞춘 튜토리얼 영상이나 가이드를 통해 '틱톡 For You 페이지의 추천 영상은 어떤 요인에 의해 결정되는지' 등을 쉽게 풀어 설명하고, 잘못된 정보나 AI 생성 콘텐츠를 식별하는 방법 등을 교육하는 것이다. 일례로, 틱톡은 2024년 미국에서 팩트체크 기관(MediaWise)과 협력해서 AI 콘텐츠 표시 기능에 관한 12편의 짧은 교육 영상을 제작하여 배포했는데, 이는 알고리즘과 미디어 이해력을 높여 건강한 이용을 돕기 위한 시도였다(TikTok, 2024). 이처럼 사용자의 눈높이에 맞는 튜토리얼이나 가이드를 제공하는 것은 더 이상 사회 공헌 활동이 아니다. 이는 플랫폼과 브랜드가 스스로 구축한 투명성 시스템의 효과를 극대화하고 더 넓은 사용자층으로부터 진정한 신뢰를 얻기 위한 핵심적인 비즈니스 투자로 이해되어야 한다.

5. 미래의 광고 알고리즘: 생성형 AI와 초개인화 시대의 빛과 그림자

지금까지의 논의가 현재의 알고리즘 광고 환경을 분석한 것이라면, 이제 우리는 시선을 미래로 돌려야 한다. 특히 '생성형(Generative) AI'의 등장은 숏폼 광고의 상호작용과 경험 설계를 근본적으로 뒤바꿀 잠재력을 지니고 있다. 이는 마케터에게는 전례 없는 기회를, 소비자에게는 새로운 차원의 도전을 의미하는 빛과 그림자를 동시에 드리운다.

생성형 AI는 광고 제작과 개인화의 패러다임을 바꾸고 있다. 기존의 데이터를 학습하여 새로운 콘텐츠를 만들어 내는 이 기술은 마케터가 상상하는 거의 모든 종류의 광고 소재를 순식간에, 그리고 대량으로 생성해 낼 수 있다. 특정 고객 세그먼트, 심지어는 단 한 명의 개인을 위해 맞춤 제작된 수천 개의 광고 변형을 자동으로 만들어 테스트하고, 실시간 데이터에 기반하여 캠페인을 최적화하는 것이 가능해진다. 예를 들어, 한 패션 브랜드는 생성형 AI를 활용하여 사용자의 이전 구매 내역과 검색 기록을 바탕으로 그 사람의 취향에 맞는 스타일링을 제안하는 개인화된 숏폼 영상을 즉석에서 만들어 광고로 보여 줄 수 있다. 이러한 '초개인화(hyper-personalization)'는 캠페인의 효율과 투자수익률을 극적으로 끌어올릴 수 있는 강력한 무기이다. 실제로 한 연구에서는 생성형 AI로 제작한 개인 맞춤 영상 광고가 평소 브랜드와 상호작용이 적었던 고객층에서 참여도를 크게 높이는 효과를 보였다고 보고하였다(Kumar & Kapoor, 2024). 이는 숏폼 광고 맥락에서도 AI 기반의 초개인화가 기존에 도달하기 어려웠던 소비자들에게도 정교하게 맞춘 메시지를 전달하여 관심을 환기시킬 수 있음을 시사한다.

하지만 이 눈부신 기술의 이면에는 짙은 그림자가 존재한다. 첫째, 심화된 투명성의 위기이다. 만약 현재의 알고리즘이 '블랙박스'라면, 생성형 AI 기반의 광고 시스템은 내부를 전혀 들여다볼 수 없는 '블랙홀'에 가깝다. 광고가 특정 사용자에게 노출된 이유는 수백, 수천 개의 변수가 복합적으로 작용한 결과이며, 그 결정 과정은 더욱 설명 불가능한 영역으로 들어간다. "왜 이 광고가 보이나요?"라는 질문에 대한 답은 'AI가 그렇게 판단했기 때문'이라는 동어 반복이 될 가능성이 높다. 알고리즘의 복잡성이 기하급수적으로 증가하면서 소비자는 이해의 범위 밖에서 개인화된 콘텐츠를 받아 보게 될 위험이 있다. 다시 말해, 알고리즘 결정의 설명 가능성이 지금보다 훨씬 더 어려워질 수 있다.

둘째, 윤리적 문제의 증폭이다. 초개인화는 개인의 취약한 심리를 파고드는 '조작(manipulation)'의 경계에 서 있다. 사용자의 실시간 감정 상태나 무의식적인 욕구를 분석하여 가장 설득력 있는 메시지를 전달하는 기술은 강력한 만큼 위험하다. 또한 AI가 학습한 데이터에 존재하는 편견(예: 인종, 성별)이 광고 콘텐츠에 그대로 반영되어 특정 집단에 대한 차별을 강화하거나 잘못된 정보를 사실처럼 생성하여 퍼뜨릴 위험도 크다. 이러한 초개인화는 사용자를 자신과 비슷한 생각만 접하게 하는 '필터 버블(filter bubble)'이나 '반향실(echo chamber)' 효과를 극대화하여 사회적 고립과 편향을 심화시킬 수도 있다.

셋째, 규제 압박의 강화이다. 각국의 정부와 규제 기관은 이미 AI 기반 타깃팅 광고의 위험성을 인지하고 칼을 빼 들고 있다. 유럽연합의 「디지털 서비스법」은 종교, 성적 지향 등 민감한 개인정보를 활용한 맞춤형 광고를 금지하고 있는데, 특히 미성년자에 대한 타깃팅 광고를 전면 금지하는 등 강력한 규제책을 담고 있다. 이는 생성형 AI를 활용하려는 마케터들에게 명확한 법적·윤리적 가이드라인 준수가 필수적임을 시사한다.

이러한 미래 환경은 마케터들에게 '선제적 대응의 필요성(proactive imperative)'을 강력하게 요구한다. 기술의 발전 속도가 윤리적·법적 프레임워크를 훨씬 앞지르는 상황에서 문제가 터진 뒤에 수습하는 '사후 대응' 방식은 막대한 법적, 재정적, 그리고 평판의 손실로 이어질 수 있다. 무분별하게 AI 기술을 도입하여 단기적 성과를 좇는 브랜드는 결국 소비자와 규제 당국의 심판을 피할 수 없을 것이다. 반면, 기술 도입 초기부터 윤리적 사용 원칙을 수립하고, 데이터 프라이버시를 존중하며, AI 시대에 맞는 새로운 투명성 확보 방안을 고민하는 브랜드만이 지속 가능한 성장을 이룰 수 있다. 이는 더 이상 홍보나 위기관리의 문제가 아니라 기업의 생존과 직결된 핵심 비즈니스 전략으로 이해되어야 할 것이다.

6. 알고리즘 시대, 숏폼 광고의 새로운 균형점을 찾아서

숏폼 광고의 알고리즘 생태계는 단순히 기술적 구조를 넘어 소비자, 마케터, 플랫폼이라는 세 주체가 복잡하게 교차하는 사회적 공간이다. 이들은 각기 다른 이해관계와 목표를 지니지만, 지속가능한 관계를 구축하기 위해서는 '신뢰'라는 공통의 기반 위에 서야 한다. 이 장에서 제시된 연구들은 중요한 사실을 확인시켜 준다. 바로 투명성과 통제 기능은 단독으로 작동하는 데 그 한계가 있으며, 그것이 진정한 효력을 갖기 위해서는 사용자들의 알고리즘 리터러시라는 인지적 기반이 필수적이라는 점이다. 이제 각 주체별로 새로운 역할과 책임이 요청된다.

1) 숏폼 소비자에게: 디지털 시민으로서의 각성

이제 소비자는 알고리즘의 수동적 수혜자가 아니라 능동적 참여자여야 한다. 스마트폰을 능숙하게 사용하는 것과 알고리즘의 작동 원리를 이해하는 것은 근본적으로 다른 능력이다. 디지털 네이티브라고 해서 자동적으로 알고리즘 리터러시를 갖춘 것은 아니다. "왜 이 광고가 보이나요?"와 같은 기능을 단순히 클릭하는 데 그치지 않고, 그 설명이 논리적이고 합리적인지 비판적으로 사고하고 판단하는 습관이 필요하다. 플랫폼이 제공하는 광고 맞춤 설정을 스스로 조정해 보고, 나의 디지털 행동과 광고 노출 간의 상관관계를 의식적으로 관찰하는 연습을 통해 소비자는 점차 알고리즘의 흐름을 읽을 수 있는 주체로 성장할 수 있다.

또한 '관심 없음' 혹은 '부적절함 신고' 기능은 단순한 항의가 아닌 피드백의 수단으로 인식되어야 한다. 이를 통해 알고리즘에 직접 영향을 줄 수 있음을 인식하고, 그 효과를 지속적으로 모니터링하는 감시자가 되어야 한다. 필터 버블에 갇히지 않기 위해 의도적으로 기존의 관심사에서 벗어난 콘텐츠를 탐색하고, 다양한 플랫폼을 병행하여 사용하는 디지털 루틴을 형성하는 것도 하나의 전략이 될 수 있다. 소비자는 자신의 데이터가 수집 및 활용되는 과정에 대해 질문할 권리가 있으며, 서비스 약관을 무비판적으로 수용하지 않아야 하며, 부적절한 광고나 시스템 오류에 대해 플랫폼에 적극적으로 문제 제기를 해야 할 책임이 있다. 이러한 일련의 행동은 소비자가 수동적인 객체가 아니라 디지털 생태계의 능동적 시민이라는 자기 인식에서 출발한다.

2) 숏폼 마케터에게: 신뢰라는 새로운 성과 지표

오늘날 마케터에게 요구되는 전략적 전환은 명확하다. 효율 중심의 전통적 패러다임에서 벗어나 신뢰를 중심에 둔 관계 구축 전략으로 이동해야 한다. 데이터 기반의 초개인화 타깃팅은 마케팅의 효율성을 높였지만, 그것이 장기적 신뢰와 충성으로 이어지지 않는다면 그 효과는 일시적일 수밖에 없다. 이 장에서 제안된 바와 같이, 투명성은 더 이상 규제 대응을 위한 방어적 선택이 아니라 브랜드의 진정성을 드러내는 강력한 자산이다. '강력한 투명성'을 실천하며, 데이터 수집과 활용에 대한 모든 과정을 숨김없이 공유하고, 제품의 한계조차 솔직하게 드러내는 브랜드는 소비자에게 신뢰를 획득한다.

특히 알고리즘 리터러시가 높은 소비자일수록 투명성 노력을 더 높은 가치로 인식한다는 연구 결과는 마케팅 부서가 교육을 단순한 PR이 아닌 실질적 투자로 간주해야 할 이유를 명확히 보여 준다. 브랜드는 알고리즘 설명 콘텐츠 자체를 마케팅 자산으로 활용할 수 있으며, 고객이 알고리즘 기반 추천의 원리를 이해하고, 이에 대한 피드백을 줄 수 있도록 쌍방향 소통 채널을 마련해야 한다. 생성형 AI의 활용이 본격화되는 지금 초개인화의 유혹에 휘둘러서 윤리적 기준을 외면한다면 브랜드는 오히려 그 정체성을 잃게 될 것이다. 따라서 윤리적 AI 운영 가이드라인을 수립하고, 이를 위기관리 차원이 아닌 차별화 전략으로 통합해야 하며, 규제가 시작되기 전에 선제적으로 대응함으로써 책임 있는 브랜드로서의 입지를 강화해야 한다.

3) 플랫폼에게: 생태계 관리자로서의 책임

플랫폼은 광고를 단순히 중개하는 기술 기업을 넘어 디지털 정보 생태계를 형성하고 운영하는 '사회적 인프라'의 위치에 있다. 그만큼 공공성과 책임감이 요청된다. 현재 다수의 플랫폼에서 제공하는 투명성 도구들은 실질적 정보제공보다는 형식적 절차에 그치는 경우가 많다. 예컨대, '회원님의 활동을 기반으로 한 추천'이라는 설명은 사용자가 자신의 데이터가 어떻게 활용되고 있는지를 이해하기에는 지나치게 추상적이다. 플랫폼은 이와 같은 '투명성 워싱'을 멈추고, 사용자에게 구체적이고 이해 가능한 정보를 제공해야 한다. 또한 '관심 없음'과 같은 피드백이 실제로 알고리즘에 반영되도록 시스템을 설계하고, 이러한 기능들이 사용자 인터페이스 내에서 쉽게 접근 가능하도록 구조화해야 한다.

알고리즘 리터러시 격차는 단순히 개인의 책임으로 돌릴 수 없다. 이는 플랫폼의 사회적 책무이며, 동시에 자신들이 구축한 투명성 시스템의 효과를 극대화하기 위한 핵심 조건이다. 사용자와 광고 간에 상호작용이 발생하는 그 순간에 자연스럽게 학습이 일어날 수 있도록 맥락 중심의 마이크로 러닝 시스템을 설계하고, 다양한 이해 수준의 사용자를 고려한 설명 도구를 제공해야 한다. 나아가 허위·과장 광고나 정서적으로 해로운 콘텐츠의 확산을 방지하고, 사용자에게 실질적 가치를 전달하는 광고가 더 높은 가시성을 얻도록 알고리즘을 개선해야 한다. 단기 수익과 장기 신뢰 사이에서 균형을 모색하는 이 전략은 플랫폼의 생존과도 직결될 것이다.

4) 마치며: 블랙박스에서 투명한 파트너십으로

"내 피드에 뜬 이 숏폼 광고, 대체 왜 보이는 걸까?"라는 질문으로 시작된 이 여정은 알고리즘이라는 블랙박스를 이해 가능한 구조로 해석하고, 신뢰 가능한 시스템으로 전환하려는 노력의 기록이다. 미래의 알고리즘은 우리를 은밀히 조종하는 무명의 코드가 아니라 우리가 이해하고 함께 설계해 나갈 수 있는 '투명한 파트너'로 자리매김해야 한다. 진정한 개인화란 사용자의 데이터를 무분별하게 활용해서 영향을 미치는 것이 아니라, 개인의 맥락을 이해하고 그 의도를 존중하는 설계에서 출발한다. 그리고 이러한 이해와 존중은 투명성과 신뢰라는 기술적·윤리적 기반 위에서만 실현될 수 있다. 숏폼 광고의 알고리즘은 지금 이 순간에도 그 전환점 위에 서 있으며, 더 나은 디지털 생태계를 향한 첫걸음은 기술의 진화가 아닌 이를 대하는 우리 모두의 책임 있는 참여에서 비롯될 것이다. ▶

참고문헌

Andreou, A., Venkatadri, G., Goga, O., Gummadi, K. P., Loiseau, P., & Mislove, A. (2018). *Investigating ad transparency mechanisms in social media: A case study of Facebook's explanations*. Internet Society. https://www.ndss-symposium.org/ndss2018/ndss-2018-programme/investigating-ad-transparency-mechanisms-social-media-case-study-facebooks-explanations/

Dogruel, L., Masur, P. K., & Joeckel, S. (2022). Development and validation of an algorithm literacy scale for internet users. *Communication Methods and Measures, 16*(2), 115-133.

Google. (2022, October 20). My ad center helps you control the ads you see [Blog post]. Google Technology: Safety & Security. https://blog.google/technology/safety-security/my-ad-center/

Instagram. (2024, November 19). New on Instagram: How to reset your content suggestions [Blog post]. Instagram Newsroom. https://about.instagram.com/blog/announcements/reset-instagram-content-suggestions

Kumar, M., & Kapoor, A. (2024, June 9). Generative AI and personalized video advertisements. *SSRN Electronic Journal, 44*(4), 733-747.

Moon, J. H., Ahn, J., Jung, Y., & Sung, Y. (2025a). Impact of perceived algorithmic explainability, control, and literacy on user evaluations in short-form video platforms. In Proceedings of the 2025 Global Marketing Conference at Hong Kong. Global Alliance of Marketing & Management Associations (GAMMA).

Moon, J. H., Kim, S., Jung, Y., Bang, J., & Sung, Y. (2025b). The effects of explainability and user control on algorithmic transparency: The moderating role of algorithmic literacy. *Cyberpsychology, Behavior, and Social Networking, 28*(7), 497-504.

Oeldorf-Hirsch, A., & Neubaum, G. (2023). What do we know about algorithmic literacy? The status quo and a research agenda for a growing field. *New Media & Society, 27*(2), 681-701.

Ostinelli, M., Bonezzi, A., & Lisjak, M. (2024). Unintended effects of algorithmic transparency: The mere prospect of an explanation can foster the illusion of understanding how an algorithm works. *Journal of*

Consumer Psychology. Advance online publication.

Park, K., & Yoon, H. Y. (2025). AI algorithm transparency, pipelines for trust not prisms: Mitigating general negative attitudes and enhancing trust toward AI. *Humanities and Social Sciences Communications, 12*, 1160.

Perez, S. (2022, September 20). *YouTube's 'dislike' and 'not interested' options don't do much for your recommendations, study says*. TechCrunch. https://techcrunch.com/2022/09/20/youtubes-dislike-and-not-interested-options-dont-do-much-for-your-recommendations-study-says/

Ryan, R. M., & Deci, E. L. (2000). Self-determination theory and the facilitation of intrinsic motivation, social development, and well-being. *American Psychologist, 55*(1), 68-78.

Sethuraman, R. (2019, March 31). Why am I seeing this ad? We have an answer for you [Blog post]. Meta Newsroom. https://about.fb.com/news/2019/03/why-am-i-seeing-this/

TikTok. (2022, December 20). Learn why a video is recommended for you [Blog post]. TikTok Newsroom. https://newsroom.tiktok.com/en-us/learn-why-a-video-is-recommended-for-you

TikTok. (2023, March 16). Introducing a way to refresh your For You feed on TikTok [Blog post]. TikTok Newsroom. https://newsroom.tiktok.com/en-us/introducing-a-way-to-refresh-your-for-you-feed-on-tiktok-us

TikTok. (2024, May 9). Partnering with our industry to advance AI transparency and literacy [Blog post]. TikTok Newsroom. https://newsroom.tiktok.com/en-us/partnering-with-our-industry-to-advance-ai-transparency-sand-literacy

Tyler, T. R., & Lind, E. A. (1992). A relational model of authority in groups. *Advances in Experimental Social Psychology, 25*, 115-191.

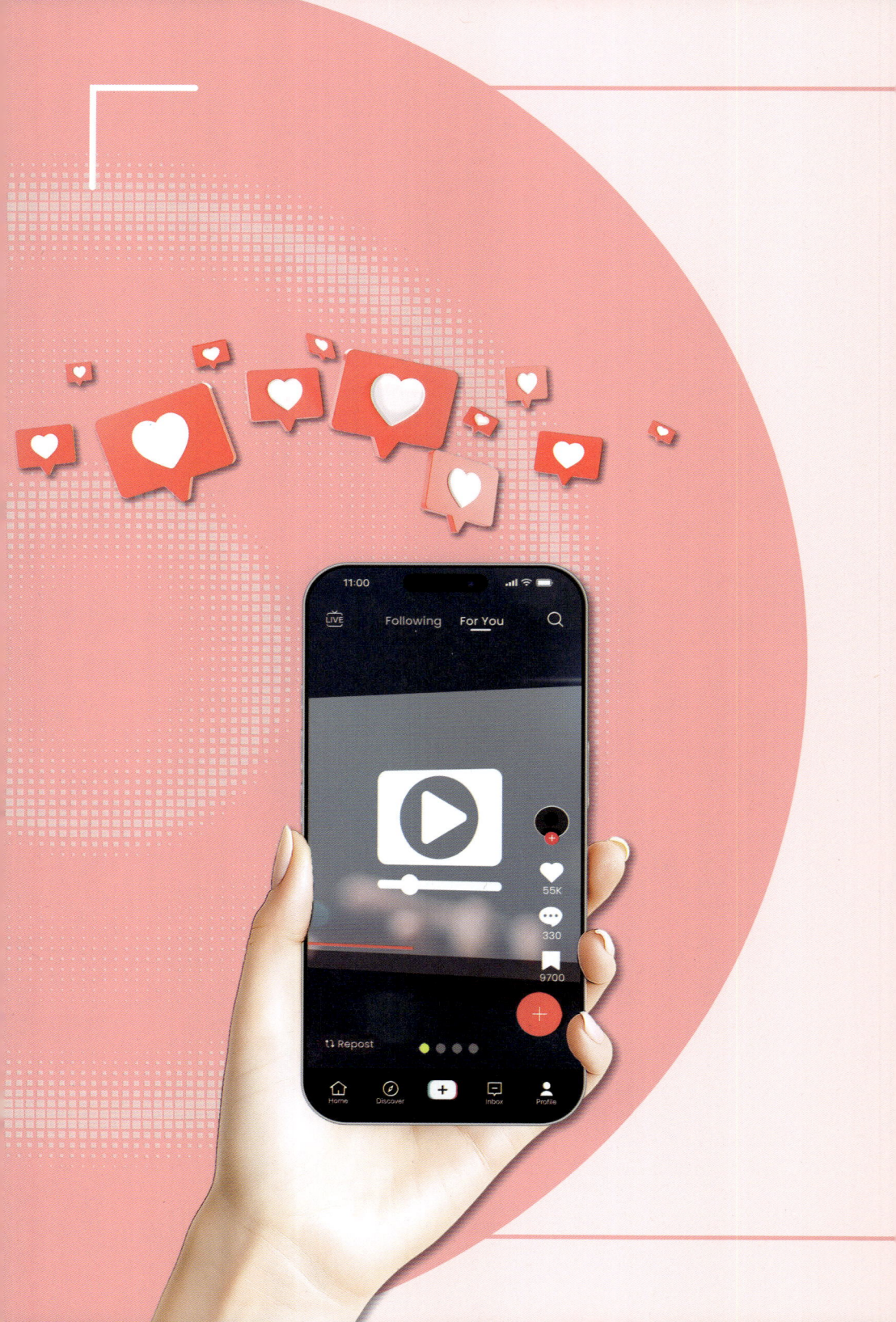

제9장

숏폼 광고의 성과 측정 및 주요 지표

백태현 교수 | 성균관대학교 미디어커뮤니케이션학과

이 장에서는 틱톡, 인스타그램 릴스, 유튜브 쇼츠 등 다양한 숏폼 콘텐츠 플랫폼에서의 차별화된 광고 성과 측정 방법론과 핵심 평가 지표를 체계적으로 분석한다. 기존의 전통적 광고와 달리, 숏폼 광고는 역동적 콘텐츠와 알고리즘 기반 추천 시스템을 통해 전례 없는 몰입도와 바이럴 확산의 잠재력을 보여 준다. 이러한 변화는 광고 성과 측정 방식에도 혁신을 요구하며, 단순한 노출 중심에서 퍼포먼스 기반의 참여 반응 중심으로 평가 지표의 진화를 촉진한다. 미디어 커뮤니케이션 이론을 기반으로 숏폼 콘텐츠 알고리즘의 작동 원리와 그에 따른 소비자의 인지-정서-행동 반응 패턴을 예측하고, 브랜디드 콘텐츠 광고의 실질적인 비즈니스 성과로 연결되는 핵심 지표들을 심도 있게 탐구한다. 또한 주요 숏폼 플랫폼별로 투자수익률의 비교 분석을 통해 광고 캠페인 목표에 최적화된 플랫폼 선택 전략을 제시하며, 국내외 성공 사례를 통해 실무적 함의를 도출한다.

1. 숏폼 시대의 광고 성과 측정 패러다임의 변화

경영학의 구루(Guru)로 불리는 피터 드러커(Peter Drucker)는 "측정되는 것은 개선된다(What's measured improves)"라는 말을 통해 성과는 측정하고 관리할 때 개선될 수 있음을 강조했다. 그러나 그는 단순히 수치를 높이는 것을 목표로 삼아서는 안 된다는 점도 분명히 했다. 그의 저서 『자기경영노트(The Effective Executive)』에서는 "지식근로자의 업무는 육체노동자의 업무처럼 수치로 환산하기 어렵기 때문에 그 성과를 단 한마디로 정의할 수 없다"라고 지적하며, 정량 지표의 한계를 인식하고 인간 중심 경영 철학의 중요성을 역설했다(박찬호, 2025 재인용).

이러한 통찰은 오늘날 디지털 광고 환경, 특히 숏폼 광고의 맥락에서 더욱 큰 시사점을 제공한다. 단순히 노출이나 조회 수만으로는 광고 성과를 충분히 판단하기 어려운 상황에서 평균 시청 시간, 영상 완주율, 클릭 수 및 전환율 등의 다양한 정량 지표를 활용하되, 이는 궁극적으로 소비자의 경험을 개선하는 방향으로 해석되어야 한다. 특히 '측정-해석-개선'이라는 전략적 순환 과정은 콘텐츠 기획부터 운영, 성과 평가에 이르기까지 실질적인 의사결정을 가능하게 하며, 숏폼 광고효과의 질적 향상뿐 아니라 사람 중심의 커뮤니케이션 전략을 구축하는 데 핵심 기반을 제공한다.

오늘날 틱톡, 인스타그램 릴스, 유튜브 쇼츠와 같은 플랫폼들은 전 세계 수십억 명의 사용자들을 일상 속으로 끌어들이는 데 성공했다. 이들 사용자의 스크롤과 터치 하나하나는 브랜드의 성패를 결정짓는 상황이다. 이러한 변화는 단순히 플랫폼의 확산을 넘어서는 의미를 가진다. 소비자들의 콘텐츠 소비 패턴이 근본적으로 바뀌었으며, 이에 따라 브랜드들의 커뮤니케이션 캠페인 성과 측정 방식도 전면적인 재검토가 필요한 시점에 이르렀다.

각 숏폼의 플랫폼은 고유한 특성을 보인다. 틱톡의 'For You' 알고리즘이 개인화된 추천으로 사용자의 체류 시간을 극대화하는 동안, 인스타그램 릴스는 기존의 팔로잉 네트워크와 비주얼 중심의 감성적 연결을 강조하면서 차별성을 부각한다. 유튜브 쇼츠는 플랫폼에 축적된 크리에이터의 자산과 검색 기반의 노출 방식을 결합해서 독특한 유통 구조를 만들어 냈다. 이처럼 각 플랫폼은 유사한 짧은 형식을 공유하지만, 추천 로직과 소비자의 참여 방식, 확산성에서 뚜렷한 차이를 보인다. 따라서 통합적인 성과 측정 체계 구축이 더욱 복잡하면서도 중요한 과제가 되었다.

이러한 플랫폼별 특성 차이는 광고 성과를 바라보는 관점에 전례 없는 혁신을 불러왔다. 전통적 광고에서는 단순 노출과 도달률이 핵심 지표였지만, 숏폼 시대의 광고는 몇 초 만에 이루어지는 '참여'와 '공유'가 진정한 가치를 결정한다. 좋아요, 댓글, 저장, 챌린지 참여 같은 즉각적 반응이 곧 브랜드 자산과 전환의 예측 지표로 기능하며, 완주율과 바이럴 지표는 투자대비수익률(Return on Investment) 산출의 중심에 자리 잡았다. 이는 과거의 길고 설명적인 광고 방식에서 벗어나 짧은 시간 안에 강력한 임팩트를 만들어 내는 새로운 접근법이 필요함을 의미한다.

이러한 환경에서 광고대행사 및 디지털 마케팅 실무진들은 숏폼 광고의 특성을 이해하고, 효과적인 성과 측정 체계를 구축하는 것이 중요하다. 측정을 통한 개선이라는 핵심 원칙을 바탕으로 플랫폼별 특성을 반영한 데이터 기반의 숏폼 광고의 성과 측정 전략을 수립해야 하는 것이다.

2. 숏폼 광고 플랫폼의 알고리즘에 대한 소비자 반응 메커니즘

소셜미디어 플랫폼 알고리즘이 만들어 내는 숏폼 콘텐츠는 단순한 노출을 넘어 소비자의 인지적 처리, 감정적 반응, 행동 유발에 이르는 복합적인 과정을 촉발한다. 제한된 인지 용량 모델(Limited Capacity Model: LCM)'(Lang, 2000)에 따르면, 인간의 주의력과 정보 처리 능력은 근본적으로 제한되어 있으며, 숏폼 광고는 강렬한 시각·청각 자극으로 이 용량을 선점한다. 화려한 비주얼과 음악적 후킹, 빠른 편집은 즉각적인 주의를 끌어당기고, 익숙한 밈이나 감정적 메시지는 인지적 자원을 집중시켜 광고에 대한 태도 형성을 유도한다. 결과적으로 몇 초 만에 인지, 태도, 행동 의도가 압축적으로 만들어지는 설득 과정이 일어난다.

숏폼 광고의 강점은 단순한 정보 전달을 넘어 감정적 몰입과 공감을 유도한다는 점에 있다. 음악, 유머, 예기치 못한 반전 같은 긍정적 감정 자극은 사용자의 호감을 높인다. 인플루언서의 진솔한 추천과 공감대 형성을 돕는 일상의 이야기, 밈적 유희는 '나와 비슷하다'는 친밀감을 만들어 낸다. 해시태그 챌린지, 듀엣 기능, 투표형 스토리텔링과 같은 참여 유도 요소는 사용자가 광고에 능동적으로 개입하게 하고, 이러한 참여는 곧 브랜드 기억과 행동으로 연결된다.

멍 등(Meng et al., 2024)의 연구에서는 틱톡 플랫폼에서 숏폼 광고의 콘텐츠 특성이 구매 행동에 어떤 영향을 미치는지 실증적으로 검증했다. 연구진은 근거 이론을 바탕으로 신뢰성, 전문성, 매력, 진정성, 브랜드 유산이라는 다섯 가지의 핵심 콘텐츠 특성을 도출했다. 이후 틱톡에서 1년간 게시된 2,578개의 영상을 분석한 결과, 신뢰성과 전문성, 매력이 높을수록 소비자의 구매 행동에 일관되게 긍정적인 영향을 미치는 것으로 나타났다. 반면, 진정성과 브랜드 유산은 단순히 긍정적이거나 부정적인 선형적 관계가 아니었으며, 일정 수준까지는 구매 의사를 억제하지만 임계점을 넘으면 오히려 구매를 촉진하는 U자형 효과가 관찰됐다. 이는 과도하게 솔직하거나 스토리텔링이 강조되면 상업적 광고보다는 개인적 콘텐츠로 인식될 수 있음을 시사한다. 이 연구는 숏폼 광고가 단순히 감각적 자극이 아니라 신뢰와 친밀감의 균형에 의해 소비자의 반응이 결정된다는 점을 보여 준다. 따라서 광고 설계에서 이러한 요소를 적절히 조율하는 전략이 필요하다.

인 등(Yin et al., 2024)은 숏폼 플랫폼에서 광고 임베딩(ad embedding)[01]이 소비자의 구매 의사결정에 미치는 영향을 분석했다. 연구 결과 광고는 몇 초 안에 주의를 사로잡고 제품의 유용성을 인

---

[01] 광고 임베딩이란 광고 콘텐츠를 시청자에게 자연스럽게 노출시키는 방식으로, 플랫폼 내에 콘텐츠(예: 숏폼 영상)와 광고를 이질감 없이 통합하여 배치하는 것을 말한다.

식시키는 것이 핵심이며, 주의력과 제품과의 관련성이 구매 의도에 가장 큰 영향을 미치는 것으로 나타났다. 플랫폼의 사회적 상호작용, 엔터테인먼트 콘텐츠, 몰입형 시각 경험은 소비자의 방어적 태도를 줄이고 광고에 머무르는 시간을 연장했다. 특히 추천 알고리즘은 직접적으로 주의를 유지시키지는 않았지만, 제품과의 관련성을 높여 간접적으로 주의력을 강화하는 역할을 했다. 흥미로운 점은 브랜드 친숙도가 구매 행동에 미치는 영향이었다. 기존의 전자상거래 환경에서는 브랜드 친숙도가 구매를 촉진하는 요인이었지만, 숏폼 광고에서는 오히려 구매 전환을 약화시키는 것으로 나타났다. 사용자는 잘 알려지지 않은 브랜드에 더 큰 호기심을 느끼며, 즉흥적으로 구매 행동에 나서는 경향을 보였다. 반면에 이미 익숙한 브랜드는 숏폼 플랫폼 내에서 구매하지 않고 기존에 신뢰하는 이커머스 플랫폼에서 구매하는 비율이 높았다. 특히 가격이 높거나 품질의 신뢰가 중요한 카테고리에서 이 경향이 두드러졌다.

    이러한 연구들은 숏폼 광고 성과가 주의력 확보, 제품과의 관련성, 브랜드 친숙도의 역동적 상호작용에 의해 결정된다는 점을 보여 준다. 숏폼 캠페인을 기획할 때는 브랜드 인지도가 낮은 제품은 플랫폼 내에 즉시 전환 전략이, 인지도가 높은 제품은 숏폼을 활용한 관심 유도 후에 전통적인 이커머스로 연결하는 전략이 필요하다. 단편적인 주의의 순간을 어떻게 활용하고 소비자의 행동으로 전환할지를 고민하는 것이 숏폼 광고의 핵심 과제가 될 것이다.

3. 유튜브 쇼츠 광고의 성과 측정 지표

유튜브 쇼츠는 세계 최대 동영상 검색 엔진인 유튜브의 데이터 인프라를 기반으로 한다. 쇼츠는 이용자의 검색 히스토리, 구독 채널, 주제 선호도를 반영한 '관심사 큐레이션 모델(interest curation model)'을 통해 숏폼을 추천한다. 틱톡과 릴스가 스크롤과 즉각적 반응 데이터를 중시하는 반면, 유튜브 쇼츠는 상대적으로 '주제 지속성'과 '콘텐츠 카테고리 선호'를 더 강하게 고려한다. 이러한 차별성은 브랜드가 특정 관심사를 가진 커뮤니티에 숏폼 광고를 효율적으로 노출할 수 있는 기회를 제공한다. 특히 구독 기반 연계가 가능하다는 점에서 장기적 브랜딩과 숏폼의 결합에 유리하다.

유튜브 스튜디오는 콘텐츠 크리에이터가 자신의 쇼츠 동영상 성과를 직접 분석할 수 있는 핵심 도구로 기능한다. 유튜브 스튜디오의 '분석' 탭에서 제공되는 주요 지표들은 쇼츠 광고의 효과성을 측정하고 최적화 전략을 수립하는 데 필수적인 기준으로 적용한다.

조회수(views)는 쇼츠 동영상이 시청된 총 횟수를 나타낸다. 쇼츠는 짧은 형식의 특성상 조회수가 빠르게 증가하는 경향을 보이며, 이는 초기 노출 효과를 측정하는 기본 지표로 활용된다. 그러나 조회수만으로는 시청자의 실제 반응이나 몰입도를 파악하기에 한계가 있다.

평균 시청률(average percentage viewed)은 쇼츠 동영상이 평균적으로 몇 퍼센트나 시청되었는지를 나타내는 핵심 지표이다. 쇼츠는 짧은 길이의 특성상 높은 평균 시청률(80% 이상)을 기록하는 것이 중요하며, 이는 시청자가 동영상에 얼마나 몰입했는지를 직접적으로 보여 준다. 평균 시청률이 높을수록 콘텐츠의 완성도와 시청자의 관심도가 높다고 해석할 수 있다.

좋아요(Likes)는 동영상에 대한 시청자의 긍정적 반응을 나타내는 직접적인 지표이다. 단순히 시청을 넘어 능동적인 참여 의사를 보여 주는 중요한 측정 기준으로, 브랜드에 대한 호감도와 콘텐츠의 품질을 평가하는 데 활용된다.

유튜브 스튜디오의 동영상 분석(video analytics) 섹션에서 제공하는 세부 지표들은 쇼츠 광고의 성과를 보다 다각적으로 이해하는 데 중요한 역할을 한다. 이들 지표는 도달(reach), 참여(engagement), 시청자(audience)로 구성되는데, 각각 콘텐츠의 노출 범위, 시청자의 반응, 그리고 채널 성장과 관련된 정량적 분석 기반의 인사이트를 제공한다.

표 9-1 유튜브 쇼츠 동영상 분석의 성과 측정 지표

구분	측정 지표	정의 및 해석
도달 (reach)	노출 수 (impressions)	쇼츠가 사용자 피드에 표시된 총 횟수. 콘텐츠의 노출 범위를 나타냄
	노출 클릭률 (click-through rate)	노출된 콘텐츠 중 실제로 클릭(또는 스와이프 재생)된 비율. 시각적 흡인력과 초기의 관심도 측정 지표
	순 시청자 수 (unique viewers)	중복을 제거한 고유 시청자 수. 콘텐츠가 도달한 실질적 사용자 수를 보여 줌
참여 (engagement)	시청 시간 (watch time)	누적된 총 시청 시간. 콘텐츠의 소비량을 반영하며, 몰입도의 판단 기준
	평균 시청 지속 시간 (average view duration)	1인당 평균 시청 시간. 짧은 쇼츠의 경우 시청 완료율을 간접적으로 보여 주는 지표

구분	측정 지표	정의 및 해석
시청자 (audience)	순 시청자 수 (unique viewers)	도달 항목과 동일하게 고유한 시청자 수를 나타냄
	구독자 (subscribers)	해당 콘텐츠로 인해 유입되거나 이탈한 구독자 수. 쇼츠가 채널 성장에 미친 영향을 보여 줌

출처: About YouTube ads and view metrics.

이러한 세부 지표들은 조회 수나 좋아요와 같은 단편적 수치로는 파악하기 어려운 콘텐츠의 실질적 성과와 사용자 반응을 정밀하게 분석하는 데 기여한다. 따라서 효과적인 쇼츠 광고 전략 수립을 위해서는 이들 지표를 종합적이고 맥락적으로 해석하는 접근이 요구된다.

1) 실무적 활용 예시: 쇼츠 광고 성과 데이터 해석

필자는 2025년 7월 29일, 'Hong Kong Day & Night View'라는 제목의 16초짜리 쇼츠 콘텐츠를 유튜브에 게시했다. 해당 콘텐츠는 여행/관광 분야 브랜디드 숏폼 영상의 특성과 성과 지표를 확인하기 위한 목적으로 제작되었으며, 유튜브 스튜디오 동영상 분석 데이터는 다음과 같은 주요 인사이트를 제공한다.

이 콘텐츠는 유튜브 알고리즘을 통해 노출된 후, 이틀 만에 총 214회의 조회수를 기록했다. 짧은 시간 내에 비교적 빠른 노출 효과를 보인 셈이다.

흥미로운 점은 이 조회 수 중 약 96.7%가 쇼츠 피드(Shorts feed)를 통해 유입되었다는 사실이다. 이는 사용자가 특정 검색어를 입

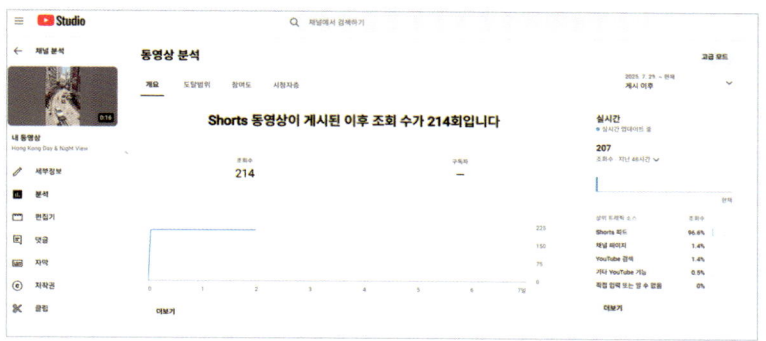

[그림 9-1] 유튜브 쇼츠 동영상 조회 수 및 유입 경로 분석

력하거나 채널을 방문해서 시청한 것이 아니라 유튜브 알고리즘이 피드에 노출시킨 결과임을 의미한다. 다시 말해, 사용자의 '관심 기반 추천 알고리즘'에 의해 확산되었고, 콘텐츠 자체의 시각적 매력이나 썸네일 등이 초기 주목도를 끌어낸 것으로 볼 수 있다.

하지만 평균 시청 지속 시간은 51초로, 이는 16초짜리 영상이라는 점을 감안하면 세 번 이상 반복 시청한 사용자도 있었다는 의미일 수 있다. 그러나 이탈률은 85%에 달하고, 영상을 끝까지 시청한 비율은 15%에 불과했다. 이는 영상이 처음에는 흥미를 끌 수 있지만, 시청자 대부분이 중간에 이탈했음을 보여 준다. 시각적으로는 매력적이었지만, 더 깊이 있는 메시지나 이야기 전개가 부족했을 가능성이 크다.

참여 지표에서도 비슷한 양상이 나타났다. 좋아요는 단 한 건에 그쳤고, 구독자 전환은 발생하지 않았다. 즉, 영상 자체는 피드 기반 노출로 주목은 받았지만, 시청자의 감정적 공감이나 브랜드와의 관계 형성으로 이어지지는 않았다는 점에서 한계가 있었다. 브랜드

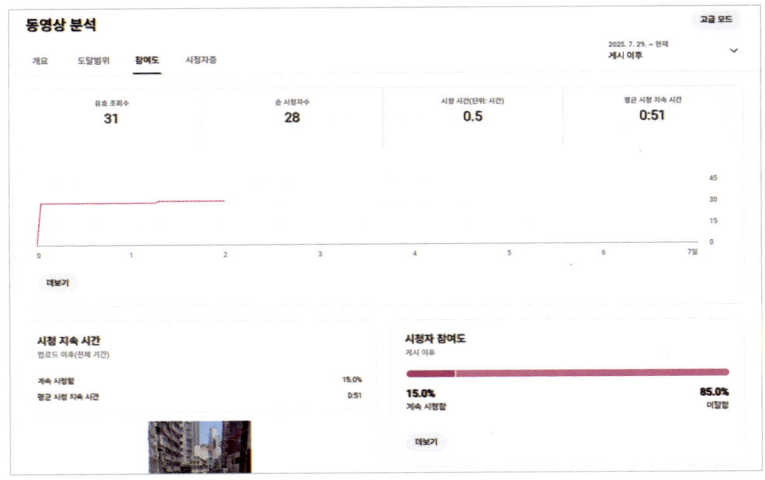

[그림 9-2] 유튜브 쇼츠 동영상 시청자 참여도 분석

입장에서 본다면, 이는 '일회성 주목은 가능하지만, 지속적 연결은 어렵다'는 경고 신호일 수 있다.

이 사례는 유튜브 쇼츠의 특성과 실무 적용 시 주의할 점을 잘 보여 준다. 짧은 시간 내에 높은 조회 수를 기록했다는 점만 보면 성공처럼 보일 수 있지만, 구독자 전환이나 참여 지표가 뒤따르지 않으면 마케팅 성과로 이어지기 어렵다. 특히 관광 콘텐츠처럼 이미지와 분위기에 의존하는 콘텐츠는 초기에 주목을 끌기에는 좋지만, 스토리텔링, 메시지 전달, 행동 유도 같은 전략적 요소가 없다면 브랜드 구축 효과는 제한적이다.

4. 인스타그램 릴스 광고의 성과 측정 지표

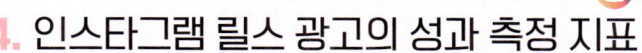

　인스타그램 릴스는 짧은 영상(최대 90초)을 기반으로 한 콘텐츠 포맷으로, 브랜드가 소비자에게 빠르게 주목을 끌 수 있는 숏폼 광고 전략의 핵심 채널로 자리 잡고 있다. 특히 릴스는 피드뿐 아니라 '탐색' 및 '릴스 탭'을 통해 자연스럽게 확산되면서 팔로워뿐 아니라 비팔로워 대상으로의 도달이 용이하다는 점에서 바이럴 효과를 기대할 수 있다.

　틱톡이 오로지 개인화 추천에 방점을 두었다면, 릴스는 네트워크 연결성과 트렌드 확산의 균형을 지향한다. 즉, 친구나 팔로워가 반응한 콘텐츠가 우선 노출되고, 이후 사용자의 선호도를 반영해 점진적으로 취향 기반 추천이 강화된다. 이 연결 중심 로직은 브랜드가 이미 팔로워 기반을 보유하고 있을 경우에 강력한 도달력을 발휘한다. 또한 인스타그램 특유의 감성적 비주얼과 해시태그 문화가 결합해 숏폼 광고를 더 '일상적'이고 '공감 가는' 콘텐츠로 포지셔닝할 수 있게 한다. 광고주나 콘텐츠 제작자는 인스타그램 비즈니스 계정 혹은 크리에이터 계정을 통해 릴스에 대한 인사이트를 확인할 수 있으며, 이를 통해 캠페인의 효과를 측정하고 최적화 전략을 수립할 수 있다. 인스타그램은 릴스 성과 분석을 위한 다양한 인사이트 항목을 제공한다.

표 9-2 인스타그램 릴스에 대한 인사이트의 성과 측정 지표

측정지표	정의 및 해석
조회 수(views)	릴스가 처음 재생되거나 다시 재생된 횟수. 콘텐츠가 얼마나 시선을 끌었는지 파악 가능
시청 시간(watch time)	릴스가 실제로 재생된 총 누적 시간(반복 시청 포함)
도달한 계정 (accounts reached)	릴스를 화면에서 한 번이라도 본 고유 계정 수(중복된 시청 제외)
평균 시청 시간 (average watch time)	시청 시간 ÷ 초기 재생수. 콘텐츠의 몰입도 및 이탈 시점 판단에 유용
팔로우(follows)	해당 릴스를 본 후 계정을 팔로우한 사용자 수
참여(engagements)	콘텐츠에 대한 좋아요, 댓글, 저장, 공유 등 사용자 행동의 총합

출처: View insights on your Instagram reels.

1) 실무적 활용 예시: 릴스 광고 성과 데이터 해석

가상의 커피 브랜드 마케터가 두 가지의 서로 다른 콘텐츠 전략으로 릴스 광고를 집행했다고 가정해 보자. 동일한 예산과 타깃팅 조건에서 진행된 두 캠페인의 성과는 인스타그램 릴스 인사이트에서 확인할 수 있는 주요 지표를 중심으로 다음과 같다.

표 9-3 콘텐츠 유형별 릴스 광고 성과 분석 사례

광고 콘텐츠 유형	조회(팔로워/ 팔로워가 아닌 사람)	시청 시간	반응(좋아요/ 저장/공유/댓글)	팔로우
바리스타 하루 루틴 스토리	8,500회 (25%/75%)	총 12시간 20분	450건 (320/85/25/20)	89명
카페 배경음악	12,800회 (40%/60%)	총 8시간 40분	280건 (220/35/15/10)	32명

바리스타의 하루 루틴 스토리 릴스는 조회 수(8,500회)가 상대적으로 낮았지만 매우 흥미로운 성과를 보였다. 팔로워가 아닌 사람의 비율이 75%로 높게 나타난 것은 새로운 잠재고객에게 효과적으로 도달했음을 의미한다. 시청 시간이 12시간 20분으로 평균 5.2초의 긴 시청 시간을 기록한 것은 바리스타의 일상에 대한 시청자들의 몰입도가 높았음을 보여 준다. 특히 저장(85건)과 공유(25건)가 상대적으로 많은 것은 시청자들이 '진정성 있는 브랜드 스토리'에 공감하면서 '다른 사람에게도 보여 주고 싶다'는 욕구를 느꼈음을 시사한다. 팔로우 전환(89명)이 높은 것은 바리스타의 전문성과 인간적 매력이 브랜드 신뢰로 연결되었음을 의미한다.

반면, 카페 배경음악 릴스는 높은 조회 수(12,800회)를 기록했지만 다른 양상을 보였다. 팔로워 비율이 40%로 높아 기존 팔로워들이 감성적 콘텐츠로 반복 시청했을 가능성이 있다. 총 시청 시간이 8시간 40분으로 평균 2.4초의 짧은 시청 시간을 보인 것은 초기에 청각적 임팩트는 있었지만 지속적 관심을 끌지 못했음을 시사한다. 반응 구성을 보면 좋아요(220건)가 대부분이고, 저장(35건)과 공유

(15건)가 적은 것으로 보아 단순히 '좋은 분위기' 반응에 그쳤을 가능성이 높다.

이러한 데이터를 더 깊이 분석해 보면 여러 중요한 인사이트를 도출할 수 있다. 조회 구성비 측면에서 바리스타 루틴 영상의 팔로워가 아닌 사람(75%)의 비율은 브랜드 인지도 확산 효과가 컸음을 보여 준다. 반면, 카페 배경음악 영상의 팔로워(40%) 비율은 기존 고객층의 브랜드 친밀감 강화에 그쳤을 가능성을 시사한다.

반응 유형별로 살펴보면 저장과 공유는 단순히 좋아요보다 더 깊은 관심과 의도를 나타낸다. 바리스타 루틴 영상의 저장 비율(10%)이 카페 배경음악 영상(2.7%)보다 높은 것은 '사람 중심의 스토리텔링'이 실용적 가치로 인정되었음을 의미한다. 팔로우 전환율에서도 조회 수 대비 팔로우 전환율이 바리스타 루틴(1.0%)이 카페 배경음악(0.25%)보다 4배 높아 인간적 매력과 전문성을 결합한 콘텐츠의 브랜드 자산 구축 효과가 월등함을 확인할 수 있다.

이러한 분석을 통해 커피 브랜드 릴스 광고에서는 사람 중심의 스토리텔링을 통한 브랜드 인격화가 감성적 어필 중심의 콘텐츠보다 신규 고객 유치와 장기적 브랜드 관계 구축에 더 효과적임을 확인할 수 있다. 특히 팔로워가 아닌 사람의 도달률과 저장/공유 비율, 팔로우 전환율을 통해 실질적 비즈니스 성과를 측정할 수 있다는 점이 중요하다. 이는 숏폼 광고에서 단순히 노출이나 조회 수보다는 참여의 질과 깊이가 더 중요한 성과 지표가 될 수 있음을 시사한다.

5. 틱톡 광고의 성과 측정 지표

틱톡은 숏폼 플랫폼 중에서도 가장 진보한 알고리즘 설계를 자랑한다. 핵심은 'For You 피드'라고 불리는 개인화 피드이다. 사용자가 영상을 시청하는 순간부터 인지적·행동적 신호를 수집하는 이 알고리즘은 반복 시청, 중간 이탈, 좋아요, 공유, 댓글 작성 여부 등을 실시간으로 평가하여 즉각 다음 콘텐츠에 반영한다. 이 과정은 '몰입 루프(immersive loop)'라고 불리는 강력한 구조로, 사용자가 의도치 않게 수십 개의 영상을 연속으로 시청하게 만든다. 틱톡의 알고리즘은 소비자가 체류하는 '시간'과 '참여'를 동시에 최대화하는 데 최적화되어 있으며, 광고 또한 이러한 몰입의 흐름 속에 자연스럽게 삽입된다(TikTok, 2020).

틱톡 광고 성과 분석은 광고 관리자(TikTok Ads Manager) 내에서 일자별, 캠페인별, 광고 그룹별로 정밀하게 이루어진다. 기본적인 노출(impressions), 클릭(clicks), 전환(conversions) 외에도 다음과 같은 숏폼 특화 지표가 제공된다.

틱톡 광고의 성과를 정교하게 분석하기 위해서는 단순히 조회수나 클릭 수, '좋아요'의 수치와 같은 성과 측정 지표만으로는 충분하지 않다. 특히 숏폼 콘텐츠의 특성을 고려할 때 시청자의 몰입 수준과 콘텐츠 유지력에 관한 참여 반응에 주목할 필요가 있다.

표 9-4 틱톡 광고 성과 측정 지표

구분	측정 지표	정의 및 해석
핵심 성과 (core performance)	클릭 수 전체(clicks all)	소셜 상호작용을 포함한 총 광고 클릭 수
	빈도(frequency)	사용자 1인당 광고 노출 평균 횟수
	노출(impressions)	광고가 사용자 화면에 표시된 총 횟수
	유료 좋아요(paid likes)	광고가 노출되는 동안 사용자가 남긴 좋아요 수
	도달(reach)	1회 이상 광고를 본 순 사용자의 수
전환 (conversion)	전환(conversions)	광고를 통해 설정한 목표 행동(예: 구매, 앱 설치)이 발생한 횟수
	전환율(conversion rate, clicks)	총 클릭 대비 전환 비율
	실시간 전환율(real-time conversion rate)	실시간 기준 노출 또는 클릭 대비 전환 비율
비용 효율 (cost efficiency)	1,000명 도달당 비용(CPM)	1,000명의 고유 사용자에게 도달하는 데 소요된 평균 비용
	전환당 비용(Cost Per Conversion: CPC)	전환 1건을 유도하는 데 지출한 평균 광고비

출처: About basic metrics and definitions in TikTok Ads Manager.

우선, 평균 시청 시간은 사용자가 해당 영상을 실제로 시청한 평균 시간을 의미하며, 콘텐츠 내 주요 메시지의 전달 시점과 이탈 지점을 판단하는 핵심 기준이 된다. 영상 길이가 짧을수록 시청 시간의 소폭의 차이도 몰입도에 큰 영향을 미치므로 브랜드 메시지의 배치 시점과 형식에 대한 전략적 설계에 실질적 인사이트를 제공한다.

영상 완주율(video completion rate)은 전체 시청자 중 영상을 끝까지 시청한 비율로, 메시지의 전달력과 시청자의 몰입도를 평가하는 데 유용한 지표다. 특히 브랜드 인식이나 정서적 호소가 영상 후반부에 집중되어 있는 경우에 이 지표는 전환 가능성을 가늠하는 핵심 성과 척도가 된다.

아울러 6초 시청률(6s view rate)은 영상 시작 후 6초 동안 이탈 없이 시청한 비율로, 콘텐츠 초반부의 흡인력과 유지력을 측정하는 데 사용된다. 틱톡과 같은 숏폼 플랫폼에서는 초반 몇 초가 시청자의 주목을 결정짓는 핵심 구간이기 때문에 해당 지표는 '훅' 구성의 효과성을 진단하는 대표적인 참여 반응 지표로 간주된다. 썸네일, 오프닝 컷, 사운드 디자인 등 시각적·청각적 요소가 이 지표에 큰 영향을 미친다는 점에서 광고 기획 초기 단계에서부터 전략적으로 고려되어야 한다. 결국 이들 지표는 단순히 노출 횟수를 넘어 사용자의 인지적·정서적·행동적 참여 수준을 반영하는 정성적 성과 지표로서 틱톡 기반 숏폼 광고의 효과성을 총체적으로 평가하는 데 핵심적 역할을 수행한다.

1) 실무적 활용 예시: 틱톡 삼양식품 '불닭' 광고 성과 데이터 해석

삼양식품의 '불닭' 브랜드는 최근 틱톡을 중심으로 전개한 글로벌 숏폼 광고 캠페인을 통해 주목할 만한 성과를 거두었다. 캠페인 이후 '불닭' 공식 틱톡 계정의 팔로워 수는 전년 말 대비 두 배 가까이 증가하면서 100만 명을 돌파했고, 이는 삼성전자(512만 명), 현대자동차(112만 명)에 이어 국내 브랜드 계정 중 상위권에 해당하는 성과로 평가된다(이효석, 2025). 단순히 브랜드 인지도의 제고를 넘어 팬덤 형성과 장기적 관계 구축 측면에서도 틱톡 플랫폼의 전략적 가능성을 잘 보여 주는 사례라고 할 수 있다.

이번 캠페인은 틱톡뿐만 아니라 유튜브와 인스타그램을 포함한 멀티 플랫폼 전략으로 총 14편의 숏폼 콘텐츠를 선보였는데, 전체 누적 조회 수는 1억 회를 초과했다(박수림, 2025). 특히 '불닭소스'를 활용해서 직장, 학교, 연애 등 일상 속 난감한 상황을 탈출하는 방식의 짧은 스토리텔링을 중심으로 구성함으로써 MZ세대의 정서적 공감대를 형성하고, '불닭'을 단순히 식품 브랜드를 넘어 문화적 아이콘으로 포지셔닝하는 데 성공했다.

콘텐츠는 숏폼 포맷의 특성에 맞춰 전략적으로 구성되었다. 영상 초반 6초 이내에 강한 '훅'을 배치하여 시청자의 주목을 유도하고, 평균 시청 시간과 영상 완주율을 극대화하는 방식이 활용되었다. 이는 틱톡의 알고리즘이 사용자 반응 기반으로 콘텐츠를 확산시키는 구조라는 점에서 특히 중요하다. 이러한 맥락에서 6초 시청률, 평균 시청 시간, 완주율은 노출 이상의 정성적 성과를 가늠하는 핵심 지표로 기능한다.

광고 성과는 단순히 조회 수 증가에 그치지 않았다. 콘텐츠에 대한 유료 좋아요, 클릭 수, 팔로우 전환 등 사용자의 적극적인 참여 반응이 활발히 나타났으며, 이는 전환 수와 전환율 측면에서 브랜드와 소비자 간의 실질적인 연결성을 강화했음을 시사한다. 특히 팔로워 수의 급격한 증가는 소비자의 관심이 일회성 시청에 그치지 않고 지속적인 브랜드 관계로 전환되었음을 보여 주는 지표라고 할 수 있다.

6. 숏폼 광고 성과 해석의 전략적 함의

숏폼 콘텐츠의 급속한 확산은 광고 성과 측정 기준을 전면적으로 재편하고 있다. 단순히 노출이나 클릭 횟수를 넘어 평균 시청 시간, 완주율, 6초 시청률과 같은 세분화된 시청 행동 지표들이 효과 판단의 핵심으로 부상했다. 이러한 지표는 시청자의 실제 반응을 기반으로 콘텐츠 설계와 전달 전략을 정밀하게 조정할 수 있게 하며, 브랜드와 소비자 간의 실질적인 관계 형성을 평가하는 기준으로 기능한다. 결국 짧은 시간 안에 몰입과 반응을 이끌어 내는 능력이 중요하며, 이를 어떻게 해석하고 전략화하느냐가 숏폼 기반 광고 성과의 성패를 좌우하게 될 것이다.

참고문헌

박수림(2025. 6. 16.). "매운 맛에 열광한 Z세대" 불닭 틱톡 계정 팔로워 100만 돌파. 한경닷컴. https://www.hankyung.com/article/202506166907g?utm_source=chatgpt.com

박찬호(2025. 7. 1.). 피터 드러커는 정말 '측정할 수 없는 것은 관리할 수 없다'고 말했을까?. 코리아비즈리뷰. https://koreabizreview.com/detail.php?number=6309&thread=11r05

이효석(2025. 6. 16.). '불닭' 틱톡 팔로어 100만명. 매일경제. https://www.mk.co.kr/news/business/11344262?utm_source=chatgpt.com

About basic metrics and definitions in TikTok Ads Manager. https://ads.tiktok.com/help/article/basic-data?lang=en

About YouTube ads and view metrics. https://support.google.com/google-ads/answer/2375431?sjid=15623880757429696659-NC

Lang, A. (2000). The limited capacity model of mediated message processing. *Journal of Communication, 50*(1), 46-70.

Meng, L. M., Kou, S., Duan, S., & Bie, Y. (2024). The impact of content characteristics of short-Form video ads on consumer purchase Behavior: Evidence from TikTok. *Journal of Business Research, 183*, 114874.

TikTok. (2020, June 18). How TikTok recommends videos #ForYou. https://newsroom.tiktok.com/en-us/how-tiktok-recommends-videos-for-you

View insights on your Instagram reels. https://www.facebook.com/help/instagram/202865988324236

Yin, X., Li, J., Si, H., & Wu, P. (2024). Attention marketing in fragmented entertainment: How advertising embedding influences purchase decision in short-form video apps. *Journal of Retailing and Consumer Services, 76*, 103572.

제10장

숏폼의 윤리적 과제 및 지속가능성

엄남현 교수 | 홍익대학교 광고홍보학부

이 장에서는 최근 디지털 콘텐츠 소비의 주요 형태로 자리 잡은 숏폼 콘텐츠가 가져오는 윤리적 문제와 지속가능성에 대해 논의한다. 먼저 숏폼 콘텐츠의 특성인 짧고 자극적인 정보제공으로 인한 사회적 문제, 즉 정보의 단편화와 맥락 상실, 필터 버블 현상으로 인한 사회적 양극화 등을 설명한다. 심리학적 관점에서 숏폼 콘텐츠 소비로 인한 사용자의 집중력 감소와 인지 과부하, 그리고 즉각적인 보상 메커니즘에 따른 자기 통제력 상실과 중독 문제를 제시하고 분석할 것이다. 정치적·사회적 차원에서는 숏폼을 통한 허위 정보 확산, 정치적 선동 문제, 그리고 콘텐츠 제작자와 플랫폼 간의 윤리적 책임의 모호함을 제기하며, 이에 대한 현실적이고 구체적인 해결책을 제시할 것이다. 나아가 윤리적 문제를 완화하기 위한 콘텐츠 제작자 및 플랫폼의 책임 강화와 더불어 소비자 차원의 미디어 리터러시 교육 강화의 필요성을 이야기하고자 한다. 마지막으로, 숏폼 콘텐츠가 장기적으로 사회에 긍정적인 영향을 줄 수 있도록 건강한 숏폼 콘텐츠 생태계 조성 방안과 사용자들이 스스로 소비를 통제하고 관리할 수 있도록 하는 디지털 디톡스 문화 확산을 제안하며, 다양한 이해관계자가 함께 협력하여 지속가능한 숏폼 환경을 구축의 필요성을 강조한다.

1. 숏폼 콘텐츠의 개념과 디지털 미디어 환경의 변화

숏폼 콘텐츠는 보통 15초에서 3분 미만의 짧은 영상으로 구성되며, 빠른 정보 전달과 강렬한 시각적·청각적 자극, 그리고 반복적인 소비를 유도하는 구조를 특징으로 한다. 스마트폰과 모바일 중심의 미디어 환경에 최적화된 이 콘텐츠 유형은 사용자의 짧은 주의 집중 시간과 멀티태스킹 행태를 반영하면서 빠르게 확산되었다(나건웅, 조동현, 2024).

특히 틱톡의 등장은 단순히 플랫폼의 성공을 넘어 디지털 콘텐츠의 제작과 소비 양식 전체를 재정의하는 분기점이 되었다. 틱톡은 사용자의 시청 기록, 관심사, 반응 데이터를 기반으로 한 고도화된 알고리즘을 통해 맞춤형 숏폼 콘텐츠를 연속적으로 제공함으로써 탐색 없이 소비하는 새로운 이용 문법을 만들어 냈다. 이러한 자동 추천 기반 시스템은 사용자의 의도와 무관하게 콘텐츠를 지속적으로 노출시킴으로써 몰입과 반복 시청을 유도하며, 동시에 사용자의 경험을 점점 더 짧고 즉각적인 자극 중심으로 재편하고 있다.

틱톡의 성공 이후, 유튜브는 쇼츠, 인스타그램은 릴스, 페이스북은 스토리, 그리고 심지어 OTT 플랫폼들까지도 숏폼 콘텐츠 제작에 본격적으로 뛰어들면서 디지털 미디어 전반의 전략이 숏폼 중심으로 재편되는 흐름이 가속화되고 있다(윤이상, 2023). 이러한 변화는 단순히 콘텐츠의 길이만을 줄이는 것이 아니라 사용자와 콘텐츠 간의 관계 자체를 전환시켰다. 예컨대, 과거의 미디어 소비가 수동적 시청을 기반으로 했다면, 숏폼은 사용자가 끊임없이 손가락을 움직여 '다음 콘텐츠'를 호출하는 능동적이고 중독성 있는 소비 행태로 진화했다.

이러한 미디어 환경의 변화는 소비자의 인식에도 뚜렷한 변화를 불러일으켰다. 긴 텍스트나 장편 영상 중심의 콘텐츠는 집중력과 인내를 요구하는 반면, 숏폼 콘텐츠는 짧은 시간 내에 자극적 만족을 주기 때문에 사용자 입장에서 더 '가볍고 빠른 선택'으로 인식된다. 특히 대학생을 비롯한 MZ세대는 '틈새 시간 활용' '몰입 없는 스트레스 해소' '빠른 정보 섭취'라는 니즈에 숏폼 콘텐츠가 잘 부합하기 때문에 학업과 일상 사이에서 자주 소비되는 일상 콘텐츠로 자리매김하고 있다(정은이, 2020).

숏폼 콘텐츠는 단순히 오락에 그치지 않고 뉴스, 교육, 자기계발, 사회적 메시지 전달 등 다양한 영역으로 그 활용 폭을 넓히고 있다. 글로벌 리서치 기관 스태티스타(Statista, 2023)에 따르면, 틱톡의 평균 이용 시간은 유튜브를 넘어섰고, 사용자들은 쇼핑, 뉴스 요약, 이슈 브리핑, 브랜드 소개 등에서도 숏폼 콘텐츠를 선호하는 경향을 보였다. 이는 숏폼 콘텐츠가 단편적 정보의 빠른 소비와 감정적 반응의 유도에 최적화된 포맷임을 시사한다.

이와 같은 숏폼 콘텐츠의 생태학적 확산은 미디어 산업 구조에도 영향을 주고 있다. 플랫폼 기업들은 숏폼을 중심으로 수익화 전략을 전환하고 있으며, 인플루언서나 크리에이터 역시 기존의 브이로그나 장편 콘텐츠 대신에 숏폼 기반의 콘텐츠를 우선 제작하고 있다. 이처럼 숏폼은 콘텐츠 생산 주기, 제작 비용, 유통 구조를 전반적으로 간소화함으로써 플랫폼 주도형의 미디어 생태계를 강화시

	인스타그램 릴스	유튜브 쇼츠	틱톡
1회 시청 시 콘텐츠 개수 [1회 평균/개]	10.6개	11.0개	15.4개
시청 숏폼 콘텐츠 길이 [1회 시청/초]	33초	41초	61초
주로 보는 주제/카테고리 Top 5 [순위형 응답 (1~5순위), %]	Tier1 유머/개그 49.8% Tier2 맛집/음식 29.6% Tier2 예능 29.2% Tier2 챌린지 26.8% Tier2 반려동물 26.5%	Tier1 유머/개그 48.2% Tier2 예능 39.1% Tier3 반려동물 27.0% Tier3 맛집/음식 23.5% Tier3 유명인 일상 22.1%	Tier1 유머/개그 45.3% Tier2 챌린지 37.3% Tier2 예능 31.3% Tier3 맛집/음식 27.0% Tier3 일상/Vlog 26.5%

[그림 10-1] 숏폼 채널 이용 행태 비교

출처: 임성호(2023).

키고 있다.

　한편, 숏폼 콘텐츠의 확산은 윤리적·교육적·사회적 문제를 동반하기도 한다. 콘텐츠의 짧은 길이는 메시지의 깊이와 맥락을 희생할 가능성이 있으며, 가짜 뉴스, 왜곡된 정보, 혐오 표현 등도 짧은 형식 안에 쉽게 편집되어 확산될 수 있다. 또한 플랫폼 알고리즘은 이용자의 기존 성향을 강화하는 필터 버블 현상을 심화시켜서 비판적 사고의 약화와 감정적 편향을 유도할 수 있다는 우려도 존재한다(Martin, 2019). 결국 숏폼 콘텐츠는 '디지털 시대의 새로운 언어'이자 우리가 마주해야 할 미디어 윤리의 시험대가 되고 있다. 그 파급력과 편리함만큼이나 그로 인해 생겨 나는 중독성, 피상성, 사회적 단절 가능성에 대한 깊은 이해와 대응이 필요하다.

2. MZ세대의 미디어 소비 특성과 숏폼 콘텐츠의 수용

　MZ세대는 1980년대 초반부터 2010년대 초반 사이에 태어난 밀레니얼세대(Millennials)와 Z세대(Generation Z)를 통칭하는 개념으로, 디지털 기술 환경에서 자라난 '디지털 네이티브(Digital Native)'로 불린다. 이들은 유년기 혹은 청소년기에 인터넷, 스마트폰, 소셜 미디어의 등장을 자연스럽게 경험한 세대로서 높은 정보 접근성, 빠른 기술 습득력, 능동적 미디어 활용 태도를 보이는 특징이 있다(김소연 외, 2022). 이러한 특성은 이들이 어떤 방식으로 숏폼 콘텐츠를 수용하고 소비하는지를 이해하는 데 중요한 기반이 된다.

　MZ세대의 미디어 소비는 빠른 속도, 즉각적인 피드백, 강렬한 감각 자극이라는 요소에 민감하게 반응한다. 숏폼 콘텐츠는 이와 같은 성향을 정밀하게 겨냥한 포맷으로, 짧은 시간 안에 강한 자극과 정보 밀도를 제공하여 이들의 감정과 흥미를 빠르게 사로잡는다. 실제로 정은이(2020)의 연구에서는 Z세대 대학생 16명을 대상으로 한 심층 인터뷰에서 숏폼 콘텐츠가 '이동성' '놀이 및 힐링' '소통' '몰입'을 가능하게 하는 콘텐츠 유형으로 받아들이고 있음을 확인하였다.

　특히 MZ세대는 정서적 스트레스 해소, 지루함 완화, 현실 회피와 같은 내적 동기에서 숏폼 콘텐츠를 소비하며, 학업 중 짧은 휴식 시간이나 잠들기 전의 틈새 시간에 숏폼을 반복 시청하는 경향이 강하게 나타난다. 이들은 단순히 영상을 '보는 것'을 넘어서 숏폼 콘텐츠를 통해 자신의 취향과 감정을 표출하고, 또래 집단과 소통하는 수단으로 적극 활용하고 있다.

또한 이들은 '미닝아웃(Meaning Out)'과 '가치 소비(Value Consumption)'와 같은 소비 성향을 통해 자신이 지지하는 사회적 가치를 미디어를 통해 표현하려는 경향이 강하다. 예컨대, 숏폼 콘텐츠를 통해 환경 보호, 젠더 평등, 정신 건강, 정치 참여와 같은 사회적 메시지를 효과적으로 전달하고, 이를 통해 비슷한 관심사를 가진 이들과 연결되기를 원한다(이경은, 장동련, 2021). 이는 숏폼 콘텐츠가 단순히 오락 도구를 넘어서 사회적 연대와 디지털 커뮤니케이션의 매개체로 기능하고 있음을 시사한다.

또한 MZ세대는 소비자를 넘어서 콘텐츠 생산자이자 배급자로서의 역할도 적극 수행하고 있다. '프로슈머(prosumer)'로서 이들은 댄스 챌린지, 브이로그, 인터뷰 클립, 짧은 다큐멘터리 등 다양한 형식의 숏폼 콘텐츠를 직접 제작하고 공유한다. 이들의 콘텐츠는 유행을 선도하거나 또래와의 소속감을 강화하는 도구가 되며, 동시에 개인 브랜딩의 수단으로도 활용된다(이정기, 최진호, 2025). 이렇게 생성된 콘텐츠는 알고리즘을 통해 다시 폭넓은 확산력을 가지게 되고, 이는 MZ세대가 숏폼 플랫폼상에서 사회적 영향력 행사자로 성장할 수 있는 기반을 마련한다.

최근에는 Z세대를 넘어 알파세대(Generation Alpha, 2010년 이후 출생)까지 숏폼 콘텐츠에 익숙해지면서 이들을 통합하는 개념으로

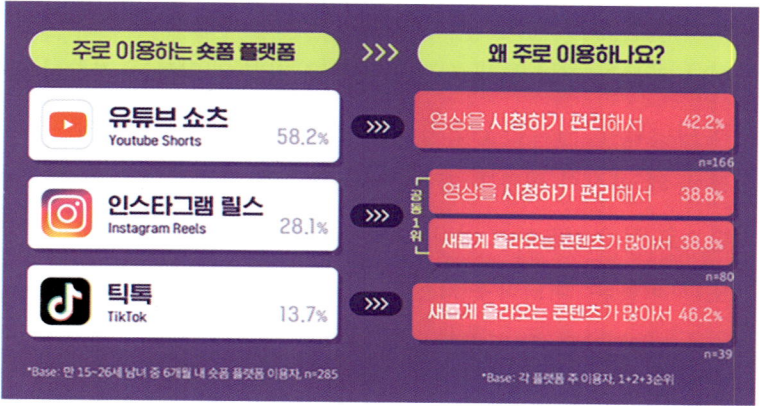

[그림 10-2] MZ세대 숏폼 콘텐츠 시청 플랫폼 및 사용 이유

출처: 대학내일20대연구소(2022).

'잘파세대(Zalpha Generation)'라는 용어가 등장하기도 했다(조주홍, 2023). 잘파세대는 단지 숏폼 콘텐츠를 소비하는 데 그치지 않고, 이를 정보 탐색, 쇼핑, 취향 공유, 정체성 표현의 도구로 적극 활용하고 있다. 이에 따라 디지털 커머스, 광고, 여론 형성의 구조 역시 숏폼 중심으로 재편되고 있으며, 블로그나 사진 중심의 전통 SNS, 장편 유튜브 영상 등은 점차 후순위로 밀리고 있다.

이처럼 MZ세대는 숏폼 콘텐츠를 단순히 여가 수단이 아닌 디지털 정체성의 매개체이자 사회적 상호작용의 창구로 활용하고 있으며, 이 과정에서 그들은 숏폼 생태계의 핵심 이용자이자 핵심 동력원이 되고 있다. 그만큼 숏폼 콘텐츠가 이 세대에게 미치는 영향은 크며, 이는 긍정적 가능성과 동시에 윤리적·심리적 위험성 또한 수반하는 영역이기에 더 깊은 이해와 논의가 필요하다.

3. 숏폼 콘텐츠의 중독적 사용과 그 영향

숏폼 콘텐츠는 짧은 길이, 반복 재생, 강렬한 자극, 그리고 알고리즘 기반의 추천 구조를 통해 사용자의 몰입을 유도한다. 이러한 몰입은 처음에는 간편한 오락 소비로 시작되지만, 반복적 사용이 지속될 경우에는 심리적·인지적·행동적 차원에서 중독적 양상으로 발전할 수 있다. 특히 자기 조절력이 아직 완전히 성숙되지 않았거나 스트레스에 취약한 대학생 집단에서 숏폼 콘텐츠의 중독 경향은 더욱 두드러지게 나타나고 있다(Chen et al., 2023).

숏폼 콘텐츠는 사용자의 주의 집중 시간을 지속적으로 분할하고 재조정함으로써 주의력 결핍(attention deficit)과 인지 자원 고갈(cognitive depletion)을 초래할 수 있다. 첸 등(Chen et al., 2023)의 연구에 따르면, 숏폼 콘텐츠 중독 수준이 높은 대학생들은 다양한 인지 과제 수행 시 산만함 증가, 반응 속도 지연, 정확도 저하와 같은 인지적 부정 반응을 보이는 경향이 있었다. 이는 플랫폼의 알고리즘이 사용자의 시청 이력과 반응 패턴을 분석하여 더 자극적인 콘텐츠를 지속적으로 제공함으로써 사용자 뇌의 보상회로를 짧고 강한 자극에 익숙하게 조건화하는 구조적 메커니즘과 연관된다.

숏폼 콘텐츠의 중독적 사용은 습관적 반복(consumptive compulsion)의 형태로 정착되기 쉽다. 유희정과 김종남(2024)의 연구에 따르면, 숏폼 콘텐츠는 단순히 재미를 넘어서 기분 전환, 현실 도피, 스트레스 완화 등 정서적 자기 조절의 수단으로 내면화되고 있으며, 이는 반복 시청의 동기를 더 깊이 강화하는 결과를 낳는다. 특

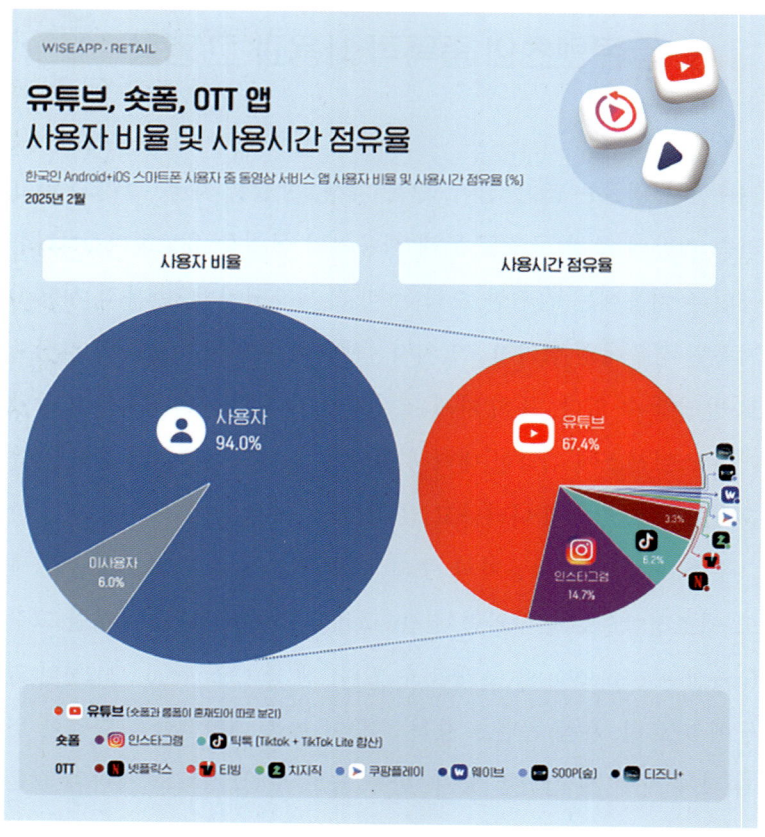

[그림 10-3] 유튜브, 숏폼, OTT 앱 사용자의 비율 및 사용 시간 점유율

출처: 와이즈앱·리테일(2025).

히 이러한 사용 형태는 인지적 자각 없이 형성되기 때문에 사용자 스스로가 중독 상태에 있다는 사실을 뒤늦게 인식하거나 전혀 자각하지 못하는 경우도 많다. 자기 조절 실패는 정서적 후폭풍을 동반한다. 대부분의 인터뷰 참여자는 숏폼 콘텐츠 과다 소비 이후 자기비난, 후회, 무기력감을 반복적으로 경험했다고 답했으며, "한참 보

고 나면 뭔가 쓸모없는 데 시간을 버렸다는 죄책감이 든다" "계획했던 공부나 일정을 다 망쳤다는 느낌 때문에 오히려 더 스트레스를 받는다"라고 토로하였다.

숏폼 콘텐츠의 중독적 사용이 개인의 약한 의지나 나태함 때문이라는 일반적 오해와 달리, 플랫폼의 구조적 설계(structural design) 자체가 중독적 소비를 촉진한다는 점을 간과해서는 안 된다. 틱톡이나 인스타그램의 릴스와 같은 플랫폼은 사용자의 과거 시청 데이터를 학습하여 흥미를 유발할 가능성이 높은 콘텐츠를 자동 재생 방식으로 끊임없이 제공하며, '다음 콘텐츠로의 저항'을 최소화하는 설계를 중심에 두고 있다. 쿠스와 그리피스(Kuss & Griffiths, 2017)는 이를 수동적 소비 구조(passive consumption structure)라고 명명하며, 사용자가 자신의 선택이라고 착각하는 순간에도 실은 알고리즘이 통제하는 환경 내에서 반응하고 있을 가능성이 높다고 지적했다. 다시 말해, 숏폼 콘텐츠의 반복 사용은 개인의 선택이 아닌 기술적 설계의 결과물일 수 있다.

이와 같은 중독적 사용 패턴은 단지 사용자의 여가 시간을 잠식하는 것을 넘어서 심리적 안정성, 학업 수행력, 인간관계, 자기효능감 등 삶의 다층적인 영역에 영향을 미치며, 개인의 일상을 구조적으로 재편하는 결과로 이어진다. 다음 장에서는 이러한 숏폼 콘텐츠 중독이 실제로 학업, 인간관계, 자기 관리 등 어떤 식으로 구체적인 영향을 미치는지를 다룬다.

4. 숏폼 콘텐츠 중독의 사회적 파급효과

숏폼 콘텐츠는 단순히 개인의 오락 활동을 넘어 학업, 자기 관리, 사회적 관계, 심리적 안정성 등 삶의 여러 층위에 영향을 미친다. 특히 이 콘텐츠 형식은 반복성과 자극성을 기반으로 설계되어 있어서 사용자가 의도하지 않은 방식으로 일상의 구조를 해체하고, 더 나아가 사회적 기능 저하를 유발할 수 있다. 숏폼 콘텐츠의 중독적 사용은 결과적으로 디지털 시대의 새로운 생활장애(digital lifestyle disorder)로서 학술적·사회적 조명을 요구하는 현상이 되었다.

숏폼 콘텐츠 중독은 학습자들의 집중력과 시간 관리 능력을 크게 약화시켜 학업 수행력 전반을 저하시키는 주요 요인으로 작용한다. 짧고 강렬한 자극을 반복적으로 제공하는 숏폼 콘텐츠는 뇌의 보상 체계를 과도하게 활성화시켜, 도파민 분비에 의존하는 즉각적 쾌감 추구 성향을 강화한다. 이로 인해 학습자는 긴 호흡이 필요한 독서, 글쓰기, 문제 해결 활동 등 집중과 인내를 요하는 학습 과제에 몰입하기 어려워지고, 과제 수행 시간이 단축되거나 회피되는 경향을 보이게 된다.

또한 숏폼 콘텐츠 소비가 하루의 일정과 생활 리듬을 무너뜨리는 원인이 된다. 시청 시간이 짧다는 특성으로 인해 '잠깐만 본다'는 인식이 강하지만, 연속적 재생과 알고리즘 추천으로 이어지면서 시청 시간이 급격히 늘어나게 된다. 이는 학습 계획의 지연, 과제 마감 미준수, 수면 부족으로 이어져서 학업 성취도에 직접적으로 악영향을 준다. 자기 관리 능력 측면에서도 부정적 결과가 뚜렷하다. 숏폼 중독은 즉각적 자극에 대한 내성을 키워 더 강한 자극을 찾게 만드는 '팝콘 브레인' 현상을 유발하며, 일상 속 단순하고 반복적이거나 성취까지 시간이 필요한 활동을 견디기 어렵게 만든다. 이로 인해 규칙적인 학습 습관 유지, 장기 목표 설정, 자기 조절적 학습 전략 활용이 점차 어렵게 된다. 결과적으로, 학습자들은 학업 성취 저하뿐 아니라 자기 주도적 학습 능력과 일상 관리 역량의 붕괴를 경험하게 된다.

전문가들은 숏폼 콘텐츠 중독이 음란물이나 마약보다 더 높은 중독성을 지닌다고 경고한다(한영주, 2024). 이러한 중독은 단순히 사용 습관의 문제를 넘어 사고 능력 저하와 문해력 감소를 초래하며, 우울증, 불안, ADHD 등 정신 건강 악화로 이어질 가능성도 내포하고 있다. 이러한 증상은 과거 게임 중독에서 관찰된 현상과 유사한 양상을 보인다. 숏폼을 시청할 때 뇌는 강한 자극을 받아 즐거움과 행복감을 유발하는 도파민을 분비하게 된다. 숏폼 콘텐츠는 짧은 시간 안에 시청자의 흥미와 시선을 극대화하는 자극성이 곧 수익과 직결되며, 서비스 간 경쟁이 심화되면서 자극의 빈도와 강도가 점차 심해지고 있다. 이러한 자극은 이용자들을 '도파민 중독' 상태로 몰아넣으면서 숏폼 시청이 뇌에 미치는 영향력을 한층 증폭시키고 있다.

특히 숏폼은 짧은 영상 안에 강렬한 시각적 · 청각적 자극을 집중시켜서 도파민 분비를 촉진한다. 이 과정이 반복적으로 이어지면 도파민 과잉으로 인한 내성 형성(이른바 '팝콘 브레인' 현상)이 발생하여 중독 상태로 이어지며, 집중력 저하, 정서 불안 등 다양한 부작용을 유발할 수 있다. 더 나아가, 폭력적이거나 자극적인 숏폼 영상에 지속적으로 노출될 경우에는 학습 효과를 통해 내적 폭력 수위가 높아지고, 이는 실제로 폭력적 행동이나 범죄로 이어질 가능성도 배제할 수 없다.

숏폼 콘텐츠 중독은 사용자의 현실 도피적 성향(escapism)을 강화시킨다. 정서적으로 불안정한 상태나 스트레스를 경험한 사용자일수록 숏폼 콘텐츠를 감정 완충 장치로 활용하는 경향이 높으며, 이는 반복적으로 강화되어 회피 패턴의 내면화로 이어진다. 이로 인해 사용자들은 문제를 직면하거나 해결하기보다는 '영상 하나만 더 보자'는 식의 회피적 대처 전략에 익숙해지고, 현실의 복잡성과 불편함에 대한 내성이 점차 약화된다. 이러한 현실 회피는 자기 통제력의 약화뿐 아니라, 삶의 전반적 구조를 무너뜨리는 결과로 이어질 수 있다. 예컨대, 정해진 루틴이 사라지고, 계획했던 하루의 구조가 지속적으로 무너지면 사용자는 "나는 왜 이렇게 게으를까?" "왜 아무것도 하지 못하고 시간만 흘렀을까?"라는 자기 비난과 무기력감에 빠지게 된다. 이는 정신 건강에도 직접적인 악영향을 미치며, 장기적으로는 우울증, 자존감 저하, 자아 통합의 실패라는 심각한 정서적 결과로 확산될 수 있다(Kim & Heo, 2023).

숏폼 콘텐츠는 단순히 개인 수준의 문제를 넘어서 사회적·문화적 커뮤니케이션의 방식 자체를 변화시키고 있다. 숏폼은 콘텐츠의 깊이보다 속도와 자극성을 우선시하는 구조이기 때문에 공론장의 질적 하락이나 가짜 뉴스, 혐오 표현, 왜곡된 이슈 소비의 가능성을 높인다. 윤이상(2023)은 숏폼 콘텐츠가 사용자에게 단편적 사고와 감정적 반응을 조장함으로써 민주적 담론 환경을 위협할 수 있다고 경고했다. 특히 교육적 측면에서도 숏폼 콘텐츠에 익숙해진 세대는 긴 호흡의 글쓰기, 분석적 사고, 논리적 글 구성 등에 점점 어려움을 느끼게 되며, 이는 학습 방식 전반의 변화를 요구하는 현실로 이어진다. 교육자나 정책입안자들이 단순히 미디어 콘텐츠 소비를 제한할 것이 아니라 숏폼 콘텐츠의 윤리적 수용 및 생산 방식에 대한 교육적 개입을 적극적으로 고려해야 하는 이유이기도 하다.

요약하자면, 숏폼 콘텐츠의 중독적 사용은 단순히 개별적 문제를 넘어서 학업, 인간관계, 정서적 건강, 그리고 사회적 소통 방식 전반에 복합적이고 누적적인 악영향을 미친다. 이러한 다차원적 파급효과를 고려할 때 숏폼 콘텐츠에 대한 대응은 더 이상 개인의 자제력이나 도덕적 의지에 의존해서는 안 되며, 사회구조적 차원의 진단과 개입, 그리고 교육적·윤리적 차원의 통합 전략이 반드시 요구된다.

5. 숏폼 콘텐츠 이용자의 자기 조절 및 통제 전략

숏폼 콘텐츠의 중독적 소비가 삶의 여러 영역에 부정적 영향을 미치고 있음이 확인되면서 일부 이용자들은 이를 스스로 조절하고자 하는 다양한 시도를 하고 있다. 이들은 앱을 삭제하거나 타이머를 설정하고, 시청 제한 기능을 활용하거나 SNS 추천 알고리즘을 조정하는 등의 방식으로 사용을 통제하려는 전략을 실천하고 있다. 그러나 이러한 자기 조절은 대부분 단기적 효과에 그치며, 장기적인 행동 변화로 이어지는 경우는 드물다(Mahapatra, 2019).

특히 대학생 사용자들은 자신이 숏폼 콘텐츠에 몰입되어 있다는 사실을 자각하면서도 반복적인 자기 조절 시도 후에 다시 원래의 사용 습관으로 회귀하는 순환적 실패 경험을 반복하고 있다. 한 응답자는 앱 삭제 후 수면의 질과 집중력이 개선되었으나, 이내 또래들과의 소통 단절에 대한 심리적 불안감을 느껴 앱을 다시 설치하였다고 보고하였다. 이와 같은 사례는 숏폼 콘텐츠가 단지 오락의 수단을 넘어 사회적 연결감과 정체성 유지의 도구로 작용하고 있다는 점을 시사한다.

이와 같이 숏폼 콘텐츠 중독은 개인의 의지나 인식만으로 해결하기 어려운 구조적 특성을 내포하고 있다. 알고리즘 기반의 자동 추천 시스템은 사용자가 자극적이고 선호하는 콘텐츠에 반복적으로 노출되도록 설계되어 있으며, 플랫폼은 '다음 콘텐츠'로의 진입 장벽을 극도로 낮춘 사용자 경험(UX) 환경을 제공함으로써 사용자로 하여금 무의식적으로 소비 흐름에 빠져들게 만든다(Kuss & Griffiths, 2017). 이러한 환경에서는 개인의 자기 조절 전략이 반복적으로 무력화될 수밖에 없으며, 개인의 통제 실패는 곧 플랫폼 설계에 내재된 중독 유도 구조의 결과라고 볼 수 있다.

요컨대, 숏폼 콘텐츠 이용자들은 다양한 자기 조절 시도에도 불구하고 반복적인 실패와 심리적 부담을 경험하고 있으며, 이는 개인적 차원을 넘어선 구조적 개입의 필요성을 강조한다. 단기적인 앱 사용 제한이나 자제력 교육보다는 플랫폼 기업의 책임 있는 알고리즘 설계, 사용자 중심의 콘텐츠 피드백 시스템, 심리적 회복력 강화 프로그램 등 정책적·제도적 차원의 다중적 대응 전략이 함께 모색되어야 할 시점이다.

6. 중독 대응을 위한 사회적·정책적 논의

숏폼 콘텐츠 중독은 단지 개인의 의지 부족이나 시간 관리 실패로 환원할 수 없는 복합적인 사회 문제로 자리잡고 있다. 앞선 논의에서 살펴보았듯, 숏폼 콘텐츠는 알고리즘 설계와 반복 소비 유도 구조를 통해 사용자의 주의력, 감정, 시간, 사회적 관계에 전방위적으로 영향을 미친다. 이러한 맥락에서 숏폼 콘텐츠 중독은 개인의 자기 조절 역량만으로는 극복이 어려우며, 교육·기술·사회 정책의 다중 개입이 필수적인 구조적 현상으로 접근해야 한다.

지금까지 숏폼 콘텐츠 중독에 대응하기 위한 전략은 대체로 '사용자 교육' '디지털 리터러시 향상' '자기 절제력 강화'와 같은 개인 중심적 조치에 집중되어 왔다. 대표적인 예로는 스마트폰 사용 시간 제한 앱, 디지털 디톡스 캠페인, 자기 통제 실천 프로그램 등이 있다. 그러나 이러한 접근은 대부분 일회성으로 그치거나, 중독을 유발하는 구조적 환경을 변화시키는 데에는 미흡한 수준이다. 실제로 국내 일부 대학에서 스마트폰 중독 문제에 대응하기 위해 '스크린 타임 챌린지' '디지털 디톡스 주간' '집중력 증진 워크숍' 등의 프로그램을 도입한 바 있지만, 숏폼 콘텐츠에 특화된 장기적인 대응 프로그램은 거의 존재하지 않았다. 프로그램 참여 후 사용량이 일시적으로 줄어드는 효과는 나타났으나, 참여자 대부분은 일정 기간이 지나자 다시 원래의 사용량으로 회귀했다고 보고되었다. 이는 숏폼 콘텐츠가 개인의 자율적 통제를 벗어나는 구조적 설계 요인에 의해 작동하고 있다는 점을 시사한다.

중독 대응에 있어 교육기관은 매우 중요한 역할을 수행할 수 있다. 초중등 교육뿐 아니라, 특히 숏폼 콘텐츠 이용이 집중되는 대학생 집단을 대상으로 하는 예방 중심의 디지털 시민성 교육이 절실하다. 이 교육은 단순히 '금지'나 '제한'이 아닌 콘텐츠 이용에 대한 비판적 성찰 능력(critical media literacy)과 디지털 웰빙(digital well-being) 개념을 중심으로 구성되어야 한다. 예를 들어, 숏폼 콘텐츠의 알고리즘이 사용자의 행동을 어떻게 조작하는지를 설명하고, 자극성 중심 콘텐츠가 뇌에 미치는 영향을 과학적으로 교육하며, 스스로의 감정 상태와 사용 습관을 기록 및 분석하도록 하는 데이터 기반 자기 성찰 프로그램이 필요하다. 또한 타인의 시청 패턴과 비교하면서 느끼는 상대적 박탈감이나 '뒤처짐'에 대한 정서적 저항력을 키울 수 있는 사회·정서학습(Social Emotional Learning: SEL) 요소도 포함되어야 한다.

플랫폼 기업들은 숏폼 콘텐츠 중독 문제의 핵심 촉매자이자, 가장 중요한 해결 주체이기도 하다. 그러나 현재 대부분의 플랫폼은 알고리즘 설계를 통해 사용자의 시청 시간을 극대화하고, 콘텐츠 소비를 반복적으로 유도하는 방향으로 최적화되어 있다. 이 과정에서 사용자의 주체성과 자율성은 점차 약화되고 있으며, 콘텐츠 소비가 플랫폼의 설계에 의해 무의식적이고 수동적인 반응으로 전락하고 있다(Martin, 2019). 이에 따라 플랫폼은 윤리적 알고리즘 설계(ethical AI design)와 이용자 보호를 위한 인터페이스 구성이라는 두 축에서 기술적 책임을 다해야 한다.

구체적으로 숏폼 플랫폼은 이용자 보호와 중독 예방을 위해 몇 가지 기능 개선이 필요하다. 우선, 이용자가 일정 시간 이상 연속 시청할 경우에는 자동으로 알림을 제공하는 기능을 강화하여 시청 시간을 스스로 조절할 수 있도록 해야 한다. 또한 하루·주간 단위로 시청 시간과 이용 통계를 시각적으로 제공하여 이용자가 자신의 사용 패턴을 직관적으로 파악할 수 있게 지원할 필요가 있다. 플랫폼의 알고리즘 작동 원리를 일정 부분 공개하고, 이용자가 추천 콘텐츠에 대해 피드백을 제공할 수 있는 기능을 도입하여 개인화 추천이 이용자 주도적으로 조정될 수 있도록 해야 한다. 아울러 장시간 시청 시 '권장 휴식' 알림을 제공하는 인터페이스를 설정하여 이용자가 스스로 이용 강도를 관리하도록 돕는 것도 중요하다. 마지막으로, 감정 자극이 강하거나 혐오 발언이 포함된 특정 유형의 콘텐츠가 반복적으로 노출되지 않도록 설계하여 이용자의 정서와 정신 건강에 미치는 부정적 영향을 최소화할 필요가 있다.

일부 플랫폼에서는 이러한 기능을 제한적으로 제공하고 있으나, 그 의무는 법적 권고 사항이 아닌 선택 사항에 머물고 있다. 따라서 향후에는 이용자 보호 알고리즘 설계를 법제화하거나, 자체 규제의 표준화(standard for digital well-being)를 마련하는 정책적 조치가 병행되어야 한다.

숏폼 콘텐츠 중독 문제는 이제 공중보건, 교육, 노동 생산성, 청년 정신 건강 등의 다방면에 영향을 미치는 사회 문제로 발전하고 있다. 따라서 단순히 '이용자 가이드라인' 수준을 넘어서 정부와 공공기관이 개입하는 정책적 대응 체계 구축이 요구된다. 예를 들어, 청년층의 디지털 중독 문제를 체계적으로 관리하기 위해 청년층 디지털 중독 실태를 주기적으로 조사하여 이를 분석한 정기 리포트를 발간해야 한다. 이를 통해 중독 현황을 구체적으로 파악하고 정책

근거 자료를 확보할 수 있다. 또한 콘텐츠 플랫폼을 대상으로 이용자의 피로도와 정신 건강을 고려한 알고리즘 적용을 의무화하는 등 규제 가이드라인을 마련하여 플랫폼이 무분별하게 과도한 자극을 제공하지 않도록 관리할 필요가 있다. 아울러 교육부, 보건복지부, 과학기술정보통신부가 공동으로 대응 체계를 구축하여 중독 문제를 교육·보건·기술 측면에서 종합적으로 다루는 협력 구조를 마련해야 한다. 중독 문제 예방을 위해 예방 캠페인 전개와 상담 인프라 지원을 확대하여 청년층이 스스로 위험성을 인지하고 전문가와 연결될 수 있는 환경을 조성할 필요가 있다. 마지막으로, 지역 대학, 도서관, 청년센터를 중심으로 '디지털 자율존'을 조성하여 청년들이 스마트폰과 디지털 기기 사용을 자율적으로 조절하면서 오프라인 활동과 학습에 집중할 수 있는 공간을 마련해야 한다.

특히 대학생과 같은 청년층은 법적으로 보호되는 아동 및 청소년 세그먼트에서는 제외되면서도, 동시에 경제적 자립도와 자기통제력이 불완전한 과도기적 존재라는 점에서 정책의 사각지대에 놓이기 쉽다. 이에 따라 고등교육기관과 지방자치단체 중심의 중독 예방 및 회복 프로그램을 보다 실질적으로 마련할 필요가 있다.

마지막으로, 숏폼 콘텐츠 중독 대응은 제도적 접근뿐 아니라 문화적 인식의 변화와 집단적 실천을 필요로 한다. 숏폼 콘텐츠를 "가볍게 즐기면 된다"는 인식에서 벗어나 콘텐츠 소비도 정서적 에너지와 인지 자원을 소모하는 행위라는 점을 사회 전반에서 인식해야 한다. 대중문화와 미디어 업계, 교육기관은 사용자들이 숏폼 콘텐츠를 단순히 재미와 트렌드의 수단으로만 소비하지 않고 의미 있는 콘텐츠 소비자이자 생산자로 거듭날 수 있도록 환경을 조성해야

[그림 10-4] 숏폼 콘텐츠 규제의 필요성

출처: 한국리서치(2023).

한다. 동시에 사용자 집단 스스로도 콘텐츠 소비를 자발적이고 건강한 형태로 재구성하려는 움직임을 만들 수 있어야 한다. 예컨대, '1일 숏폼 금식 챌린지' '디지털 주간 다이어트' '정신 건강과 숏폼 콘텐츠의 관계'에 대한 집단 토론 프로그램 등이 그러한 시도에 해당할 수 있다.

요컨대, 숏폼 콘텐츠 중독은 구조적으로 설계된 기술 환경과 개인의 감정 조절 방식이 맞물려서 발생하는 복합적 현상으로, 이에 대한 대응 역시 교육, 기술, 정책, 문화의 네 축에서 통합적으로 설계되어야 한다. 이제는 사용자에게 절제하라고 요구하는 시대에서 벗어나 사회가 사용자들을 절제할 수 있게 '설계된 지원'을 제공해야 할 시점이다.

7. 결론 및 제언: 숏폼 콘텐츠 생태계의 윤리적 지속가능성을 위하여

숏폼 콘텐츠는 단지 디지털 미디어 환경의 새로운 트렌드를 넘어 현대인의 일상과 정서, 인지 구조, 사회적 관계 전반에 영향을 미치는 중심적인 미디어 포맷으로 자리 잡고 있다. 이 장에서는 숏폼 콘텐츠의 부상 배경과 MZ세대의 소비 특성, 중독적 사용 양상, 심리적·사회적 파급효과, 그리고 개인 및 사회 차원의 통제 시도에 이르기까지 이 콘텐츠가 만들어 내는 다양한 문화적·구조적 문제를 면밀히 조망하였다. 핵심적으로 확인된 사실은 숏폼 콘텐츠가 정보 전달의 효율성과 콘텐츠 생산의 민주화를 이끄는 긍정적 가능성을 지니는 동시에 중독성과 피상성이라는 심각한 역기능을 동반하고 있다는 점이다. 특히 대학생을 비롯한 청년층의 경우에 숏폼 콘텐츠에 대한 의존은 단순히 오락을 넘어 정서 조절, 현실 회피, 관계 대체의 수단으로 기능하고 있으며, 이로 인해 학업 수행력 저하, 자기효능감 약화, 사회적 고립, 정신적 불안정 등의 문제가 파생되고 있다.

이러한 문제는 개인의 의지나 선택만으로 해결될 수 없다. 숏폼 콘텐츠는 본질적으로 알고리즘 중심의 기술 설계에 의해 사용자의 주의력과 감정을 포착하고, 플랫폼의 수익의 극대화를 위해 몰입과 반복 사용을 유도하는 구조적 환경 속에서 작동한다. 다시 말해 숏폼 콘텐츠 중독은 디지털 플랫폼이 설계한 결과이며, 이 문제의 해결 또한 단지 '개인의 절제'가 아닌 사회 전체의 책임 있는 대응을 필요로 한다. 이러한 맥락에서 '지속가능성'이라는 개념은 숏폼 콘텐츠 논의의 결말이자 새로운 시작점이 된다. 지속가능성이란 단순히 생태계의 보존을 의미하는 것이 아니라 개인과 사회, 기술과 제도, 콘텐츠와 이용자 간의 균형과 공존을 전제로 한다. 이는 곧 다음과 같은 다층적 과제를 내포한다.

첫째, 개인의 디지털 웰빙을 위한 인식 전환과 실천의 장을 마련해야 한다.

사용자 개인은 숏폼 콘텐츠를 무조건적으로 소비하는 수동적 주체가 아닌 비판적 인식과 선택 역량을 지닌 디지털 시민으로서 성장할 필요가 있다. 이를 위해서는 숏폼 콘텐츠를 단순히 '시간 때우기'나 '스트레스 해소'의 수단으로 여기기보다는 콘텐츠가 자신에게 미치는 감정적·인지적 영향을 성찰하고 조절하는 능력을 키워야 한다. 구체적으로는 이용자 스스로 시청 습관 기록, 사용 시간의 시각화, 콘텐츠 피드백 분석 등을 통해 '디지털 자가진단' 역량을 함양할 수 있도록 교육적 기반이 마련되어야 한다.

둘째, 교육 현장에서의 미디어 리터러시 강화와 제도적 개입이 필요하다.

교육기관은 더 이상 숏폼 콘텐츠를 단순히 외면하거나 금지의 대상으로만 간주할 것이 아니라 이를 교수-학습 환경에 통합적으로 활용하면서 동시에 비판적 수용 교육을 병행할 필요가 있다. 숏폼 콘텐츠 제작 수업, 알고리즘 분석 프로젝트, 감정 기반 콘텐츠 해석 워크숍 등은 학생들이 숏폼 생태계를 능동적이고 윤리적으로 탐색하는 디지털 역량을 기를 수 있는 기회를 제공할 수 있다. 또한 정책 차원에서는 디지털 중독 예방 교육의 법제화, 교육부 차원의 표준화 교육 콘텐츠 개발, 지역사회 기반의 디지털 회복력 훈련 프로그램 등이 체계적으로 마련되어야 한다.

셋째, 플랫폼 기업의 윤리적 책임과 알고리즘 투명성 확보가 중요하다.

숏폼 콘텐츠의 반복 소비 구조는 기술적 설계와 맞물려 있으므로 이에 대한 플랫폼 기업의 책임 회피는 윤리적으로나 사회적으로 용인될 수 없다. 알고리즘 기반 추천 시스템은 사용자의 이익을 고려하여 설계되어야 하며, 이를 위해 콘텐츠 플랫폼은 사용자의 이용 패턴을 분석한 결과를 바탕으로 개인별 맞춤형 휴식 권고 시스템을 도입하여 시청자가 과도한 사용을 예방하고 스스로 시청 습관을 조절할 수 있도록 도와야 한다. 또한 사용자가 직접 피드백을 제공하여 추천 알고리즘을 수정하거나 조정할 수 있는 인터페이스를 제공함으로써 이용자가 원하지 않는 콘텐츠의 반복적인 노출을 줄이고 개인화 추천의 투명성을 높여야 한다. 아울러 이용자 스스로 시청 시간 제한을 설정하고 관리할 수 있는 기능을 강화하여 디지털 과몰입을 예방할 수 있도록 지원할 필요가 있다. 마지막으로, 청소년과 청년층을 대상으로 디지털 사용 습관 개선과 건강한 콘텐츠 소비를 안내하는 콘텐츠를 제공하여 이용자 스스로 건전한 시청 문화를 형성하도록 유도해야 한다. 이러한 조치들은 단순히 기능의 문제가 아니라 기술 윤리와 플랫폼 책임이라는 원칙에 입각한 설계 철학의 구현이 되어야 한다.

넷째, 사회적 차원의 감시, 지원, 문화적 대화의 확산은 필수적이다.

지속가능한 숏폼 콘텐츠 생태계를 위해서는 개별 사용자의 실천과 기술적 개입을 넘어 문화와 사회 전체의 감시, 지원, 문화적 대화 체계가 필수적이다. 공공기관은 숏폼 콘텐츠의 중독 실태에 대한 정기 조사와 정책 제안 보고서를 발간하고, 지역 단위로 디지털 중독 상담센터, '콘텐츠 자율구역', 미디어 문화 토론회를 운영함으로써 문제를 사회화하고 해결책을 공유하는 공론장을 활성화해야 한다. 더불어 콘텐츠 제작자, 교육자, 정책입안자, 기업, 사용자 간의 다자간 협의체 또는 윤리위원회 구성을 통해 숏폼 콘텐츠의 질과 방향을 지속적으로 논의하고 감시하는 구조도 필요하다.

결론적으로, 숏폼 콘텐츠는 우리 사회가 마주한 디지털 시대의 양면성을 가장 극명하게 드러내는 매체이다. 그 편리함과 확산력만큼 감당해야 할 윤리적 부담과 사회적 책임 또한 무겁다. 진정한 지속가능성은 기술의 진보와 인간의 존엄성이 조화를 이룰 때 실현될 수 있으며, 이를 위해서는 개인의 실천, 교육의 개입, 기술의 설계, 제도의 뒷받침, 그리고 사회의 연대가 함께 작동해야 한다. 숏폼 콘텐츠의 미래는 기술이 아닌 인간이 결정해야 한다. 그리고 그 미래가 지속가능하고 건강한 방향으로 나아가기 위해 지금 우리가 어떤 대화를 시작하고, 어떤 실천을 감행하는지가 그 출발점이 될 것이다.

참고문헌

나건웅, 조동현(2024). 숏폼 콘텐츠 소비의 사회적 영향과 이용행태 분석. 미디어와 사회, 32(1), 45-76.

윤이상(2023). 미디어 산업의 변화와 숏폼 콘텐츠의 부상. 한국언론학보, 67(2), 123-145.

김소연, 김지영, 전재연, 류라임, 구유리(2022). MZ세대의 가치소비 경험요인에 기반한 메타버스 플랫폼 서비스디자인 제안. 한국디자인문화학회지, 28(1), 17-33.

대학내일20대연구소(2022). 미디어·콘텐츠·플랫폼.

와이즈앱·리테일(2025). 유튜브, 숏폼, OTT: 한국인은 어떤 플랫폼을 어떻게 보고 있을까? Retrieved from https://openads.co.kr/content/contentDetail?contsId=15747.

이경은, 장동련(2021). 메타버스 환경을 위한 참여형 브랜디드 게이미피케이션 연구. 브랜드디자인학연구, 19(2), 277-290.

이정기, 최진호(2025). 숏폼 콘텐츠를 활용한 MZ세대의 자기표현 전략. 디지털미디어연구, 21(1), 99-118.

유희정, 김종남(2024). 대학생의 숏폼 콘텐츠 중독 요인과 심리적 기제 탐색. 청소년상담연구, 32(1), 101-130.

임성호(2023). 10명 중 7명은 숏폼 시청… 이용률 1년새 10% 넘게 늘어. 매일경제. https://stock.mk.co.kr/news/view/52351.

정은이(2020). Z 세대가 선호하는 방송콘텐츠에 관한 연구: 20대 Z세대를 대상으로 한 심층인터뷰를 중심으로. 정치커뮤니케이션연구, (58), 141-181.

주석진(2025). 부산지역 중학생의 숏폼 중독과 학습 몰입의 관계에서 수면의 질의 매개효과 검증: 부산광역시 소재 3개 중학교를 대상으로. 학교사회복지, 69, 1-25.

한국리서치(2023). 숏폼 콘텐츠 이용 현황과 인식, 규제 필요성.

한영주(2024). 숏폼의 이용과 부작용. 방송과기술. http://tech.kobeta.com/%EC%88%8F%ED%8F%BC%EC%9D%98-%EC%9D%B4%EC%9A%A9%EA%B3%BC-%EB%B6%80%EC%9E%91%EC%9A%A9/

Alba, J. W., & Hutchinson, J. W. (1987). Dimensions of consumer expertise. *Journal of Consumer Research, 13*(4), 411-454.

Callero, P. L., Howard, J. A., & Piliavin, J. A. (1987). Helping behavior as role behavior: Disclosing social structure and history in the analysis of prosocial action. *Social Psychology Quarterly, 50*(3), 247-256.

Chen, Y., Li, M., Guo, F., & Wang, X. (2023). The effect of short-form video addiction on users' attention. *Behaviour & Information Technology, 42*(16), 2893-2910.

Kim, S., & Heo, J. (2023). Psychological and social impacts of excessive short-form content use among college students. *Cyberpsychology, Behavior, and Social Networking, 26*(1), 45-52.

Kuss, D. J., & Griffiths, M. D. (2017). Social networking sites and addiction: Ten lessons learned. *International Journal of Environmental Research and Public Health, 14*(3), 311.

Mahapatra, S. (2019). Smartphone addiction and associated consequences: Role of loneliness and self-regulation. *Behaviour & Information Technology, 38*(8), 833-844.

Martin, K. (2019). Ethical implications and accountability of algorithms. *Journal of business Ethics, 160*(4), 835-850.

Park, H., Jun, S., & Lee, H. (2022). Social relationship degradation associated with excessive social media use. *Computers in Human Behavior, 135*, 107-341.

Statista. (2023). Global social media usage statistics. https://www.statista.com

찾아보기

6초 시청률 257

ㄱ

가상현실 37
가시성 노동 28
가짜 뉴스 267
각인 157
감성형 메시지 125, 131, 135
감정 156
감정 공명 152
감정 설계 174
감정 우선 가설 158
개인화 피드 255
거울신경세포 시스템 165
공감 164
공동 창작자 131
관심 기반 추천 알고리즘 249

광고 임베딩 244
광고 피로 95
광고 회피 72, 95
구글 애즈 82
구독자 전환 250
구매 행동 244
기억 156
기억 고착 효과 156
기억 형성 156

ㄴ

내러티브 72
네이티브 광고 39
네트워크 외부효과 99

ㄷ

단편 판단 151

대비 186

도달 247

도파민 루프 55, 73

도파민 보상회로 159

동영상 액션 캠페인 82

동영상 조회수 획득 캠페인 82

뒷광고 28

디리클레 할당 토픽 모델링 34

디지털 네이티브 268

디지털 리터러시 279

디지털 시민 285

디지털 웰빙 280

디지털 중독 문제 281

딥폼 38

ㄹ

락인 효과 76

롱폼 24

리듬 194

릴스 성과 분석 251

ㅁ

모달리티 전환 효과 202

모바일 온리 73

모방 가능성 34

모션 그래픽 189

몰입 73

몰입 수준 255

문화적 동료 139

미닝아웃 269

미디어 포맷 284

미디어 환경 266

밈 24

ㅂ

바이럴 효과 251

반복 101

배경음악 192

변형 가능성 34

보상회로 151

부하 74

브랜드 구축 효과 250

브랜드 사운드 191

브랜드 음성 정체성 192

브랜드 인격화　254

브랜드 친숙도　245

브랜디드 콘텐츠　112

비주얼 스토리텔링　190

ㅅ

사람 중심의 스토리텔링　254

사용자 생성 콘텐츠　30

색채　185

세로형 화면　187

소셜 그래프　70

소셜미디어　70

쇼퍼테인먼트　86

숏폼　24

숏폼 광고　152, 153, 168

숏폼 광고의 유형　106

숏폼 광고 전망　115

숏폼 광고효과　241

숏폼 기반 광고 성과　259

숏폼 콘텐츠　67, 265

스낵 컬처　27

스마트폰 중독　279

시각 우세성 효과　201

시청각 동기화　199

시청자　247

시청 행동 지표　259

신뢰　174

실행 동기 유발　156

ㅇ

알고리즘　278, 285

알고리즘 리터러시　224

알고리즘 설명 가능성　213, 215

알고리즘 통제 가능성　221

압축　100

애자일 마케팅　30

에지 컴퓨팅　37

엔터테인먼트형　112

영상 완주율　256

예상된 후회　162

오디오 로고　192

우연한 발견　72

원 소스 멀티 유즈　74

유튜브　171

유튜브 스튜디오　246

윤리적 수용　277

의도 기반 72
의존 73
이중 부호화 이론 198
익스트림 클로즈업 187
인스타그래머블 83
인스타그램 171
임플로이언서 140

ㅈ

자극 74, 101
자기 동일화 166
자기 조절 278
자기 조절 실패 272
자율감각쾌락반응 195
잘파세대 270
적정 수준의 반복 101
전략적 특성 103
전략적 파트너십 109
전환 82
전환당 비용 82
전환 효과 기법 190
정교화 가능성 모델 24
정보처리 이론 98

정보형 메시지 125, 131
정체성 언어 167
제한된 인지 용량 모델 23, 243
조회수 246
좋아요 247
주의경제 19, 50, 97, 126
주의력 22
주의력 경제 이론 37
중단형 광고 39
중독 271
중독 문제 예방 282
중독적 소비 273
증강현실 37
지속가능한 숏폼 콘텐츠 287
진정성 36

ㅊ

참여 86, 103, 247
참여 가능한 엔터테인먼트 125
참여 문화 25
참여 반응 255
참여 반응 지표 257
참여 지표 249

참여형 광고 36

참여형 메시지 125, 131, 138

참여형 콘텐츠 124

채도 186

챌린지형 107

청각 우세성 효과 201

추천 영상 27

측정-해석-개선 241

태도 형성 156

템포 194

투명성 286

투명성의 역설 216

트렌드 확산 251

틱톡 170

틱톡 광고 성과 분석 255

틱톡피케이션 70

ㅋ

캠페인 성과 측정 242

콘텐츠 그래프 70

콘텐츠 소비 283

콘텐츠 전체 시청률 54

콘텐츠 중독 274

콘텐츠 플랫폼 282

크리에이터 경제 26

클로즈업 187

키네틱 타이포그래피 188

ㅍ

팝콘 브레인 275

퍼널 마케팅 40

편도체 151, 157, 162

평균 시청률 246

평균 시청 지속 시간 249

푸시 마케팅 33

풀 마케팅 33

프로슈머 269

플랫폼 266

플랫폼별 특성 차이 242

플랫폼 사회 28

플랫폼 알고리즘 62, 243, 281

플랫폼 최적화 102

ㅌ

타깃팅 104

태도 158

플랫폼 협업형 109

플로우 상태 74

ㅎ

해마 157

행동 156

현실 도피적 성향 276

협업 104

확산 86

확산성 25

확산성 미디어 99

후킹 126

저자 소개

• 유승철(Seungchul Yoo)

유승철 교수는 현재 이화여자대학교 커뮤니케이션·미디어학부 교수로 미디어 공학 & 창업 트랙 주임교수이다. 미국 텍사스대학교(Univ. of Texas at Austin)에서 광고학(advertising) 전공으로 석사 및 박사 학위를 취득했다. 유학 전에는 (주)제일기획에서 다년간 미디어/광고 실무를 담당했으며, 학위 취득 후 미국 로욜라대학교(Loyola University Chicago)에서 디지털/인터랙티브 미디어(Digital/Interactive Media) 담당 교수로 재직했다. 한국광고학회, 한국헬스커뮤니케이션학회, 한국광고홍보학회, 한국PR학회에서 기획이사 및 연구이사로 봉사하고 있다. 비즈니스 콘텐츠, 디지털 식품/의료 서비스 혁신, 디지털 실감영상 등 뉴미디어 기술을 활용한 브랜드 커뮤니케이션이 주요 연구 및 교육 분야이다. 유승철 교수는 미디어 산업 발전에 이바지한 공적을 인정받아 2021년 12월 문화체육관광부장관 표창을 수상했다.

@이메일: Communication@ewha.ac.kr

• 이형민(Hyungmin Lee)

이형민 교수는 현재 성신여자대학교 미디어커뮤니케이션학과 교수로 재직 중이다. 한양대학교 신문방송학과에서 학사학위를, 미국 플로리다대학교(University of Florida)에서 석사학위를, 그리고 미국 미네소타대학교(University of Minnesota)에서 박사학위를 취득하였다. 학교에서는 전략커뮤니케이션개론, 커뮤니케이션 연구방법론, 공공 정책 PR, 데이터 기반 PR 기획, 글로벌 마케팅 커뮤니케이션 등의 수업을 담당하고 있다. 또한 공공 캠페인 효과 측정, 공공 커뮤니케이션을 통한 사회갈등 해소 및 통합, 엔터테인먼트 요소를 활용한 공공 커뮤니케이션 효과 증대 등에 분석적 관심을 갖고 다양한 연구 활동을 진행 중이다.

@이메일: hmlee@Sungshin.ac.kr

• 전민희(Minhee Jeon)

전민희 박사는 현재 인천가톨릭대학교 RISE사업추진단 연구교수로 재직 중이다. 한양대학교에서 광고홍보학을 전공하였으며, 2025년 2월 빅데이터를 활용하여 '국내 옥외 디지털 사이니지 노출 효과 측정 모델 개발 연구'로 박사학위를 취득했다. 이어 해당 박사학위논문으로 한국광고홍보학회 카카오박사학위논문상을 수상하였다. 2018년부터 옥외광고 자유 표시 구역 관련 연구에 함께 참여하며, 옥외광고 및 도시 명소화 등의 다양한 연구를 진행해 왔다. 옥외광고와 소셜미디어 광고, 도시재생과 광고의 역할, 메타버스와 가상사회가 주요 연구 및 교육 분야이다. 전민희 박사는 일자리 창출과 지역경제 활성화 공로를 인정받아 2021년 인천시장 표창을 수상했다.
@이메일: nninnie@naver.com

• 박세진(Sejin Park)

박세진 교수는 현재 한양대학교 미디어학과 교수로 재직 중이다. 미국 테네시대학교(University of Tennessee)에서 커뮤니케이션학 석박사 학위를 취득하였으며, 디지털 미디어 전략, 위기 커뮤니케이션, 공공 커뮤니케이션을 중심으로 다양한 연구를 수행하고 있다. 최근에는 숏폼 콘텐츠, OTT(Over The Top), 디지털 플랫폼의 커뮤니케이션 전략, 공공기관의 위기 대응 메시지 연구에 관심을 갖고 있으며, 학계와 산업 현장을 연결하는 융합적 커뮤니케이션 연구도 지속하고 있다. 『정부광고 교육 발전방안 연구』, 『디지털 공공커뮤니케이션 전략』, 『엔터테인먼트 콘텐츠 기반 공공외교』 등 다수의 저서를 집필하였다.
@이메일: sj4298@hanyang.ac.kr

박한나(Hanna Park)

박한나 교수는 현재 선문대학교 미디어커뮤니케이션학부 교수로 재직 중이며, 광고홍보콘텐츠 전공 주임교수와 진로설계교양센터장을 맡고 있다. 미국 플로리다대학교(University of Florida)에서 PR 전공으로 매스커뮤니케이션학 석사와 박사 학위를 받았다. 미국 미들테네시주립대학교(Middle Tennessee State University) 교수로 9년간 재직하면서 미국PR협회(내쉬빌) 우수 PR 프로그램상을 비롯하여 저널리즘 교육 우수상 등을 수상했다. 2023년에 「ESG 이슈에 관한 뉴스 빅데이터 분석 연구」로 광고PR실학연구 올해의 논문상을 수상했고, 『갈등 시대의 PR 커뮤니케이션』, 『순환경제 시대의 에너지 PR』, 『공공 소통의 이해』, 『코로나19 이후 지속가능한 소비와 광고』 등을 집필하였다. 경찰청, 농림축산식품부, 문화체육관광부, 통일부, 행정안전부 홍보 자문 및 평가위원과 한국광고학회, 한국PR학회, 한국광고홍보학회, 한국광고PR실학회 이사로 활동하고 있다.

@이메일: hannapark@sunmoon.ac.kr

권예지(Yeji Kwon)

권예지 박사는 현재 한국방송광고진흥공사 미디어광고연구소 선임연구위원으로 연구 활동을 수행하고 있으며, 연세대학교 언론홍보대학원에서 강의를 진행하며 교육에도 힘쓰고 있다. 서강대학교에서 생명과학과 신문방송학을 복수전공한 뒤, 디지털 미디어와 콘텐츠(Digital Media & Content) 전공으로 석사 및 박사 학위를 취득했다. 방송과 디지털 플랫폼, 미디어·광고산업 정책 및 이용자 행태에 대한 연구를 수행하였으며, OTT를 비롯한 디지털 미디어 생태계와 관련된 다수의 정책 과제와 실태조사 업무를 수행해 왔다. 2023년 12월에는 OTT 정책 협력 업무에 기여한 공로로 방송통신위원회 표창을 수상했다. 주요 관심사는 플랫폼 기반 미디어 전략, 숏폼 콘텐츠의 사회적·문화적 영향, 공공 커뮤니케이션, 미디어·광고산업통계 등이며, 현장과 학문, 정책을 잇는 융합적 연구와 실무 기획을 지속해 오고 있다.

@이메일: yeji@kobaco.co.kr

•성윤택(Yoontaek Sung)

　성윤택 박사는 현재 한국방송광고진흥공사 미디어광고연구소 수석연구위원이자 이화여자대학교 정책과학대학원 겸임교수이다. 성균관대학교에서 언론학 박사학위를 받았다. 수용자 연구, 미디어 효과 지표, 미디어 테크 등이 주요 연구 분야이다. 'OTT 환경의 디지털미디어 이용분석을 위한 모니터링 검증 기술 개발' '불법 미디어 유통 서비스 검출 및 차단' 'AI 기반 배리어프리 콘텐츠 제작 기술 개발 및 실증' 등 과학기술정보통신부 R&D 과제와 '플랫폼 사업자 시청데이터의 시청점유율 조사 활용' 등 방송통신위원회 정책연구 수행을 통해 미디어 · 광고 영역에서 기술 활용, 데이터 기반의 미디어 · 광고 활성화 등을 위해 관련 과제 및 연구를 지속적으로 수행하고 있다.
@이메일: rooibostag@gmail.com

•문장호(Jangho Moon)

　문장호 교수는 숙명여자대학교 홍보광고학과 교수로 재직 중이다. 미국 서던캘리포니아대학교(University of Southern California)에서 전략커뮤니케이션 전공으로 석사학위를, 미국 텍사스대학교(University of Texas at Austin)에서 광고학(advertising) 전공으로 박사학위를 취득했다. 졸업 후 미국 캘리포니아 주립대학교(California State University at Fullerton)에서 광고 전공 교수로 재직했다. 현재 한국광고학회, 한국광고홍보학회에서 활동 중이다. 디지털 광고, 디지털 브랜드 콘텐츠 등 디지털 기반의 브랜드 커뮤니케이션이 주요 연구 및 교육 분야이다.
@이메일: jaymoon@sookmyung.ac.kr

백태현(Taehyun Baek)

　백태현 교수는 현재 성균관대학교 미디어커뮤니케이션학과 교수로 재직 중이다. 미국 조지아대학교(University of Georgia)에서 매스커뮤니케이션 박사학위를 취득하였으며, 미국 켄터키대학교(University of Kentucky) 전략커뮤니케이션학과에서 부교수로 근무한 경력이 있다. 디지털광고전략, 디지털 애널리틱스, 광고소비자심리, 로컬브랜딩커뮤니케이션 등 다양한 수업을 가르치고 있다. 디지털광고, AI와 소비자 행동에 관한 다양한 연구 활동을 진행하고 있다. 현재 Journal of Advertising Research와 Journal of Current Issues and Research in Advertising에서 부편집위원장으로 활동하고 있으며, Journal of Advertising와 International Journal of Advertising에서 편집위원으로 활동하고 있다.

@이메일: tbaek@skku.edu

엄남현(Namhyun Um)

　엄남현 교수는 현재 홍익대학교 광고홍보학부에서 교수로 재직 중이며, 미국 위스콘신대학교 커뮤니케이션학과에서 조교수로 근무했다. 미국 텍사스대학교(University of Texas at Austin)에서 광고학(advertising) 박사학위를 취득했으며, '스피치 커뮤니케이션' '브랜디드 콘텐츠' '광고기획론' 그리고 '데이터 분석과 활용' 등 다양한 수업을 가르치고 있다. 연구 활동은 주로 유명인 광고, 기부 광고, 금연 광고, 정치 광고 및 광고 리터러시에 집중하고 있다. 제일기획에서 삼성그룹 광고, 삼성전자 '또 하나의 가족' 캠페인, 풀무원, 월드건설, 성균관대학교, KTF 브랜드 광고 등을 담당하며 실무 경험을 쌓았다. 『트리플 미디어 마케팅과 광고기획』 『반갑다, 광고와 PR』 『광고학개론』 『디지털 시대의 광고 리터러시』 『인공지능 시대의 광고윤리』 등 다수의 공저 저서를 출간하였다. 2024년 11월에는 『모두를 위한 스피치 커뮤니케이션』을 단독 저술하여 출간했다.

@이메일: goldmund@hongik.ac.kr

숏폼 시대의 콘텐츠와 광고
Content and Advertising in the Age of Short-form Media

2025년 10월 25일 1판 1쇄 인쇄
2025년 10월 30일 1판 1쇄 발행

지은이 • 유승철 · 이형민 · 전민희 · 박세진 · 박한나
　　　　권예지 · 성윤택 · 문장호 · 백태현 · 엄남현

펴낸이 • 김진환

펴낸곳 • (주) **학지사비즈**

　　　04031 서울특별시 마포구 양화로 15길 20 마인드월드빌딩
대표전화 • 02)330-5114　　팩스 • 02)324-2345
등록번호 • 제313-2006-000265호

홈페이지 • http://www.hakjisa.co.kr
인스타그램 • https://www.instagram.com/hakjisabook

ISBN 979-11-93667-20-0 03320

정가 18,000원

저자와의 협약으로 인지는 생략합니다.
파본은 구입처에서 교환해 드립니다.

이 책을 무단으로 전재하거나 복제할 경우 저작권법에 따라 처벌을 받게 됩니다.

출판미디어기업 **학지사**
간호보건의학출판 **학지사메디컬** www.hakjisamd.co.kr
심리검사연구소 **인싸이트** www.inpsyt.co.kr
학술논문서비스 **뉴논문** www.newnonmun.com
교육연수원 **카운피아** www.counpia.com
대학교재전자책플랫폼 **캠퍼스북** www.campusbook.co.kr